箏を友として

評伝 宮城道雄〈人・音楽・時代〉

千葉優子

ARTES

はじめに

宮城道雄といえば、《春の海》である。《春の海》という曲名を知らなくても、日本人なら聴けばわかる。お正月になるとかならず耳にする箏《こと》と尺八によるあの音楽だ。それを作曲したのが宮城道雄なのである。

明治二七年（一八九四）、神戸の居留地内に生まれた宮城は、誰もが知る盲目の天才として、作曲家のみならず箏の名手としても活躍し、その人気絶頂のさなか昭和三一年（一九五六）六月二五日、演奏旅行の途次、列車から謎の転落死を遂《と》げた。その波乱の人生は、没後すぐに村松梢風《しょうふう》によって小説的伝記として讀賣《よみうり》新聞に連載され、昭和三七年には吉川英史《きっかわえいし》によって八〇〇頁以上におよぶ大部の学術的な伝記が出版された。

ところが、いまや宮城を知らない世代がほとんどである。しかし、彼の音楽はいまなお色あせることなく人々に愛され、むしろ近年になって再評価されているといえるかもしれない。そればかりか、宮城の開発した新楽器「十七絃《げん》」は完全に日本の楽器として定着している。彼の後世への影響ははかり知れない。

西洋文化との邂逅《かいこう》によって日本の文化がもっともダイナミックに動いた明治・大正・昭和の時代に、宮城は作曲家、演奏家、楽器開発者、教育者、そして随筆家と多岐にわたって才能を開花させたが、こうした業績を網羅的に体系だって紹介した書物は、これまでなかった。また、新たな資料の出現などによって伝記研究も進んだ。そこで、最新の研究成果のもと宮城の生涯と業績を明らかにし、本書を読めば宮城道雄のすべてがわかるという書をめざしたのである。

それと同時に彼をとおして、時代の精神をも浮かびあがらせようと試みた。人間を描けば、時代を描けるとの思いからである。じっさい、作品分析の積み重ねというミクロの視点と時代を俯瞰《ふかん》するマクロの視点によって、宮城個人が価値観も語法もまったく異なる西洋音楽から刺激を受けて自らの感性を磨いた結果、新しい音楽様式を創り出し、さらにそれを時代が後押しするという構図が見えてきた。

また、宮城道雄ほど生前と没後で対照的な評価を受けた作曲家もいないのではないだろうか。その評価の相違を検証することで、それぞれの時代の美意識、音楽観がより明確になり、さらには宮城の日本音楽に対する思いも確認されたのである。

このように内容的には研究書としての性格をもちつつも、誰にでも読みやすく、ということを念頭に執筆した。そのため、人となりを伝えるエピソードを加えたが、また、それによって人物像をよりリアルに描き出すこともできた。さらには、宮城の思い、そのドラマティックな生涯を少しでも体感できるように、生涯と業績を分けることなく一貫して読み通せるように構成した。

したがって、出典や異説、研究の指針などは巻末に注として掲載したので、より詳しく知りたい方は活用していただきたい。逆に、宮城道雄とはどんな人物かをまず知りたい方は注を無視し、音楽的な論考もななめ読みしていただければいい。それでも宮城の全体像がわかるように記した。

筆者は宮城の生演奏も、その活躍した時代も体験していない。けれども、文化人類学者が、その文化の担い手でないからこそ見えるものがあるように、当時を体験していないがゆえに、冷静に客観的にその時代を見つめるからこそ捉えられる真実もあると思う。本書はその最新の成果であり集大成である。

・「c」から始まる番号は千葉優子・千葉潤之介編著『宮城道雄音楽作品目録』に掲載した音楽作品番号である。
・「y」から始まる番号は千葉優子編著「宮城道雄著作目録」（『宮城道雄著作全集　第五巻』）に掲載した著作番号である。

箏を友として

評伝　宮城道雄〈人・音楽・時代〉

第1章◉箏の道へ——生い立ちと音楽的環境

❖箏の道へ

明治二七年（一八九四）四月七日、宮城道雄は菅《すが》国治郎・アサ夫妻の長男「菅道雄」として神戸に生まれた。

生後二〇〇日ほどで目の病気を患《わずら》うが、いったい何の病気だったのだろうか。いまとなってははっきりとはわからないが、悪性の角膜炎ともいわれている。両親や祖母も心配して有名な眼科医にもかかった。入院していた記憶もかすかにあると道雄は記していて、その甲斐あってか一時は少しよくなり、六歳のころまでは見えていた。

小学校入学の通知が届き、道雄も期待に胸をふくらませたが、目が不自由なため、その年は入学を見送った。来年になれば少しでも目がよくなって学校へ行けるのだと楽しみにしていたが、翌年になっても目はいっこうによくならなかった。それどころかますます悪くなるいっぽうで、親戚や近所の子どもたちが、楽しそうに学校へ通っているのに、自分はどうして行けないのだろう、いつになったらこの目は治るのだろうと、道雄は子ども心にそればかり考えていたという。祖母に手を引かれて学校の門へ遊びに行き、中から子どもたちが元気に遊んだり、体操をしたり、ときには歌を歌いながら遠足に出かける様子を聞いたりしたが、あるとき、急に悲しくなって、門につかまって泣きだしてしまったこともあった。それでも、人一倍負けん気の強かった道雄は、石盤に目をこすりつけるようにして片仮名、平仮名、そして漢字を習っていた。しかし、やがて字を書いていると、その字がピンピンと踊るように動きだし、それが最後でだんだんと見えなくなっていったのである。

八歳のころ、東京からたいへん偉い眼科医が来たというので、祖母に連れられて病院に行ったことがある。今日こそ目が治ると道雄は期待に胸をふくらませたが、診察を終えた医師は、「これからはどんな良い医者がきても、またどんな良い薬があると言われても迷ってはいけません。それよりもこの子の将来を考えて、なにか身につけさせてやりなさい」と、告げるのであった。

右端が道雄、後列中央が祖母ミネ

この失明の宣告によって、道雄はお箏の道、正確にいうと、「箏曲地歌《そうきょくじうた》」という日本の伝統的な音楽の道へと進むことになる。なぜ、箏曲地歌だったのか？　それは箏曲地歌の歴史に由来するものであった。

箏は奈良時代に中国から雅楽の楽器として日本にやってきたものである。それが江戸時代初期に、《六段》を作曲したとされる八橋検校《やつはしけんぎょう》（一六一四～一六八五）という盲人音楽家の手によって、現代の箏曲に直接つながる音楽として大成され、「当道」という江戸幕府に保護された組織に属する盲人男性音楽家たちによって伝承されてきた。当道はがんらい、南北朝時代に『平家物語』を琵琶《びわ》伴奏で語る盲人男性が自らの権利を守る目的で作った自治組織で、室町幕府の保護を受けて組織化が進み、「検校《けんぎょう》」「別当」「勾当《こうとう》」「座頭」などの官位ができたのである。江戸時代には箏曲と地歌もこの当道に属する盲人のみがプロになることができ、さらに、鍼《はり》・灸《きゅう》・按摩《あんま》も当道に属する盲人男性のみの職業となった。映画などで有名な座頭市《ざとういち》も当道所属のはずだし、また、八橋検校をはじめ、江戸時代の箏曲の作曲家に多い検校や勾当も位《くらい》の名前というわけである。ただし、江戸時代でもアマチュアとしてお箏を習うことはもちろん誰でもできた。じっさい、お嬢様や奥様方など女性が習うことが多かったのだが、そうした人たちに教えることができたのは、この当道に属する盲人男性だけで、したがって、当道とは、いわば江戸時代の社会福祉システムだったわけである。

次に「地歌」だが、これは上方《かみがた》に誕生した三味線音楽で、やはり当道に属する盲人男性音楽家だけがプロとして伝承する音楽だった。そこで、自然のなりゆきとして箏と三味線が合奏するようになったのである。はじめは地歌の三味線とほぼ同じ旋律を箏がなぞる「ベタ付《づけ》」で演奏していたが、しだいに三味線の旋律とは異なる箏の旋律、つまり「替手《かえて(で)》」を合奏するようになり、そして、とうとう箏と三味線の両方をひとりで作曲する人も現れるようになって、地歌と箏曲の区別がつきにくくなったため、いまでは、「地歌箏曲」あるいは「箏曲地歌」と総称することが多い。

ところが、この当道という組織は明治四年（一八七二）に廃止されてしまい、盲人に対する保護がなくなり一時混乱もしたが、逆に、女性でも誰でもプロとして箏曲地歌を修業できるようになって、むしろ、規制緩和として機能した面もある。道雄が幼いころには制度としての当道はすでになくなっていたが、箏曲地歌が盲人男性の主要な職業のひとつという慣習はまだ残っていて、そのため道雄は箏曲地歌の道へと進んだのである。

宮城道雄というと「お箏」という印象が一般には強いかもしれないが、じつは、箏も三味線もプロとして修業し、じっさいに演奏会では箏ばかりでなく三味線も演奏していたのである。

❖ 正統なる芸の伝承

明治三五年（一九〇二）六月一日、道雄は満八歳で生田《いくた》流の二代目中島検校（一八三〇〜一九〇四）

に入門した。師匠の中島検校はとくに三味線の演奏に定評があって、当時「日本三絃三名人」のひとりに数えられていたという。

ところで、「箏曲」というと「生田流」と「山田流」という二大流名が有名だが、山田流は一八世紀後半に江戸で山田検校が、それまでの箏曲に河東節《かとうぶし》など当時江戸で流行《はや》っていた三味線音楽の要素を導入しておこした箏曲の流名で、それに対して生田流は、山田流以前からの上方におこった箏曲などを一般的にさす。いまでこそ、東京と大阪は新幹線で二時間半ほどだが、道雄が入門したころは、東京と大阪はまだ遠くて文化的にも地域の特性が色濃くあったため、山田流は東京の箏曲、そして神戸生まれの道雄はとうぜん、生田流の箏曲ならびに生田流箏曲と結びついた地歌を修業することとなったのである。

道雄は中島検校の家の近くに、家族から離れて祖母と二人だけで住み、朝から師匠のもとに通った。道雄には六歳上の姉と二歳下の弟がいたが、弟が生まれて二年ほど経った四歳のころ、父の国治郎になじみの女性ができ、それに耐えかねた母が幼い子供たちを残して実家に去ってしまい、けっきょく二人は離縁して国治郎はその女性と再婚した。そして、道雄はおもに祖母のミネに育てられたのである。

師匠が「この子は熱心である」とほめるほど道雄は修業に励み、どんどんと上達していった。入門の翌年には兵庫入江小学校で、先輩や仲間たちとともに初めて公開の席で《大内山《おおうちやま》》を弾き、聴衆から賛辞を受けたが、このころには目はまったく見えなくなっていた。しかし道雄は、

「目がまったく見えなくなってから、箏の音色がほんとうに分かってきた」と回想している。

ところが、入門して一年一〇カ月を過ぎたころに二代目中島検校は亡くなり、道雄は二代目の芸養子であった三代目中島検校（一八七四〜一九一五）のもとに、明治三七年（一九〇四）五月にあらためて入門し、修業を続けていた。その翌年、一一歳のころに、こんどは父からの仕送りが途絶えてしまう。父国治郎は家族とともに現在の韓国に渡って雑貨商をいとなんでいたが、運悪く暴動に巻き込まれて商品をすべて略奪されたうえに重傷を負ってしまったのである。相談を受けた師匠の三代目中島検校は、道雄を代稽古《だいげいこ》に取り立てることで収入の道を開くことを考えたのだが、そのためには免許皆伝となる必要があった。免許皆伝のためには高額な免状料を支払わなければならない。しかし、道雄にその手立てはなかった。

ある日、師匠は道雄を呼び、いつもより低い声で、「おまえは、おまえの家庭の事情で免状のお金は出せないのだろうが、それでは皆の手前おまえも心苦しいだろう。そのお金は私が立て替えて出しておいてやるから、おまえはほかの者と一緒に自分でもってきたようにして納めたがよいであろう」と言うのであった。

道雄は師匠の温情に胸がいっぱいになり、お礼を言うにも言葉にならず、ただただ涙ばかりがとめどもなく流れた。後年「私は未だにそのときの事を思い出すと、師匠の恩の有難いことを忘れることができない」と述懐している。

こうして明治三八年（一九〇五）九月一日、晴れて免許皆伝となった道雄は、師匠の中島の

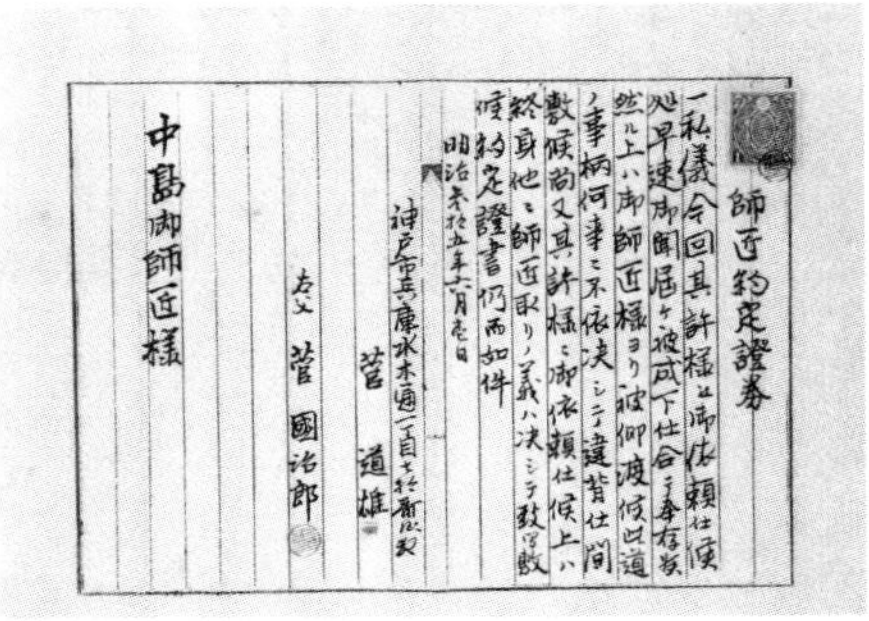

師匠約定證券

一私儀今回其許様ニ師依頼仕候処早速御聞届ケ被成下仕合ニ奉存候然ル上ハ御師匠様ヨリ被御渡候此道ノ事柄何事ニ不依決シテ違背仕間敷候尚又其許様ニ御依頼仕候上ハ終身他ニ師匠取リノ義ハ決シテ致間敷候約定證書仍而如件

明治　年六月壱日

神戸市兵庫水木通一丁目

菅　道雄

右父　菅　國治郎

中島御師匠様

2代目中島検校に宛てた「師匠約定証券」

「中」の字を許されて、芸名が「中菅《なかすが》道雄」となった。そして、プロの地歌箏曲家としての道を歩みだし、中島検校の代稽古をおこなうことで、収入を得ることができるようになったのである。さらには、神戸の小学校の教師をしていた伯父の紹介で、さまざまな学校の催しで箏を演奏したり、学校の先生方の妻たちに箏を教えてまわったりもした。腕はたしかで、おまけに子供なので謝礼も安く、評判がよかったという。

道雄は、のちに作曲家として日本の楽器ばかりでなく西洋の楽器も含めて、さまざまな楽器に関心を示して、自らの音楽世界をひろげていったが、その旺盛な研究心はすでにこのころから芽生えていて、小学校の先生方との関係で、日曜日などにはよく学校へ行ってオルガンを弾かせてもらった。また、夜は自己流で尺八を練習し、伯父やほかの親戚に頼んでわずかずつのお金をもらい、胡弓《こきゅう》も買って練習した。尺八も胡弓も、箏曲地歌と合わせて「三曲合奏」という演奏形態をとる楽器だったからである。そして、これらすべてが道雄の音楽の糧《かて》となっていった。

❖西洋音楽の産湯《うぶゆ》につかって

道雄の音楽生活はこのように、八歳のときからの正統的な箏曲地歌の修業に始まるわけだが、じつはそれより以前から西洋音楽との出会いがあった。

道雄が生まれたのは、現在の神戸市中央区浪花町《なにわまち》の三井住友銀行敷地内で、そこには現在「宮城道雄生誕の地」の記念碑が建っているが、ここは慶応三年一二月七日（一八六八年一月一日）の神戸港開港にともなって外国人が住むために造成された居留地であった。父の国治郎が居留地内にある外国人の経営するお茶の貿易商、ブラウン商会に勤めていたため、道雄も八歳まで居留地に住んでいた。そこは大きな西洋館が建ち並ぶ異国情緒にあふれた別世界で、洋館からはオルガンの音が、そしてホテルからも楽団の音が聞こえ、こうした環境で育ったことが作曲のうえでもさいわいしたと、のちに道雄自身述べている。

《この道》や《からたちの花》などの作曲で知られ、日本人として最初の交響曲を作曲するなど日本の洋楽界をリードしてきた山田耕筰（一八八六～一九六五）も八、九歳のころ、築地《つきじ》の居留地にあった教会内に住んでいた。「三つ子の魂百まで」ではないが、こうした幼いころの体験がその後の音楽生活に大きな影響をおよぼしたことはたしかであろう。

さて、道雄はどんな少年だったのであろう。道雄自身はひじょうに腕白でいたずらをしては叱《しか》られていたと回想している。師匠の家で、兄弟子と紙で蛇《へび》のようなものを作って二階の手すりからぶら下げて、下を通るお手伝いさんを驚かせたり、また、負けん気が強くて、かけっこや鬼ごっこもしたが、目が不自由なため溝《みぞ》にはまったり、石段にぶつけたりすることもあった。道雄は、「向こう意気が強いわりにすぐに泣き出す泣きべそとも言われていた」と記している。

もちろん音のするものはなんでも好きで、神戸でいう「東西屋」、一種のチンドン屋のようなものだが、それを「楽隊」と呼んではどこまでもついて行ったり、そのまねをして茶碗《ちゃわん》でも箸《はし》でも手近にあるものを叩き、口でラッパの音をまねたりして、あまりの騒々しさに周囲の大人たちもあきれ顔だったという。また、祖母に踏切や駅へ連れて行ってもらって、汽笛の音や機関車の音、それに連なる車輪の音を聴くのも好きだった。そのときぼんやりと見えた汽車の窓の色が深く脳裏に刻みこまれた。

幼いころ見た風景が鮮明に心に焼きついていたのだろう。道雄は、ふるさと神戸の山や海、花の色、沖にうっすらと見えた夕焼け雲、波間に揺れる月あかりの冴《さ》えて美しかったこと、おばあさんの背におぶられて歩いたときにどこまでもついてきたお月さん、その月が木に照っていた葉の影が射していた夜道など、このころの情景を随筆のなかで、たびたび色彩豊かに描いている。京の舞子のぽっくりの音を聞くと幼いころ見た赤襟《あかえり》友禅の着物に帯をだらりと結んだ美しい姿を思い浮かべるといったように、これら幼いころに目で見た情景を、音の世界へと結びつけている。白い音、黒い音、赤い音、黄色い音、一つひとつの音には性格や色がある、と随筆に記しているが、これらは道雄の作曲のうえにも大きく影響している。

こうして苦労しながらも箏曲地歌の道を究めるために努力を続けていた道雄少年のもとに、ある日、父がはるばる韓国からやってきた。暴動によって負った傷がまだ癒《い》えず働けなくなった父が、どうしても道雄の助けが必要だというのである。免許皆伝とはいっても、じっさいにはまだ習っていない曲もそうとうあり、修業中の身だったが、師匠のもとを離れて、こんどは一家の生計を支えるために遠い韓国の地へと旅立つこととなった。一三歳の夏のことである。

第2章◉韓国にて

❖韓国での生活

明治四〇年（一九〇七）九月、道雄は祖母とともに仁川（現在の韓国インチョン）に渡った。インチョンはソウルから西へ約四〇キロにある黄海に臨む港町で、日清戦争以後、海の玄関口として発展したところである。道雄たち家族が住んだ家は、町なかから少しはずれた仁川寺町尋常高等小学校から下ったところにある六畳と四畳半の二間という小さな平屋だった。道雄はこの家に箏曲教授の看板をさっそくかけて、昼間は箏を教え、夜は自己流で覚えた尺八を教えて、その謝礼で一家の生計を支えた。

そんななかでも自分自身の勉強をしたいと思っていた道雄は、朝早く、みんながまだ寝ているうちから起きて、ひとりで箏の練習をしていたために、夜になると日中の疲れが出て、尺八を教えながらどうしても居眠りをしてしまう。とうとう弟子たちがみんな怒って来なくなってしまい、父と一緒に謝りに行って、また来てもらったというエピソードもある。

けれども、少年の身では、どんなに一生懸命に箏や尺八を教えても一家をじゅうぶんに養うことはできなかった。このころいちばんつらかったのは、父が借金取りに言い訳をしているのを聞くことだったが、それでも、貧困のせいか一家の気持ちはむしろ家族的であったと、道雄は述懐するのであった。

❖ 処女作《水の変態》の作曲

さて、道雄はここ韓国で処女作《水の変態》〔c001〕を作曲した。作曲を始めた動機について自身、次のように記している。

> 朝鮮に住むようになっても、誰かよい師匠につきたいと思っていたが、あいにくと、自分の教わる先生がなくて、いつも自分の弾きつくしたものばかり弾いていたので、しまいには飽きてしまった。それで何か自分で作曲してみたいと思いついたのが、私が作曲を始めた動機である。【1】

そしてある日、高等小学二年、現在の小学六年生にあたる弟が読む『高等小学読本』巻四の「水の変態」に載っていた和歌に興味をもったのである。これは水が霧、雲、雨、雪、霰《あられ》、露、そして霜《しも》になる、その千変万化を表したものであった。

一首目は霧で、太田《おおた》垣蓮月《がきれんげつ》の和歌（『海女《あま》の刈藻《かるも》』）。

を山田の霧の中道ふみ分けて、
　人来と見しはかゝしなりけり。

二首目は雲で、作者不明。

あけわたる、たかねの雲にたなびかれ、
　光消えゆく、弓はりの月。

三首目は雨で、小沢蘆《ろ》庵《あん》の作（『六帖詠草《ろくじょうえいそう》』）。

けふの雨に、はぎも、をばなもうなだれて、
　うれへがほなる秋の夕暮。

四首目は雪で、小沢蘆庵作（『六帖詠草』）。

ふくる夜ののきのしづくのたえゆくは、

雨もや雪に降りかはるらん。

五首目は霰で、井上文雄作（『調鶴集《ちょうかくしゅう》』）。

むら雲のたえまに、星は見えながら、

夜行く袖《そで》に散る霰かな。

六首目は露で、『後撰《ごせん》和歌集』秋の巻の「読み人知らず」の和歌。

白玉の、秋の木の葉にやどれりと【2】

見ゆるは露のはかるなりけり。

七首目の霜は、小沢蘆庵作（『六帖詠草』）。

朝日さす【3】かたへは消えて、のき高き
家かげに残る霜の寒けさ。

この和歌七首に道雄はたちまち心を奪われた。道雄が住んでいた古びた家の軒《のき》から落ちる雫《しずく》の音、トタン屋根を打つリズミカルな雨音、雨から雪に降り変わる音、霰の音、シトシトと落ちる雪解けの雫。これらの音を常日頃から興味深く聞いていた道雄は、弟の読む「水の変態」に表された自然の妙が手にとるように実感でき、楽想がわいたのである。

それからというもの、毎日、弾いては直し、弾いては直し、かれこれ三〇日ばかりして、ようやく自分でも納得のゆくものになった。曲想を練り、作曲に苦心する日々の楽しかったこと。それ以来、道雄は作曲に興味をおぼえたという。こうして処女作《水の変態》が作曲され、その後、彼は多くの作品を作曲することとなるのである。

この作品は道雄が初めて作曲したものだが、それは習作でも小品でもない。演奏時間が一七分程度かかる大曲で、四二五曲におよぶ全作品のなかでも屈指の名曲である。

じっさい、作曲から五カ月ほどたったころ、内地に引き揚げる途中インチョンに立ち寄った時の韓国統監・伊藤博文《ひろぶみ》公は、道雄少年の弾くこの曲を聴いて感動し、道雄を東京へ連れて行く約束をしたという。しかしながら、この上京話は三カ月後の博文の暗殺によって、まさしく霧と散じ露と消えてしまうのであった。

❖ 邦楽近代化の原点

さて、ここで処女作《水の変態》について音楽的に少し詳しくみていこう。

現在は替手入りで演奏されることがほとんどだが、作曲当初は歌と箏一面の作品だった。箏の替手はあとから付けられたもので、大正一一年（一九二二）一〇月三一日「宮城道雄社中演奏会」のプログラムが現存するもっとも古い替手の演奏記録となる。

調弦はひんぱんに変えるものの、音階としてはいずれも日本の伝統的なもので、それも当時流行っていた明治新曲で多く使われた半音を含まない陽音階ではなく、江戸時代以来の箏や三味線の音楽にもっとも多い半音を含む陰音階である。さらには、奏法やリズムも伝統的なものであった。

全体の構成について道雄自身、「まず前奏があり、ひと唄毎《ごと》に合《あい》の手がありますが、一番長い合は霰の合の手です」と言い、そして、この霰の合の手は「手《て》事物《ごともの》の形式を踏んであります」と述べているので、伝統的な手事物形式の一種と考えてよいであろう。

すなわち、音楽的には音階・リズム・奏法・形式などすべてにおいて伝統的である。道雄自身も、「別段に自分としては新しい考えをもってやったわけではない」と述べている。しかしじつは、作曲の根本である創作姿勢、作曲態度そのものが革新的であった。宮城道雄研究の第一人者である吉川英史は、近代の西洋音楽と同じ作曲態度をとった「最初の邦楽系の作曲家が宮城道雄」であると述べているが、それは処女作《水の変態》からすでにあてはまるものだったのである。

従来、箏曲は類型的な音型や旋律のつなぎ合わせによって作曲するもので、その結果作品は抽象的で感情を抑えたものになる。それに対して《水の変態》は、独創的な旋律や音型を豊富に使い、情景描写などに努力を払った個性的な作品となっている。つまり、作曲者の個性を重視した作品といえるが、まさにこの「個性」がそれまでの日本の音楽にはなかったセンスであり、現在高く評価されるゆえんである。三拍子などの西洋的なリズムや洋楽器との合奏、あるいは西洋音階の使用などというような表面的でわかりやすい、言いかえれば皮相的ではない新しさをもっているからこそ、この作品はかえって衝撃的であった。

道雄はのちに、作曲とは自分の個性をいかに表現するかであり、独創性がひじょうに重要だと記しているが、この考え方じたい、日本の伝統的な曲作り、つまり作曲態度とは大いに異なり、あえていうならば西洋の近代的作曲態度といえるものである。そしてこの態度こそ、明治になって音楽の近代化のために日本の伝統音楽と西洋音楽の融合を模索しつつもなしえなかった「音楽じたいにおける近代化」の原点なのである。だからこそ、日本の音楽の近代化はこの曲から始まったといっても過言ではないのである。

❖自然描写の達人

けれども、この作曲態度ゆえに、大正六年（一九一七）の上京当時は道雄に対する大きな反撥《はんぱつ》があった。

たとえば、東京音楽学校（現・東京藝術大学）邦楽調査掛《がかり》で、邦楽にも洋楽にも通じた三宅延齢《みやけのぶとし》は《水の変態》を聴いて「ピアノの真似」「洋楽の真似のしそこない」と酷評したが、これもこの作品のもつ「個性」のなせる業である。現代人の多くが古典的と感じるこの作品も、三宅にかく言わしめたほど当時はとんでもなく斬新な作品だった。つまり、あまりに個性的だったというわけである。

じつは、日本の伝統的な作曲は、前述のように定型化した旋律型や慣用的な音型——といっても、かならずしも五線譜にかけるようなものではないが——を応用しておこなうもので、作曲者の個性があまり前面に出てしまうのをよしとしなかったのである。

《水の変態》では、その逸脱のしかたがあまりに強烈だったため、三宅もどう表現してよいかわからず、「ピアノの真似」「洋楽の真似のしそこない」といった、いまでは考えられないような言葉になってしまったのであろう。そのぐらい《水の変態》は新様式の作品だったのである。けれども、いまのわれわれには三宅の感覚のほうがいまひとつピンとこない。それほどに道雄の後世への影響が大きかったということでもある。

さらに、三宅は「擬音《ぎおん》を使うなど音楽では最下等のもの」と批判するが、もちろん擬音が使われているわけではない。おそらくこの言葉は、道雄が従来の箏曲にはなかった独創的な旋律を駆使して表現した描写性に反感をもってのことである。

たとえば、雨の歌に入る前の合の手、つまり短い間奏部分は、雲から変化して雨になり、その雨は「村時雨《むらしぐれ》の感じ」で作曲したと道雄自身が記すように、まさに驟雨《しゅうう》を表現したものである。そして、その直後に、〽けふの雨に、はぎも、をばなもうなだれて」と雨あがりを歌うのもみごとな構成といえよう。現在、この合の手は一般に「雨の手事」と呼ばれているが、手事というには少々短く厳密な意味では「手事」とまではいえないかもしれない。道雄自身も「合の手」としている。しかし、合の手というにはあまりに印象的で音楽的に充実しているため、「雨の手事」と呼ばれているのであろう。

道雄は「手のあらゆる変化をもって水の種々の姿を表しました」と記しているが、これはつまり、歌詞の内容に即して箏の旋律を描写的に作曲することに努めたという意味であり、じっさい、「描写が素人にもわかるので、歓迎された」と述べている。しかしながら、それは擬音のような具体的な音の描写ではない。あくまでも歌詞の雰囲気を音楽的に表現したものであり、この音楽による描写性が宮城作品の特徴のひとつとなる。あの《春の海》[c152]もしかり。それゆえに、筆者は宮城作品の描写性を「イメージ描写」と呼んだのである【4】。

しかし、これを西洋音楽の影響と短絡的にとらえるべきではない。むしろ、これは道雄個人の独特の感性によるものと考える。というのは、箏曲の古典そのものを、道雄は描写性にとんだ音楽と捉えていたからである。道雄は雑誌『三曲』や著書などで箏曲の古典曲を解説しているが、おしなべて描写的音楽として解説している。たとえば、箏曲の古典中の古典である箏組《ことくみ》歌《うた》でさえ、歌詞の意味につれて作曲したもので、八橋検校はこの作曲のしかたが巧みで内容の感じがじつによく旋律のうえに表れていると、著書『箏曲』[y291]のなかで記している。組歌《雲井の曲》の六歌目の〽鳴神も」で二から六まで中指で弾くのは雷《かみなり》の感じがよく出ていると、具体例まで挙げており、《四季の眺め》や《長良《ながら》の春》などの古典的な作品も描写的音楽として解説している。こうした古典曲に対する解釈からも、道雄の独特な音楽的感性が読み取れ、道雄が《水の変態》をあくまでも古典の延長としたのもとうぜんといえよう[5]。

《水の変態》作曲のころの道雄

　そして、このユニークな感性による革新的な作曲ができたのは、あるいは韓国にくることで師匠から離れ、日本の伝統的な伝承体系から切り離されたからかもしれない。

　道雄は韓国で、山田流箏曲をたしなんでいた弟子から山田流の《小督《こごう》の曲》や《熊野《ゆや》》を習ったといい、吉川英史は山田流の曲を生田流の先生が習うことは日本国内にいたらありえないことで、さらに、山田流の緩急の激しいテンポ感や箏の調弦法を学べたことは道雄の芸域をひろげることとなって、《水の変態》の作曲にもプラスになっただろうと述べている【6】。

修業半ばで一家の生計を支えるために、日本から遠く離れて見知らぬ地に来なければならなかったことじたいは不幸なことだが、むしろ、その不幸を逆手にとって道雄はプラスとしていったのではなかろうか。

吉川は《水の変態》が作曲された時期を明治四二年（一九〇九）二月ごろと推定しており、それは道雄がまだ一四歳の時だったことになる。そして、そのころの道雄の写真を見ると、最高傑作のひとつであるこの大作を作曲するには、あまりに幼い面影《おもかげ》であり、そのギャップに衝撃を受ける。やはり、宮城道雄は天才だった……。「天才」という言葉は軽々に使いたくはないし、道雄自身も快く思わないかもしれない。それでも、そう言わざるをえないと感じるのである【7】。

❖中菅から宮城へ

《水の変態》を作曲した翌年に、道雄の世話をしていた祖母が風邪をこじらせて亡くなり、父もそのころから役所に勤めるようになったため、道雄は家族のもとを離れて朝鮮の中心都市である京城（現ソウル）に出た。

ソウルでは弟子の小西マスの家で暮らすこととなったが、マスの夫で農商工部技師の文之進は以前から菅家に対して経済的な援助もしていたのである。そのうえこの家には、小西夫人の親戚筋にあたる喜多仲子という未亡人がおり、彼女も目が多少不自由で、箏を教えていた。仲子は宮城又四郎と縫の次女であったが、喜多金吾の養子となり、当時は喜多姓であった。そこ

仲子との結婚記念写真

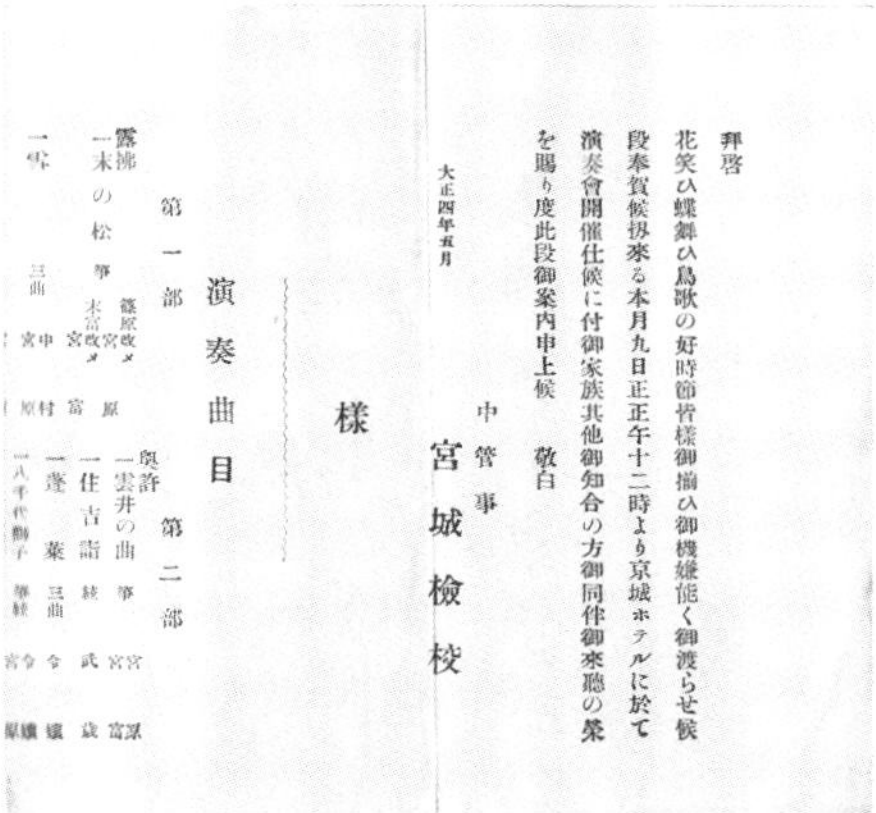

拝啓
花笑ひ蝶舞ひ鳥歌の好時節皆様御揃ひ御機嫌能く御渡らせ候段奉賀候扨來る本月九日正正午十二時より京城ホテルに於て演奏會開催仕候に付御家族其他御知合の方御同伴御來聴の榮を賜り度此段御案内申上候　敬白

大正四年五月

中管事　宮城檢校

様

演奏曲目

第一部
一 露払　篠原改メ宮原
一 末の松　箏　末宮改メ宮富
一 雪　三曲　中村宮原

第二部
一 奥許 雲井の曲　箏　宮富
一 住吉詣　絃　武歳
一 蓬莱　三曲　令嬢
一 八千代獅子　箏絃　宮令嬢

大正４年５月の温習会プログラム挨拶文

で、小西夫妻は道雄の父に、道雄と仲子が結婚して夫婦養子のかたちで、当時絶えていた宮城家を再興する代わりに、道雄の弟啓二の養育と学費を引き受けるという申し出をした。ただ、仲子は道雄より一六歳年上で安子という連れ子もあった。この申し出に対する道雄の思いはわからないが、けっきょく道雄は仲子と結婚し、それによって「宮城道雄」の名が誕生したのである。

道雄の戸籍謄本《とうほん》には、「菅道雄と入夫婚姻《こんいん》届出、大正五年拾弐月弐拾日受附」と記されていて、日本内地へ戻る直前に入籍したことになる。ただし、道雄の父国治郎の手紙には「大正二年」、つまり道雄が一九歳の年に結婚したと記している。そして、四年（一九一五）五月九日に京城ホテルでおこなわれた温習会プログラムの挨拶《あいさつ》文は内容こそ、ごく一般的な演奏会の日時と場所を告げるものではあっが、その最後が「中菅事《こと》宮城検校」で締めくくられており、以後、道雄は生涯「宮城道雄」で通すのであった。

❖ 第二作《唐砧》――和声への挑戦

居留地に生まれ、当時の日本人としてはめずらしく西洋音楽に接する機会の多かった道雄は、ここソウルでよりいっそう西洋音楽に興味をもつようになる。

そのひとつは、ソウル近郊の龍山（現ヨンサン）基地に駐屯《ちゅうとん》していた日本陸軍の軍楽隊との交流によるものであった。隊員のなかに尺八を吹く者がかなりいて、道雄はヨンサンに出向いては、そうした人々とよく合奏をし、彼らを中心に組織された「楽友会」の会員になって、その会に出演もした。軍楽隊の演奏会があるたびごとに聴きに行き、隊のほうでも演奏会の案内をし、道雄は「かわいがってもらった」と述懐している。西洋の楽器にも触らせてもらったが、隊員の演奏する曲を一度聴くとすぐにそれをヴァイオリンで弾いて人々を感心させたという。もっとも、ヴァイオリンはインチョンにいたころから、弟子の奥様連の集まりで余興として長唄のメロディを演奏したりして喜ばれていた。

もうひとつは、自宅近くの日希商会というタバコを売る店の店頭で聴くレコードをとおしてであった。道雄は後年、「私にはレコードが先生でもある」と書いているが、それはこのころから始まっていたのである。

日本ではまだ西洋音楽のレコードを聴く機会があまりなかった時代だが、このギリシア人が経営する店には、いつも西洋の新しいレコードが届いていた。けれども、当時一七、八歳の道雄にはそれを買う経済的余裕はなく、店の外に立って聴いていたのである。ある極寒の日、いつものように締め切ったガラス戸からわずかに漏れ聞こえてくる音を外で聴いていると、そのギリシア人が道雄を中に招き入れ、それ以来、言葉は通じないものの心やすくなって、店の中でレコードを聴かせてもらうようになった。やがて少し余裕ができると、レコードを買うこともあったが、なにしろ言葉が通じないので、曲名もなにもわからない。ただ、当時買ったレコードのなかにはシューマンの《トロイメライ》があったという。

道雄は、「レコードを聴いていると、何となくぼんやりした想像が自分に浮かんでくる。そうしてどうも、今までのただ普通の箏曲だけでは物足らぬようなものを自分は感ずる」と記しているが【8】、これらレコードに触発されて新しいスタイルの音楽を作曲するようになったのである。そして、最初に西洋音楽の影響のもとに作曲した作品が、現行する第二作で大正二年（一九一三）秋作曲の《唐砧《からぎぬた》》［c003］であった。この作品は日本の砧《きぬた》とは異なる速いテンポで打つ韓国の砧の音にインスピレーションを得て作曲されたもので、日本の伝統的な音楽にはなかった箏二部と三味線二部の四重奏による純粋器楽曲である。

砧とは、布を打って艶《つや》を出すのに使う木製の槌《つち》で、日中韓といった東アジア文化圏一帯にみられる道具であるが、日本ではこれを打つときの音が、秋の風物詩として昔から音楽化され、「砧地」と呼ばれる音型も生まれた。とくに、地歌箏曲では《五段砧》などのように、曲名に砧が付くものがあり、これらはいずれも砧を音楽的主題として、器楽性を重視した作品である。したがって、道雄もその延長として、また日本の砧ではなく、韓国の砧なので、《唐砧》としたのである（「唐」は中国など外国から渡来したものを表す）。

音階は《水の変態》と同様に伝統的な陰音階だが、道雄自身「日本の音楽にも西洋のハーモニーをとり入れた音楽ができるのではないかと考えて、《唐砧》を作曲した」と語るように、日本的な和声への試みがみられる。とくに、冒頭部分でリズムを工夫して、箏二部、三味線二

譜例1　《唐砧》の冒頭部分

部という四つのパートが同じ、あるいは、きわめて似たリズム型で動くようにすることによって、全パートの縦の響きを強調して、その結果として和声の連続を響かせるという、従来の地歌箏曲、ひいては日本の伝統的な音楽にはなかった音楽世界を創り出した。

ただし、その和声は西洋的な和声、つまり、ドミソのような三度音程の積み重ねやその転回による和声とはまったく異なる、四度、五度、八度音程を主体としつつ、そこに二度、七度音程を加えるという、たとえば古典的な手事物の本手《ほんて》と替手によって偶発的に生まれる響きを、道雄は最初から意図的に、より明確に和声として響くように作曲し、日本的和声を模索したのである（譜例1）。

このように道雄は当初、日本の音楽にも和声が必要だと考えたが、やがて和声は日本の音楽には不向きで、むしろ「対位法」的なものを導入すべきだと考えるようになる。もちろんここでの対位法とは厳密な意味での西洋音楽の対位法とは異なり、道雄が「旋律の流れと流れ」「節《ふし》と節」と語るように、対位法的要素あるいは対位法的センス、また、ポリフォニー（多声音楽）といった意味合いである【9】。つまり、本手と替手、本手と上調子《うわぢょうし》などといった日本の伝統的な作曲技法に通ずる旋律対旋律の妙味、そこから生まれる音の組み合わせの妙味が重要であって、日本の音楽にはかならずしも和声を付ける必要はないというもので、こうした考え方は、多くの作曲家たちがいつまでも日本の音楽に和声がないことに強い劣等感をもっていたのに対して、卓見というべきものであった。

じつは、昭和になって、西洋文化なしには日本の近代化はありえないけれども、そこに日本の伝統的要素を主張しようとする思潮が台頭して、洋楽系の作曲家たちのあいだで、西洋音楽の和声とは異なる日本的和声があるはずとの論争が巻き起こった。この和声へのこだわりには、和声のない音楽は低級との潜在意識が見え隠れするが、そうしたなかで、道雄は和声ではなく対位法的センスによる作曲法のほうが、日本の音楽には向くことにいち早く気づいた数少ない作曲家だったのである。

道雄は書物などの知識ではなく、自分の耳と感性で音楽を判断し、時代の価値観に左右されることがなかった。この時代を超越した抜群の耳と感性、感覚が、その和声観にも表れていたといえよう。だからこそ、和声ではなくて、対位法的センスによる作曲の必要性を、いち早く述べることができたのである。

《水の変態》以後、作曲というものに興味をもった道雄は、上京して最初にしたかったことも自分の作品の新作発表会だったと語って、かなり早くから作曲家としての自覚があった。けれども、処女作と現存する第二作《唐砧》とのあいだに、じつに四年半もの歳月が流れていたのである。道雄は《小楠公《しょうなんこう》》〔c002〕など、その間に作曲した習作は捨て去り、ようやく納得のいく作品として認めたこの《唐砧》は、古典の延長として作曲された《水の変態》とはまったく異なるタイプの作品であった。いかに道雄が作曲というものに対して真摯《しんし》で意欲的であったかがうかがえる。

❖大検校への道

道雄は西洋音楽に魅せられ、それをもとに、これまで誰もなしえなかった音楽じたいにおける日本音楽の近代化を本格的にスタートさせたが、そのさい、日本の伝統的な音楽、箏曲地歌をつねに基盤としていたのである。そのため、ここ韓国の地でも、その修業を怠《おこた》ることはなかった。

明治四四年（一九一一）七月、道雄は弟の啓二に伴われて旧師の三代目中島検校のもとに行き、約一カ月間師匠の家に泊まりこんで、まだ習っていない曲の習得に努めた。これによって、「箏曲許し物三十曲を習得」と父国治郎の手紙にあるが、一日一曲のペースで覚えていったことになる。これは道雄の才能と努力のたまものによるわけだが、もしかしたら、備忘録として点字を利用したのかもしれない。

道雄は一四、五歳のころすでに点字を習っていて、相弟子《あい》にも点字を教えたという。まだ点字の楽譜は知らなかったとしても、点字で歌詞や箏の弦名を記したり、いわゆる口三味線を書くだけでもかなり記憶の助けになったはずである。生活の苦しかったインチョン時代に点字を学んだ道雄の進歩的な考え方に驚かされるとともに、邦楽界において、道雄がいち早く楽譜を教習にとり入れたのも、このときの経験にもとづくものだったのかもしれない。

この修業の甲斐あってか、翌四五年（一九一二）には検校になる。といっても、すでに述べたように江戸時代以来の当道はもう存在しなかったので、明治三八年に地歌箏曲を職業とする人々の全国組織として設立された「当道音楽会」（現・公益社団法人当道音楽会）から私的に発行された称号であった。それでもこの称号を得ることができたということは、演奏家としての技量が公に認められたと同時に、検校の位を受けるために納めるべき金銭を支払うだけの経済的余裕もできたことを意味する。

さらに、その翌年の大正二年（一九一三）にも一二月二八日から翌年の三月八日まで、ほぼ七〇日間にもおよぶ長い修業の旅に出た。道雄は神戸の中島検校のもとで未習の曲を習得し、さらには、ちょうど神戸に来ていた熊本の地歌三味線の名人、長谷幸輝《ながたにゆきてる》大検校（一八四三〜一九二〇）の宿を訪ね、大検校とその高弟である坂本陣之都《じんのいち》の合奏を間近で聴くこともできた。この体験は道雄にとって大きな刺激となったことであろう。

このとき付き添ったのは仲子であった。二人の結婚について、父国治郎の手紙には「大正二年」と記されているので、このころにはなんらかの合意がなりたっていたのであろう。そして、仲子の養家・喜多家のある徳島にも渡って、道雄は箏組歌の名人・大崎城悦の演奏を聴く予定だったが、城悦はすでに亡く、城悦の弟子の太田和佐一からさまざまな曲を聴かせてもらうのであった。

このように、道雄は韓国時代も進んで古典の修業をした。上京当時は「古典を知らぬ宮城」と批判されることも多かったが、じっさいは古典をこよなく愛し、その修業にも精進したのである。

❖上京に向けての出会い

インチョンでの極貧の生活からスタートした道雄だったが、やがて演奏家として認められるようになり、朝鮮統監府や鉄道管理局などからの演奏依頼や京城音楽堂建設のための募金演奏会、さらには、朝鮮総督府官邸での李《り》王妃殿下の御前演奏まで依頼されるようになった。御前演奏では、古典の《残月》と処女作《水の変態》を演奏して絶賛されたという。やがて、道雄の名は韓国中に知れ渡るようになり、初心者を三人の代稽古にまかせるほど弟子も増えた。道雄は、こうして生まれた経済的余裕を内地での修業にあて、古典曲のさらなる研鑽《けんさん》を積んだのである。その甲斐もあってか、大正五年（一九一六）には、とうとう二二歳の若さで「大検校」という当道音楽会の最高位へとのぼりつめた。六月一一日には京城ホテルで大検校の披露演奏会を催し、名実ともに韓国箏曲界の覇者として不動の地位を築き上げたのである。

しかし、それに満足する道雄ではなかった。日本一をめざし、なんとしても東京に出て、自らの作品を世に問いたいと考えたのである。少年時代にインチョンで伊藤博文が約束した上京話が政治の荒波にのみこまれたときも、道雄は「けっして人を頼るまい。頼れるものは自分の力だけだ」と胸に刻み、上京を心に誓った。さらに、道雄の上京を後押しする人々との出会いもあった。

後年、道雄との名コンビで「新日本音楽運動」を展開した吉田晴風（一八九一～一九五〇）との出会いも、大正三年（一九一四）六月、ソウルでのことである。当時、吉田は竹堂《ちくどう》と名乗っていたが、道雄より三歳年上で、若い二人は将来を語り合い、吉田は「時が来れば君を迎えに来るから」と言い残して、翌四年九月、東京に旅立った。

また、この四年一〇月二六日には、現在、琴古流とともに尺八界の二大流派をなしている都《と》山《ざん》流の流祖・中尾都山（一八七六～一九五六）との出会いもあった。都山はロシア傷病兵慰問演奏会の帰りにソウルに立ち寄り、当地の弟子による歓迎会に出席して道雄と《千鳥《ちどり》の曲》を合奏した。しかし、このときは終演後すぐに夜行列車で釜山（プサン）へと向かったため、ごく短い出会いであった【10】。そして、翌五年（一九一六）八月初旬、満鮮旅行中にふたたびソウルにやってきた都山のもとを道雄はたずねたのである。二人は語り合い、道雄は《唐砧》を演奏したが、その斬新さに胸うたれた都山は、八月六日にソウルの有楽館で開催された京城都山流同好会主催の演奏会で、《御《み》山《やま》獅《じ》子《し》》を道雄と合奏し、道雄の三味線の腕前にも感心するのであった【11】。

そのひと月後、こんどは琴古流尺八の大御所・川瀬順輔《じゅんすけ》（一八七〇～一九五九）とその夫人で長谷大検校の弟子の筆頭格であった里子（一八七三～一九五七）との出会いもあった。里子は東京の地歌箏曲界に多大な影響をおよぼし、現在の地歌三味線を長谷とともに作り上げた人物である。夫妻が五年（一九一六）九月にソウルを訪れたとき、歓迎演奏会に道雄も出演して自作の《秋風吟《しゅうふうぎん》》[c014]を演奏し、その才能を見抜いた夫妻は上京を勧めるのであった。

中尾都山
提供：（公財）都山流尺八楽会

妻の仲子は反対した。やっと手にした韓国での安定した生活を捨てるのはしのびなかったのであろう。しかし、道雄の決意は固かった。

そして、まるで上京のための総仕上げをするかのように、一二月二六日から、神戸でその至芸に触れた熊本の長谷大検校のもとへ稽

初世川瀬順輔（左）と川瀬里子
提供：宗家竹友社、３世川瀬順輔

古に向かうのであった。熊本では、同じく大検校のもとへ稽古に来ていた若き日の中島雅楽之都《うたしと》（一八九六〜一九七九）と出会う。中島は現在、宮城会同様、全国規模の大きな箏曲の会派となった正派邦楽会の創始者で、このころはまだ本名の利之を名乗っていた。二人は芸について語り合い、意気投合した。そして、道雄は自分の決断が間違っていなかったことを確信したのかもしれない。そのうえ、道雄が熊本に行っているあいだに、吉田から上京をうながす手紙が届いていた。

機は熟した。道雄は明けて大正六年（一九一七）春まだ浅き二月、約一〇年におよんで生活してきた韓国をあとにするのであった。

第3章◉新日本音楽の旗手

❖「宮城道雄自作箏曲第一回演奏会」の衝撃

大正六年（一九一七）四月二八日午前一〇時、東京駅のプラットホームに降り立った道雄は、「来たな！」という吉田晴風の大きな声にほっとしたという。

一行は、まず晴風の借家に身を寄せたが、しばらくして川瀬順輔・里子夫妻の世話で小さな家を借りることになる。そこで、箏曲教授の看板を出してはみたものの、なかなか弟子は集まらなかった。韓国でこそ大検校として多くの弟子をもち、不動の地位を築いていた道雄だったが、ここ東京ではまったく無名の新人にすぎない。もちろん、それを覚悟でさらなる飛躍をめざして上京し、ふたたび一から出発した道雄である。それゆえに、上京の途中で立ち寄った神戸の旧師、中島家のもとで四代目中島検校を継ぐという話も断わった。しかし、雌伏《しふく》の日々は続く。その間も道雄は川瀬里子のもとへ地歌三味線の稽古に通って古典の研鑽を怠らなかった。

そして、初めて道雄が東京で注目されたのは、大正八年(一九一九)五月一六日、本郷の中央会堂で開かれた「宮城道雄自作箏曲第一回演奏会」であった。道雄の作品のみで構成されるという、韓国時代からの念願の演奏会である。東京駅に降り立ってから二年、道雄二五歳のことであったが、この演奏会は日本の音楽界全体に大きなインパクトを与えることとなる。

当時の弟子の回想によると、演奏会の前日に道雄はウキウキして用もないのに二階の稽古場に上がってきて、数少ない弟子がプログラムを折りたたんだり準備をしているそばで、身の上話をしたり長話にふけっていたという。よほどうれしかったのであろう。それもそのはず、演奏会までの二年間の生活は貧困と妻仲子の病死など惨憺《さんたん》たるものだった。それが、こうして作品発表会を開くことができたのは、韓国時代からの親友であり一生涯をとおしての同志ともなる吉田晴風をはじめとする支援者、そして大正七年(一九一八)に再婚した吉村貞子のおかげであった。貞子は親族一同の大反対を押し切って、川瀬夫妻を媒酌人《ばいしゃくにん》に結婚したのである。なお、仲子の連れ子で病弱だった安子は、母の死後数年して、あとを追うように亡くなるのであった【1】。

晴風は機会あるごとに道雄を東京の三曲界の重鎮に紹介してまわった。また、道雄が音楽のわかる人に自分の作品を聴いてもらいたいと相談すると、自分が尺八講師を勤めていた女子音楽学校で道雄の作品を聴く内輪の会を催したのである。この会には校長の山田源一郎や、国語と英語の教師で備後《びんご》の地歌箏曲の名人葛原勾当《くずはらこうとう》の孫にあたる葛原しげるとその父、さらに都新聞と東京日日新聞の記者などが集まっていた。

道雄の弾く《水の変態》に感動した葛原の父は、息子に道雄の後援者となるよう諭《さと》したという。葛原は唱歌の作詞家としてすでに活躍していたので、一緒に唱歌の研究と作曲をしていた東京音楽学校出身の小松耕輔や梁田貞《やなだただし》ら洋楽家や随筆家の内田百閒《ひゃっけん》など文学者のあいだに紹介してまわった。大正九年（一九二〇）におこなわれた第二回目の作品発表会直後に、東京音楽学校教授で国文学者の高野辰之《たつゆき》が発案して結成された宮城道雄の後援会の代表的役割も、葛原は引き受けるのであった。

吉田晴風（中央）

さて、第一回目の作品発表会だが、入場料は無料で、賛助者は葛原しげる、ドイツ文学者の藤沢古雪《こせつ》、山田源一郎、新進気鋭の洋楽系作曲家である小山作之助・小松耕輔・本居長世《もとおりながよ》、そしてオペラの作・翻訳でも活躍していた詩人の小林愛雄《あいゆう》（「ちかお」とも）の七名という、洋楽と文学界の人々である。招待状は箏曲界の人々や東京音楽学校の教授陣を中心とした洋楽家などに送られた。

プログラムは全部で一一曲。《水の変態》や《唐砧》、箏四重奏の《吹雪《ふぶき》の花》[c033]、また新様式の歌曲や子供のための箏曲、つまり箏伴奏による童謡にあたる「童曲」など、すべての作品が従来の箏曲の概念からは大きく逸脱した道雄の作品のみで構成されていた。プログラムに掲載された「舌代《ぜつだい》」と題された挨拶文の最後には「冀《こいねがわ》くは今後の我国《わがくに》に於ける音楽の新領土にも一つの意義ある開拓を成し得べきかと勇み立っています。今夕は稍々《やや》異った形式のものだけ約二時間演奏致します。どうぞ十分御批評下さいまし。　道雄敬白」と記されていて、道雄の意気ごみのほどがうかがえる。

ところで、日本の伝統的な音楽の世界には、こうした音楽じたいを純粋に鑑賞するための音楽会はもともとなかった。明治以後に西洋音楽の影響もあって日本にも登場したのである。それまでの日本では、お芝居や舞踊の伴奏音楽として、またはおさらい会、せいぜい宴会の余興での演奏だった。明治になって地歌箏曲の世界では、二六年（一八九三）に東京で第一回国風音楽会が開催されたが、これは大阪の菊塚与一や九州の長谷幸輝、また道雄の師匠でもある神戸の二代目中島検校らが上京して演奏した名人会的な演奏会だったので、個人の作品発表会を開いたのは道雄が初めてではないだろうか。

さて、その評価は大きく二つに別れた。総じて洋楽家や学者、文学者は好意を示したが、邦楽家たちの多くは反感をもった。「箏曲の伝統を破壊し、いたずらに奇をてらうものだ」と異端視されたのである。箏曲界の重鎮で東京音楽学校教授だった山田流の今井慶松《けいしょう》（一八七一〜一九四七）が「反対派の急先鋒」だったと、音楽学者で当時作曲家としても活躍していた町田嘉

上：「宮城道雄自作箏曲第一回演奏会」記念写真
前列左より４人目から牧瀬喜代子と貞子、中列左より４人目から藤沢古雪、小松耕輔、道雄、小山作之助、小林愛雄、ひとりおいて葛原しげる、吉田晴風。後列左より６人目から弟啓二と父国治郎
下：「宮城道雄自作箏曲第一回演奏会」プログラム

章（佳聲《かしょう》）（一八八八〜一九八二）は回想している【2】。

それに対して洋楽系の雑誌『音楽界』【3】には、次のような記事が出た。

邦楽界に於ては宮城道雄氏が其《その》新作を発表し、旧来の型にはまった音楽から脱して、山田とか生田とかいふ流派に捉はれない新音楽を創立せんとしたのも、邦楽革新の曙光《しょこう》を投じたものである、斯《か》かる光に接したる邦楽家は過去の冷たい床に惰眠《だみん》を貪《むさぼ》るを止めて、温かき生ける花園に其《その》歩を運ぶ事を試ねばならないのだ。

なぜこのように洋楽界と邦楽界では反応が違ったのか？　それは明治以後の洋楽界と邦楽界の状況の違い、そして音楽的感性の違いによるところが大きい。

❖優位にあった邦楽界

明治になって、明治新政府の近代化政策はたしかに邦楽界にも大きな影響を与えたが、それは当道の廃止などの制度的な変革や、遊里趣味の歌詞を上品にした歌詞への改良、西洋音楽の影響による楽譜の出版と音楽会の開催といった変革で、それらは音楽じたいの変革とは異なる次元のものであり、ましてや日本人の音楽的感性にまでそくざに変化をもたらすものではなかった。

当時の錦絵などを見ると、鉄道が走りチョンマゲがなくなり、靴を履《は》いて洋服を着るようになり、日本人は見た目には大いに変わったかもしれないが、あたりまえのことながら、人間の中身まで入れ替わったわけではない。ザンギリ頭のように風俗や制度は簡単に変えられるが、習慣や文化、そして、なによりも人々が数百年から千年以上もかけて培《つちか》ってきた美意識は、そう簡単に変わるものではない。明治維新で何から何まで新しくなって、世の中すべてが変わったわけではなかったのである。そのため明治になっても、一般での音楽は江戸時代の延長線上にあった。とくに音楽のように感性に直接かかわるものは、そんなに簡単に変えるわけにはいかなかったのである。

むしろ幕末から邦楽は爛熟期《らんじゆくき》を迎え、明治になってさらに初世常磐津林中《ときわづりんちゆう》や五世清元延寿太夫《きよもとえんじゆだゆう》などの名人が現れ、また、長唄の《元禄花見踊《げんろくはなみおどり》》や義太夫節《ぎだゆうぶし》の《壺坂霊験記《つぼざかれいげんき》》、清元節の《隅田川《すみだがわ》》など現在でもよく演奏される名曲が多く生み出された。そのうえ、当時の西洋音楽の演奏も未熟で、邦楽は芸術的に圧倒的優位にあったのである。

そのため、ほとんどの邦楽家はたんなる無関心、あるいは自国の音楽に対する誇り、また、なかには劣等感の裏返しによる閉鎖性もあったが、こうしたさまざまな理由で、西洋音楽と音楽的に深いかかわりをもとうとはしなかった。

もちろん、生田流箏曲によっておもに作曲された明治新曲のように、ピッツィカートや二本の弦を同時に弾く左手技法といった西洋音楽の影響による新しさを取り入れた音楽もあった。けれども、道雄の作品の新しさは明治新曲どころではなかったのである。それに、東京の箏曲界の主流は山田流だったが、山田流では明治以降も古典的な様式での創作が続けられていたため、とくに山田流箏曲家たちは従来の音楽的感性にどっぷりと浸《つ》かっており、彼らの目には道雄の作品はあまりに箏曲の様式からはずれていて奇異に映ったわけである。今井慶松は明治三九年（一九〇六）に箏独奏曲《四季の調《しらべ》》を作曲して、その夏の部で六拍子を採用したが、その今井をも驚かせる斬新さに道雄の作品は満ちていたのである。

このように、発展途上にあった洋楽界に対して、邦楽界は芸術的観点からは圧倒的優位に立っていたため、とりたてて洋楽を意識する必要性をまだ感じていない人がほとんどであった。そのため、道雄の作品は妙に奇をてらった鼻持ちならないものと受け取られたのであろう。また、東京音楽学校教授のように権威的立場にある人ほど、往々にして危機感は希薄なものである。こうした状況のもとに、忽然《こつぜん》と韓国から現れた若い道雄に対して、風当たりが強かったのもとうぜんのことであっただろう。

❖ 新生洋楽界

それに対して洋楽界は、それまでの輸入物真似からちょうど脱皮しだしたころであった。

日本人が西洋音楽と本格的に向き合うようになったのは、嘉永六年（一八五三）六月にアメリカのペリーが四隻《せき》の蒸気艦船を率いて浦賀に来航し、日本が国際舞台へと船出するようになってからのことである。日本は外国の脅威から身を守るために軍事の近代化が至上命令となり、それとともに軍楽隊をまず導入した。それまで足並みをそろえて歩くというセンスすらなかった日本人が、太鼓に合わせて行進することを初めて伝習したのである。また、国際社会にデビューした日本が西洋式外交儀礼を積極的にとり入れることで、晩餐会《ばんさんかい》など西洋式の会食がおこなわれるようになり、宮中での西洋音楽の演奏機会が増えた。そこで、雅楽を演奏していた式部寮伶人によって宮中専属の西洋音楽の演奏団体も組織されたのである。このように西洋音楽は軍事上、外交上の必要にせまられて導入され、とうぜんのことながら、とにかく西洋からの直輸入、そして模倣で始まった。こうして国の主導で積極的に導入された西洋音楽は、ほどなく普及したように一般的には捉えられているが、ことはそう簡単には進まなかったのである。

たとえば、現在の《君が代》の前に、じつはイギリスの軍楽隊長で日本の軍楽隊を指導していたフェントンによって作曲された《君が代》があった。もちろん完全に西洋の音楽だったのだが、これが日本人にはうまく歌えず、まったくなじまなかった。日本と西洋の音楽では音楽的イディオム、つまり音階もリズムもあらゆる点で異なるのだからとうぜんである。そこで、宮中でおこなわれる音楽で作曲してほしいと書かれた上申書が明治九年（一八七六）に出され、その結果、明治一三年に雅楽の壱越調律旋《いちこつちょうりつせん》による伝統的な旋律の《君が代》が生まれて、それにフェントンの後任となったドイツ人のエッケルトが和声を付けて、現在の《君が代》が誕生したのである。

しかしながら、いまの日本の巷《ちまた》に流れる音楽はほとんど西洋音楽のイディオムで作曲されていて、そうした音楽をわれわれはなんの違和感もなく聴いたり歌ったりしている。日本人の音楽的感覚はいかにして変わったのだろうか。その最大の要因は教育であった。

明治一二年（一八七九）に音楽取調掛《とりしらべがかり》（のちの東京音楽学校、現在の東京藝術大学の前身）が発足したが、ここでは当初、西洋音楽との融合により、世界に通用する新しい日本の音楽、つまり「国楽」を作ろうとした。じっさいに、箏曲や長唄の歌詞を改良したり、ピアノと箏のコラボレーションなどがおこなわれた。しかし、音楽じたいにおける和洋の融合は進まず、さらにさまざまな要因も重なって、結果として現在の西洋音楽中心の音楽教育の基礎が築かれることとなったのである。

さりとて、日本人の音楽的感覚がそう簡単に変わるわけもなく、音楽取調掛のトップで東京音楽学校の初代校長伊澤修二も、「西洋風の音楽といふ者は、到底これを我国に入れることが出来ぬかと」絶望するほどだったと述べている【4】。

それでも、明治三〇年代ごろから、日本人にも歌いやすい唱歌が登場してきた。〽まさかりかついだ　きんたろう」でおなじみの《キンタロウ》や〽もしもしかめよ　かめさんよ」の《うさぎとかめ》など、いまなお誰もが知っている唱歌である。子供の興味をひく題材、口語体によるわかりやすい歌詞、これは三〇年ごろから文学界におこった「言文一致運動」が唱歌の世界にも波及した結果だった。そして、しだいに音楽的にも日本人に歌いやすい唱歌のスタイルが確立したのである。つまり、音階としてはヨナ抜き長音階である。

日本の伝統的な音階は五音音階である。そのため、西洋の七音音階には、日本人がうまく音程のとれない二つの音があった。それは音階の第四度と第七度、階名でいうとファとシで、これらを抜いた長音階♪ドレミソラドがヨナ抜き長音階である。それと、日本の音楽に圧倒的に多い二拍子系、さらに、〽あんたがたどこさ」、〽ずいずいずっころばし」など、わらべ歌に多い弾むリズムによって唱歌が作られた。こうした唱歌は日本の伝統的な音楽の要素と接点をもっていたため、日本人に受け入れやすい西洋的な歌として幼いころから教育の場で刷り込まれ、日本人の音楽的感覚、感性にきわめて大きな影響をおよぼすこととなったのである。

一般の人々も、社会全体の洋風化とともに西洋音楽を聴く機会が増えていった。退役軍楽隊員らによって組織された市中音楽隊は、欧化主義と日清戦争による軍国主義の風潮に乗ってひっぱりだことなり、その人気に目をつけた広告業者は町まわりの宣伝に利用した。軍楽隊じたいも明治三八年（一九〇五）から日比谷公園で定期的に演奏会を開くことで、西洋音楽の浸透に一役買い、またキリスト教の教会やキリスト教系の学校もその拠点のひとつとなった。さらには、《敵は幾万》のような唱歌スタイルで作曲された軍歌が、二七年の日清戦争や三七年の日露戦争によって大ヒットすることで、大人にも唱歌スタイルが浸透しだしたのである。こうして、日本人の音楽的感性は少しずつではあるが、確実に西洋化していった。

明治三三年（一九〇〇）には瀧廉太郎《たきれんたろう》（一八七九〜一九〇三）が《荒城《こうじょう》の月》や二重唱《花》を作曲したが、これらの曲は西洋音楽のイディオムによる最初の芸術作品とされている。そして、以後日本人による洋楽の作曲が本格化するのであった。

❖大正八年に始まる日本の音楽の近代化

明治四三年（一九一〇）にベルリンに留学した山田耕筰は、留学中の大正元年（一九一二）に日本人による初の交響曲《かちどきと平和》を、また翌年には楽劇《堕《お》ちたる天女《てんにょ》》を作曲するなど本格的な作曲活動をおこない、さらにこの年の暮れに帰国してからは、オーケストラを組織して西洋音楽の演奏活動も活発におこなった。こうして精力的に西洋音楽の普及に努めていた山田は、やがて日本の伝統的な要素を近代的に発展させることに関心を示して、とくに大正七、八年ごろには日本の伝統音楽を積極的に研究した。そして、百人一首を素材とした五曲からなる連作歌曲《幽韻《ゆういん》》に、その研究成果が集中的に現れているが、第一曲から第四曲が作曲されたのが大正八年で、第五曲のみ一一年である。

大正六年（一九一七）五月には小松耕輔、弘田龍太郎、梁田貞、近藤義次によって「作曲研究会」が結成され、彼らは自分たちの作品を検討しあって、日本的な和声や西洋の真似ではない日本的な洋楽の作曲をめざすなど、たんなる西洋音楽の技法の消化にとどまることなく、日本の伝統音楽の要素や手法を取り入れようと意識的に努力しだした。そして、その成果が大正八年の小松耕輔（一八八四～一九六六）の作品《泊り舟》の、音階、和声面などにもっともよく反映されていると小島美子《とみこ》は記す【5】。

こうした背景を考えれば、洋楽界の人々が道雄の作品を支持して、その作品に対する評価が邦楽界と洋楽界で二分したのもとうぜんといえよう。

小松耕輔は、

大正七、八年頃は西洋音楽の方でも「作曲」ということが、ぼつぼつ始まりかけた時代でした。それで一般の洋楽家たちの関心がやっと作曲というものに集まりかけてきました。そこへこの新人が、しかも箏曲界から現れたというので、非常に関心がもたれたのです。

と語っている【6】。小松は賛助者のひとりではあるが、この言葉もあながち道雄贔屓《びいき》ゆえのものではないことがわかる。

いっぽう、邦楽界も保守派ばかりではなかった。邦楽近代化の必要性を感じて、どうにかしなければという機運が一部にはあったが、西洋音楽が日本の伝統音楽とあまりにイディオムも美意識も異なるため、じっさいに音楽じたいにどう西洋音楽を取り入れ、時代にあった新しい音楽スタイルを作ったらよいか、いまだつかめていなかったのである。そうした人々に道雄はこの演奏会で衝撃を与え、音楽それじたいに様式的な変化をもたらすようなまったく新しい時代に、とうとう邦楽界も突入することとなった。

長唄三味線の名手で《黒塚》などの作曲家として知られる四世杵屋《きねや》佐吉《さきち》（一八八四～一九四五）は、道雄の第一回作品発表会の四か月余りのちの九月二三日に、さっそく「三絃主奏楽」の第一作《隅田の四季》を、そして翌月にはその第二作《まつり》を発表した。三絃主奏楽とは三味線主体の音楽で、それまで歌や語りの伴奏楽器としてのみ使われていた三味線を主とした純粋器楽曲である。ただし、音楽じたいの変革となると、《まつり》の途中で上調子《うわぢょうし》がちょっと変わった旋律を奏でるものの、ほとんど日本の伝統的な音楽作りをしている。しかし、評判はかなりよかった。雑誌『邦楽』には、「まつりは、三絃主奏楽である。夕立で群衆が右往左往と逃げ散るあたりから、灯ともし頃の静寂な情景を面白く聴いた」【7】と記されている。いっぽう、評者は違うものの、まったく同じ雑誌に載った道雄の箏伴奏歌曲《七夕《たなばた》》［c036］に対する評は、「耳新しく面白くないでもないが、在来の箏唄を捨てて、直《ただ》ちにこの宗旨に帰依《きえ》する程の信仰心も起こらない」【8】というものであった。当時の人々には佐吉の作品のほうが聴きやすくて、なじみやすかったのだろう。文芸評論家の勝本清一郎も、当時は道雄の新作より佐吉のほうに期待していた、と記している【9】。勝本のような評価のしかたが当時の一般的な考え方だった。この評価の差からも、佐吉と道雄でいかに音楽のスタイルが違っていたかがわかる。

同時に、佐吉の作品のほう、つまり、より伝統的要素の強い作品をなじみやすいと感じる当時の人々の感性をみることができる。

佐吉は三絃主奏楽について次のように述べている。

別段西洋音楽の真似をしたい為に作ったのではなく、私はとうから歌なしに、三絃だけで何か独立した曲を作ってみたいと心掛けておりました。私の考えでは、どこ迄も西洋の真似でなく日本は日本式の音楽でありたいと思って居ります。【10】

佐吉と道雄とは基本理念が違っていたのである。

また、《七つの子》や《赤い靴》など童謡の作曲家として有名な本居長世（一八八五〜一九四五）も、第一回作品発表会からおくれること約半年の一一月二日に、「本居長世作品発表演奏会」を開催して、尺八三部とピアノの合奏曲やピアノ伴奏による尺八曲などを発表した。そして、この演奏会には道雄も参加して、箏・胡弓・尺八三重奏の《ひぐらし》[c034]や新様式の歌曲《七夕》、また前年に作曲した《秋の調《しらべ》》[c021]にオブリガート（助奏）風の尺八の旋律を付けて発表したのである。いずれも斬新な作品ばかりであった。「新日本音楽」の名称じたいは、次節で述べる翌大正九年（一九二〇）に開催された本居と宮城の合同作品発表会である「新日本音楽大演奏会」に由来するのだが、このように、実質的には大正八年にすでにスタートしていたとみるべきであろう。

こうしたことから、筆者は大正八年（一九一九）を邦楽界と洋楽界の両音楽界からみて、日本の音楽の近代化元年と位置づけている。つまり、八年は道雄の第一回目の作品発表会に始まり、四世杵屋佐吉の三絃主奏楽、そして新日本音楽運動の実質的な開始へと続く邦楽近代化の年であり、さらにはたんなる物真似ではない洋楽の作曲が本格的に始まった年でもあることから、日本の和洋両音楽の近代化にとって重要な年なのである。

もちろん、それらのエポックが大正八年に集中したことじたいは偶然だが、これまで和洋両音楽界がそれぞれに模索してきた国楽創成、新しい日本の音楽への試みが、ほぼ同時期にひとつのかたちとなって姿をあらわしたのは、音楽界全体の洋楽浸透と、それに呑《の》みこまれまいとする日本人の意識、さらには、それらをバランスよく作品化する作曲技術の向上によるもので、また、社会全体がそうした音楽を求め、受け入れる土壌を熟成してきた結果とみることができるのである。

❖「新日本音楽大演奏会」

翌大正九年（一九二〇）一〇月三日に、宮城道雄は第二回目の作品発表会を東京音楽学校奏楽堂で開催した。そして、五〇日余りのちの一一月二七日に、「新日本音楽」の名称の由来となる前述の本居長世との合同作品発表会「新日本音楽大演奏会」を丸の内の有楽座で開催したのである。

本居は明治四一年（一九〇八）に東京音楽学校本科器楽部ピアノ科を卒業後、すぐに邦楽調査補助を命ぜられて調査研究をおこなっていた。したがって、洋楽にも邦楽にも本居は通じていたわけである。そして、日本と西洋の音楽を融合して、新しい日本の音楽を作ろうと、大正七年（一九一八）二月に洋楽系の音楽家グループ「如月社《きさらぎしゃ》」を、三宅延齢や弘田龍太郎、そのほか東京音楽学校出身の演奏家らを同人に結成した。さらに、この会には中山晋平・野口雨情、そして道雄や晴風もきていて、あたかも新日本音楽の研究クラブのようだったという。そんな関係から、本居は道雄の第一回目の作品発表会のときには賛助者として名を連ね、また、同年一一月におこなわれた如月社の作品発表会に道雄も出演したのであろう。ちなみに、「如月」は本居の号である。

ところで、いまでは童謡の作曲家として有名な本居だが、大正七年の『赤い鳥』の創刊に始まる童謡運動には、ちょっと乗り遅れた感があった。それが九年に《十五夜お月さん》という、本居自身が「童謡 Op.1［作品番号一番］」と称したほどの会心の作を得て、これを娘のみどりに歌わせてぜひ演奏会を開きたいと考えたのである。そして、そこに道雄も加えようと思いたった。本居の希望は晴風をとおして道雄に伝えられ、ジョイント・コンサートを晴風の主催で開くこととなった。この演奏会にふさわしい名称はないものかと三人で考えあぐねたすえ、晴風が提案した「新日本音楽大演奏会」と銘打つことに決まったのである。

当夜のプログラムは二部構成になっていて、第一部の一曲目は、本居作曲の尺八三部合奏《想夫恋《そうふれん》》を、晴風が教えていた商科大学の尺八部が演奏したが、続く七曲は道雄の作品、そして、次の第二部は本居の作品となっていた。

道雄は、第二回目の作品発表会で演奏した箏四重奏の《稲葉のそよぎ》[c043]と歌・箏・尺八の《秋の調》、それに童曲の《燕《つばめ》と少女《おとめ》》[c044]と《あひる》[c042]、また第一回目の作品発表会で演奏した童曲の《文福茶釜《ぶんぶくちゃがま》》[c020]、そして、この「新日本音楽大演奏会」のための新曲として作曲した尺八・胡弓・箏の《うすらあかり》[c019]と《秋晴れ》[c018]を初演したのである。ただし、これらの作品のうち、現行するのは童曲と《秋の調》だけである。

いっぽう、本居がこのとき演奏した八曲中の五曲が尺八を含む作品で、あとは童謡《十五夜お月さん》など声楽曲であった。

道雄は後年「その頃は恰度《ちょうど》、本居さんが洋楽を日本音楽に近づけようとし、一方わたしの方では日本音楽を洋楽に近づけようとしていたので、自然に歩みよりが出来たわけで、面白いことだと思います。まあとにかくその方針で、〝新日本音楽〟は生まれたのでした」と回想している【1】。

さて、その評判だが、晴風は、「非常なセンセーションを引き起こしました。これは当時の音楽担当の新聞記者――『中外商業』の町田博三（本名嘉章）、『朝日』の竹中しげる、『時事』

の岡田孤煙、『都』の白井嶺南、『東京日々』の加藤長江の諸氏がこぞってほめてくれました」と、後年語っている【12】。とくに、本居はこの演奏会で童謡作曲家としての地位を不動のものとした。当時まだ八歳だった本居の長女みどりが管弦楽伴奏で歌った《十五夜お月さん》は大評判となったのである。

このように、はじめは本居という洋楽系作曲家も含む運動だったが、《十五夜お月さん》のヒット以後、本居は《七つの子》や《赤い靴》など現在も歌われている童謡や歌曲などを数多く作曲するようになり、大正一五年（一九二六）ころからは「新日本音楽」の名称を使わなくなった。

いっぽう、邦楽界からは後述のように、道雄たちの活動に追随する者もしだいに現れてきたが、彼らの作品は地歌箏曲や尺八楽などといった従来の日本音楽のジャンル名ではもはや分類不可能だったため、放送やレコード、演奏会プログラムの曲目分類として「新日本音楽」の名称が使われ、その後、道雄を中心とした大正から昭和初期にかけての邦楽近代化をめざした音楽活動、あるいはその作品をさす歴史的用語として定着したのである。

❖ コンテンポラリー・ミュージックを愛す

新日本音楽の音楽的特徴は、各作曲家によってそれぞれ作品の傾向が異なるが、強いて共通点をあげるならば、西洋音楽を意識して作曲された日本の伝統楽器を主体とした音楽といえよう。つまり、邦楽に西洋音楽の要素を導入して、時代に則した新しい音楽を作ろうとしたのである。

ただ、当時から、とくに洋楽界からは厳しい批判があって、昭和六年（一九三一）に出版された『明治大正史　芸術篇』（朝日新聞社）には「新日本音楽の芸術的価値は現在のところ、まだ余り高く評価されるべきものを示さず……」と記されている。そして、「新日本音楽＝洋楽の安易な模倣」という図式がいつのまにかできあがって、じっさいにそうした作品も一部にはあるため、いまでも、こうした誤解が残っている部分もある。

たとえば、ある現在も使われている音楽事典の「新日本音楽」の項目には、

当時の日本人の接しえたヨーロッパ音楽の大部分は、古典派またはロマン派の音楽であって、近世邦楽とはまったく異質な性質をもった音楽であったうえに、彼らが使った技法はヨーロッパ音楽の初歩的技法であったために、例外的作品は別として多少安易な〈融合〉に陥りがちであったことも否定できない。【13】

と記してある。そして、じっさいそうした作品があったことも事実である。

しかし、新日本音楽の旗手と目されていた道雄の作品は、むしろ、その「例外的作品」に属

するものが多かった。道雄自身、古典派のベートーヴェンのような構築的な音楽より、近代フランス音楽のような小気味のいいもののほうが日本人に、また日本の楽器に向いていて、複雑なだけではよくない、と語っている。これまでにも述べてきたように、道雄は安易な融合をきらったのである。

また道雄は、後述するように、西洋音楽にひじょうに造詣《ぞうけい》が深く、古典派・ロマン派の音楽だけでなく、むしろラヴェル、ドビュッシー、それにストラヴィンスキーなど、道雄にとってのコンテンポラリー・ミュージック、つまり自分と同じ時代の西洋音楽を好んでいた。

さらに言うなら、「当時の日本人の接しえたヨーロッパ音楽の大部分は、古典派またはロマン派の音楽」だったと、ほんとうに言い切れるのであろうか?

たしかに西洋音楽の導入期であった明治時代は、ドイツの古典派、ロマン派の音楽が主導権を握っていたといえるかもしれない。他の分野においてもこのころは、ドイツ文化がさかんに移入された時代であった。洋楽評論家の野村光一は、大正期も上野系、つまり東京音楽学校のドイツ伝統音楽が洋楽界の主流をなしていたけれども、第一次世界大戦後、ドイツ一辺倒でない国際主義やフランス音楽熱が猛然と台頭して、その導火線となったのが大正五年（一九一六）三月に太田黒元雄を中心に創刊された雑誌『音楽と文学』であったと回想している【14】。この雑誌にはスクリャービンの《三つの小品》のなかの前奏曲（作品二の二）や、シェーンベルクの《六つの小さなピアノ曲》（作品一九の六）の楽譜など、まさにコンテンポラリー・ミュージックが載っていた。大田黒は大正四年に出版した最初の著書『バッハよりシェーンベルヒ』(音楽と文学社)で、ドビュッシーやスクリャービンなど当時の最先端の作曲家を紹介し、その後も七年の『續《ぞく》バッハよりシェーンベルヒ』(音楽と文学社)をはじめとして続々と著作を出版したのである。日本の楽壇はこれらの著書によって、近代音楽の知識を得たと、やはり洋楽評論家の堀内敬三は記している【15】。

それに、大正時代にはプロコフィエフやエルマン、ジンバリスト、ハイフェッツなど海外の一流演奏家たちが数多く来日したが、彼らの演奏曲目をみると、けっして古典派・ロマン派に限ったものではない。たとえば、大正八年(一九一九)におこなわれたヴァイオリンのピアストロとピアノのミロヴィッチの演奏会は、ベートーヴェンの《クロイツェル・ソナタ》やシューマンの《謝肉祭》といった古典派・ロマン派の評価の定まった作品のほか、ドビュッシーの《沈める寺》やラフマニノフの《前奏曲 ト短調》、スクリャービンの《練習曲 嬰ニ短調》などの道雄とほぼ同時代か少し前の時代の作曲家による新しい作品というプログラム構成で、それは現代の演奏会曲目とほぼ同じセンスといえる。もちろん現代と新日本音楽の時代では、一〇〇年近くの隔たりがあるので、ドビュッシーやスクリャービンなどは現代からみれば評価の定まった作品であり、演奏曲目じたいのもつ新しさ・同時代性の印象は現代とは違う。さらに、『音楽年鑑　大正九年版』に掲載された一〇六の演奏会での作曲家ごとの演奏頻度《ひんど》(表1)をみても、いまの演奏会と同じような印象がもてる。

作曲家表（プログラム數一〇六）

總數百九十七名中五回以上演奏せられし作曲家名及ひ其曲數は左の如し

シユーバート	五二	グリーグ	二三
ショパン	五〇	メンテルスゾーン	二一
ベートホヴエン	四五	チヤヰコフスキー	二一
ヴエルデー	四三	サンサーン	二〇
ブラームス	四一	バ　ハ	一九
リスト	三三	モスコウスキー	一九
ウエーバー	三二	ビゼー	一七
グノー	三一	トーマス	一七
ヴヰニヤスキー	二八	マイエルベール	一五
マスネー	二八	ロシニー	一四
ワグネル	二八	ハイドン	一三
モヅアルト	二六	ルビンスタイン	一二
シユトラウス	二六	サラサーテ	一二
シユーマン	二四	プチニー	一〇
バカニニ	九	ギルマン	五
クライスラー	九	シンデング	五
デビッシー	八	ラ　ッ　フ	五
ドニセッテ	八	クリンカ	五
ベルリオース	七	フランク	五
ブルツフ	七	ドルドラ	五
ドホロシヤック	六	ラハマニノフ	五

日本人作曲家の作品にして演奏されしは左の如し（プログラム數十二）

山田　耕作	一五	成田　爲三	九
梁田　貞	一二	近衛　秀麿	六
弘田龍太郎	一〇	小松　耕輔	四
本居　長世	一〇	其　他	二

▲此外に本年度發行せられし音樂に關する書籍、樂譜、雜誌等に就ても統計を試み又た初等中等の教育界に於ける音樂に就ても調査に從事せり。されど未だ充分ならず故に今回は畧す

表1　作曲家表
加藤長江・白井嶺南共編『音楽年鑑　大正９年版』竹中書店、1920より

山田耕筰は大正一五年（一九二六）一月からわずか半年ではあったが、日本交響楽協会の予約定期演奏会で、ドビュッシー、ラヴェル、リムスキー＝コルサコフ、シベリウスといった同時代の作品を含むプログラムを披露している。

「一九三二年（昭和七年）優秀レコード表」（表2）をみても、バッハ、ベートーヴェンなどとともに、ストラヴィンスキーやドビュッシーなどの作品も発売されていて、現代とあまり変わらないという印象を受ける。さらに、昭和八年（一九三三）の「本邦初演曲一覧表」（表3）をみると、ラヴェル、リムスキー＝コルサコフ、バルトークなど、積極的に新しい曲の紹介がなされていた感じもする。

昭和四年（一九二九）には、菅原明朗《すがはらめいろう》

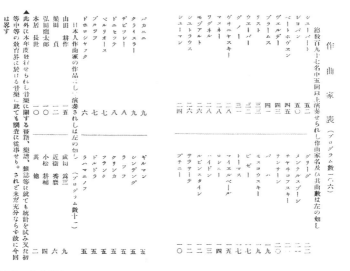

（一八九七〜一九八八）が近代フランス音楽に影響を受けたとみられるオーケストラ曲《内燃機関》を作曲したが、菅原は留学経験がなく、つまりこの作品は、国内にいても西洋の音楽動向を把握できたことを意味するものといえよう。

(295)

一九三二年度優秀レコード表

コロムビア（洋楽）			
傑作集 第130編	組　曲第二番	（バツハ）	コンツエルトゲヴウ管絃樂團
同 第148編	協奏曲ニ長調	（ベートーヴエン）	（提琴）シゲツテイ ブリテイツシエ交響樂團
同 第141編	四重奏曲（死と少女）	（シユウベルト）	カペエ絃樂四重奏團
同 第151編	四重奏曲イ短調	（ブラームス）	レナー絃樂四重奏團
同 第132編	詩篇に據る交響曲	（ストラヴインスキイ）	ヴラソフ合唱團 ストララム管絃樂團
J 7910—11	セレネード	（モーツアルト）	ブリテイツシユ交響樂團
J 8001=1	交響曲ト長調	（ハイドン）	ブラツセル王立 音樂院管絃樂團
J 5237—38	小　組　曲	（ドウビユツシイ）	ピユツセ指揮交響樂團
J 7962—63	組　曲（鳥）	（レスピーギ）	ブラツセル王立 音樂院管絃樂團
J 5201—03	四重奏曲（雲雀）	（ハイドン）	カペエ絃樂四重奏團
J 5191—93	オーバアド	（プーランク）	（洋琴）プーランク ストララム管絃樂團
J 7952—53	スイト・ベルガマスク	（ドウビユツシイ）	ギーゼキング
J 7990	匈牙利狂詩曲第二番	（リスト）	フリイトマン
J 7901	アヴエ・マリア コル・ニドライ	（シユーバート） （ブルツフ）	フーベルマン
J 7991	ツイガーヌ	（ラヴエル）	フランチエスカツテイ
J 7978	交響變奏曲	（ベールマン）	マレシヤル
J 7941—43	七つの西班牙民謠曲	（デ・フアリア）	メリエントス
J 1333	流行歌 二人の愛人 可愛いトンキン娘		ジヨセフイン・ベーカー アドリアン・ラミー
J 1450	フオツクス・トロツト 擲彈兵行進曲		アレクサンダー・ダンス・オーケストラ
J 1488	ワルツ 郭　公　鳥		アンサムブル手風琴
コロムビア（邦楽）			
35288	鳥邊山心中		市川左團次 市川　松蔦
35310—13	汐　汲		吉住小三蔵
35307	三人の鼓手 葡萄摘の唄		ベルトラメツリ龍千

表２　1932年優秀レコード表
東京音楽協会編『音楽年鑑 昭和８年版』音楽世界社、1932より

(284)

本邦初演曲一覧表　（新交響樂團調）

曲目	作者	指揮・演奏會	上演年月日
舞踏組曲	シユレーカー	近衞秀麿	6. 9. 24
ポルカとフーガ	ヴアインベルガー	同人	同上
協奏曲	リユリ	シフエルブラウト	6. 9. 30
クウプランの墓	ラヴエル	同人	同上
村の居酒屋の踊	リスト	同人	同上
組曲〝金鷄〟	リムスキイ・コルサコフ	同人	同上
ラプ〻デイ	ブラームス	近衞秀麿	6. 10. 11
交響曲ヘ短調	シヨスタコヴイツチ	山田耕筰	同上
歌劇〝黒船〟のプレエムニア	山田耕作	同人（平井、湯淺獨唱）	同上
大協奏曲第17番ト短調	ヘンデル	近衞秀麿	6. 11. 8
組曲第二番（作品4）	バルトーク	同人	同上
組曲第1と第2	ストラヴインスキイ	近衞秀麿	6. 12. 6
西班牙交響曲	ラロ	同人（シフエルブラウト獨奏）	同上
西班牙の庭の夜	デ・フアリア		7. 2. 21
小交響曲（作品58）	クシエネツク		同上
西班牙狂想曲	リスト		同上
交響詩サドコ	リムスキイ・コルサコフ	シフエルブラウト	7. 3. 11
ヴアルス	ラヴエル	モギレウスキイ	7. 4. 17
提琴と管絃樂の爲めのポエム	ショーソン	近衞秀麿（ポラツク獨奏）	7. 5. 8
フアウスト交響曲	リスト	プリングスハイム	7. 11 23

表３　本邦初演曲一覧表
東京音楽協会編『音楽年鑑 昭和８年版』音楽世界社、1932より

このように、当時の日本人が接しえた音楽はかならずしも、古典派・ロマン派の音楽に限られたものではなかった。ただ道雄も、「どうも日本のレコードファンは、やはり古典的のものが好きだと見えて、売れ行きがよくないせいか新しいものがあまり出ないのは、自分として真《まこと》に遺憾《いかん》に思っている」と嘆いているように、多くの日本人はやはり古典派・ロマン派の音楽を好んだのも事実のようである。しかし、それはいまもあまり変わらない。

いずれにせよ、このころ、すでに道雄のように意識的にコンテンポラリー・ミュージックを求めれば、それなりに情報を得ることができた時代に入っていたとみるべきなのである。

❖ 洋楽の台頭

さて、新日本音楽はやがて全国的に広まっていったが、それは道雄たちの精力的な演奏旅行とレコードやラジオなどの新しいマス・メディアをとおして、一般の人々の支持を得るようになったからである。それと同時に、一般の人々の音楽的感覚や感性も含めて、日本の音楽文化の主流が確実に洋楽へと移行し、西洋音楽が定着しだして、もはや保守派の邦楽人も危機感をもたざるをえないほどになっていた。

この西洋音楽の台頭には、第一次世界大戦などさまざまな要因があった。

先述のように、大正になると海外の一流演奏家が続々と来日し、日本人も名演奏を生で聴くことができ、大いに刺激を受けたわけだが、それは、たとえば大正七年（一九一八）七月にアメリカへ亡命する途中に日本へ立ち寄りピアノ・リサイタルを開いたプロコフィエフのように、第一次世界大戦やロシア革命を逃れた亡命音楽家の一部が日本に立ち寄って演奏会を開いた例も多かったのである。いっぽう、日本側も大戦中の輸出貿易の盛況で経済活動が活発化して、工業生産、貿易、資本などの数字が大戦中の数年間で四〜五倍に成長するほどで、多くの戦争成金を生み出し、それによって、海外の一流演奏家を招聘《しょうへい》する経済的基盤ができあがった。また、楽器産業においても、第一次世界大戦中にドイツやオーストリアが低迷するなか、日本製のハーモニカ、ヴァイオリン、ピアノが海外進出をはたしたのである。

山田耕筰は精力的に作曲活動をおこないながら、人手と資金確保に奔走《ほんそう》して大正三年（一九一四）に交響楽団を設立する。一五年にはＮＨＫ交響楽団の前身である新交響楽団が発足して、翌年から予約定期演奏会を始めるなど、プロのオーケストラの活動が活発化して、日本人による洋楽の演奏水準も向上し、さらには、ピアノのレオニード・シロタや新交響楽団を育てたヨゼフ・ローゼンシュトックのように、ナチスの迫害を避けて日本に定住し、日本の洋楽演奏の水準を押し上げた人もいた。

そのうえ、教育、とくに高等専門教育の重点政策によって、大量の知識階級を生み出し、彼らの多くは会社や銀行また官庁に勤めるサラリーマンとして、大金持ちというほどではないが、それなりにゆとりのある生活をいとなむ都市型の新しい中流階級をかたちづくりだしたのである。そして、彼らはワンランク上の生活として洋風を求めた。

また、大正三年にドイツへ留学したソプラノの三浦環《たまき》（一八八四～一九四六）は、翌四年のロンドンにおける《蝶々夫人》で人気を博し、イタリアでは《蝶々夫人》の作曲者であるプッチーニ本人の賞賛を得て一一年に凱旋《がいせん》帰国をし、日本全国を巡演した。大正九年にミラノへ留学した浅草オペラ出身の藤原義江（一八九八～一九七六）も欧米各地のオペラで活躍したが、彼らの名前は高級でなかなか手の届かなかった西洋音楽の実力を本場で認められた者として、音楽とはなんのかかわりもない一般庶民にまで英雄として知れわたったのである。

明治四一年（一九〇一）創刊の『音楽界』をはじめ、四三年の『音楽』、四五年の『月刊楽譜』、大正一三年（一九二四）の『音楽新潮』、昭和二年（一九二七）の『フィルハーモニー』など、洋楽系の音楽雑誌も続々と創刊された。これらは西洋音楽の啓蒙に貢献したばかりでなく、続刊できたということは、それを支えるだけの購読者、つまり洋楽ファンが存在していたことも意味する。

昭和五年（一九三〇）には西洋音楽系作曲家の団体として「新興作曲家連盟」が発足して、作曲の定期的発表の気運が高まり、七年には東京音楽学校に作曲科が設置されて、本格的な西洋音楽の作曲教育も始まった。こうして、洋楽の作曲活動が活発化してくると、作曲のスタイルも多様化し、西洋の模倣ではない日本的な洋楽をめざした作曲活動も本格化してきて、人々の洋楽に対する認識はしだいに深まっていった。

大正一三年（一九二四）にベートーヴェンの交響曲第九番（ドイツ・グラモフォン）が初めての大曲レコード組物として予約販売されたが、それが約三〇〇組も売れたという。昭和八年（一九三三）のベートーヴェン ピアノ・ソナタ曲集（ビクター）では、日本での申し込みが二〇〇〇組で、全ヨーロッパ各国の合計と同じだったほどで、交響曲や協奏曲などの芸術的な大曲の日本での売れ行きは、本場の欧米各国を抜いて圧倒的であった。その後も洋楽レコードの売れ行きは増加し続けて、昭和一四年にはトスカニーニ指揮NBC交響楽団のベートーヴェン 交響曲第五番（ビクター）が四枚組で一五円（当時の標準月収の約四分の一）もするのに五万組も売れた。大正時代に始まる教養主義、つまり教養によって人格を高めるという時代風潮が、こうした傾向をもたらしたものと思われる。思想芸術を教養として身につけ、趣味娯楽を謳歌《おうか》するのが善い生活であり、そこでは西洋音楽こそまさに高級感ただよう趣味としてちょうどよかったのである。ただ、堀内敬三は、「批判能力のまだ開発されていない聴衆は、漠然と「美しい音」を感じ「ハイカラな音」を感じ、それを芸術と云う観念にくっ附けて喝采するのだった」としているが【16】、これは、「西洋音楽＝高級」といった観念が、とにかく人々に浸透してきた結果で、こうした傾向は西洋音楽を日本に定着させる要因ともなった。

いっぽう、浅草オペラは大正六年（一九一七）に始まり、関東大震災までのあいだに一般の人々に絶大な人気を博した。その演奏技術は未熟だったが、一般の人々に西洋音楽を浸透させるうえで大きな力となった。御用聞きが自転車に乗りながら《女心の歌》や《闘牛士の歌》を口笛で吹いたというほどで、《恋はやさしい野辺の花よ》や《フラ・ディアボロの歌》などのオペラの歌が流行歌として歌われたのである。宮城道雄も浅草オペラによく行き、「上手ではなかったけれども、若々しくて勢いがあった」と語っている。

また、当時、映画館には五、六人程度の小管弦楽団がいて、行進曲や日本の俗曲などを演奏していたが、大正七年（一九一八）ころから銀座の金春館《こんぱるかん》で波多野福太郎・鐷次郎《こうじろう》兄弟によるハタノ・オーケストラが西洋の序曲や組曲を演奏して好評を博し、それに目をつけた映画会社が演奏家をそろえて、松竹キネマ合名会社を設立した九年から全国に彼らを配属したのである。そこでは、《ウィリアム・テル序曲》や《アルルの女》《ペール・ギュント》などいまもよく知られている曲が演奏されていたという。これらは明治以来の軍歌やキリスト教の賛美歌とともに、一般の人々に西洋音楽、あるいは西洋音楽的な感性を確実に浸透させていった。

そこで、一般の人々の音楽的感覚や感性の変化を、演歌師の歌う演歌の変遷《へんせん》でみてみると、明治三五年（一九〇二）あたりから日本的なものの衰退と、西洋音楽的なものの台頭という現象をみることができる。つまり三四年以前には西洋的な音階がまったくなかったのに対して、三五年から大正一五年までの一二七曲のうち、六五曲が西洋的音階で、そのなかでもヨナ抜き長音階が三二曲、ヨナ抜き短音階が二七曲、合わせて九割余の曲がヨナ抜き音階という結果が出ている【17】。ここでいう演歌は、明治二〇年ごろから、政治や世相など、さまざまなことを記した冊子を歌いながら売る演歌師の歌のことで、つまり彼らにとって、歌の旋律は民衆をひきつけるための道具だった。そのため、一般民衆の嗜好《しこう》がかなり反映されているといえるわけである。

大正三年（一九一四）には、現代的な流行歌の最初といわれる《カチューシャの唄》が爆発的に流行ったが、この歌はヨナ抜き長音階による西洋音楽的な音楽である。島村抱月《ほうげつ》率いる芸術座がトルストイ原作の『復活』を上演したおり、劇のなかで松井須磨子《すまこ》が歌ったもので、抱月は作曲の中山晋平に、「西洋のリートと日本の俗謡の中間をねらってくれ」と依頼したという。この歌の歌詞本は七万八〇〇〇部、海賊版を含めると一四～一五万部も売れた。さらに、京都の東洋蓄音器がレコード化したところ、まだ蓄音器があまり普及していなかった当時で二万枚売れて、倒産寸前だった同社を救ったといわれている。そして、この歌が流行ったのも、日本人の音楽的感覚が変容していたからこそである。それより以前、明治のころの流行歌は、都々《どど》逸《いつ》、端唄《はうた》など幕末からの延長としての三味線伴奏の小編歌曲で、その後も法界節や浪花節《なにわぶし》など、いずれも日本の伝統的な音楽だった。こうして、洋楽は日本人全般に深く静かに浸透していったのである。

大正時代の流行歌《ハイカラ節》では、〽音楽学校の女学生　片手に提げたるヴァイオリン」とハイカラとヴァイオリンを結びつけ、《バンカラソング》では、〽芸者をあげて三味にのせ」と、バンカラと三味線を結びつけているが、洋楽を近代的で高級なもの、邦楽を前時代的で低級なものとみなす風潮は、洋楽の普及を後押しした。

異なる文化が伝播《でんぱ》して定着するには、受容する側が相手に——つまり、ここでは日本人が西洋に——憧れることが重要な要素となるわけだが、多くの日本人は文明開化のもとで、その便利さゆえに西洋に憧れた。電信機は「針金だより」といわれて、民衆はその便利さ不思議さに驚嘆して、実生活での驚きは素直に舶来信仰を引き起こし、そして、文化を含む西洋全体に憧れたのである。第二次世界大戦後、日本人がアメリカの物質的な豊かさに憧れて、かつての敵国アメリカのポップスをさかんにカヴァーし、まねながらも日本風に変容して作曲し、日本のポップスを作っていったのと似ているかもしれない。

夏目漱石は『野分』（明治四〇／一九〇七）、『三四郎』（明治四一）、『それから』（明治四二）、『門』（明治四三）などで、西洋音楽の音楽会や、ヴァイオリン・ピアノなど西洋の楽器を弾くことを、豊かで近代的なエリートの生活、いわば、セレブな生活を表す小道具として巧みに使っているが、それは当時の一般の人々の西洋音楽に対するイメージを利用したものであると同時に、こうした文学作品が西洋音楽に対するイメージを庶民の憧れの生活、近代的な生活の象徴として定着させたという面もある。

そのうえ昭和に入ると、レコード、ラジオ、映画などのマス・メディアの発達が、欧米のポピュラー音楽をも含めた洋楽の普及に拍車をかけた。ラジオの受信契約は大正一四年（一九二五）の五四五五件から出発して、予想をはるかにうわまわる勢いで増え続けて、昭和一六年には六〇〇万件を突破したのである。

これら日本人の音楽的感性の変容については、拙著『ドレミを選んだ日本人』(音楽之友社)に詳しい。

❖ 邦楽界の危機感

一般の人々への洋楽普及を証明するような記事が、大正八年(一九一九)の雑誌『音楽界』に載っている。

近頃神田錦町の音楽学校分教場の入学志願者数が激増して来た。志願者は上野の本校と同じく大半は婦人で、志願課目は多くピアノ、ヴァイオリンである。[中略] 時勢の変遷は日本婦人の結婚条件の一として、西洋音楽を加えるようになったためで、西洋音楽を習う婦人が、中流家庭の者であるのをみても判る。

大正二年(一九一三)創刊の少女雑誌『少女の友』では、初めのころは、箏とピアノがお嬢様生活の象徴として描かれていたが、しだいにピアノが多くなって、ワンランク上のお嬢様生活は、和風より洋風、箏よりピアノへと移行しだしたことを物語る。夏目漱石の小説にあった「豊かな生活=ピアノ」といった憧れの生活を、中産階級が現実に手に入れ始めたのである。

じっさい、大正半ばごろから、とくに関東大震災以後には、ピアノの販売台数も増えて、小型で比較的安いピアノの製作も試みられた。三越百貨店は大正一〇年の西館増築落成にともなう売り場面積の拡大によって、楽器部を新設してピアノ販売も始めたのである。

それに対して箏曲人口は伸び悩みをみせていた。このように人々が、お稽古事として、箏よりピアノを好むようになったことは、箏を教えることで生計を立てていた人々にとっては死活問題で、保守派の邦楽人にも危機感をもたらすほどの勢いだったのである。

アンチ道雄の急先鋒と名指しされた今井慶松も、大正一一年（一九二二）の雑誌『三曲』で、「洋楽の滋養分をとって以《も》って日本音楽を完全にしたい」と語っており、同誌で、箏曲家の楯《たて》城護《しろまもる》（一九〇四〜一九八四）も、次のように述べている。

如斯《かくのごとく》重大なる時機に於て三曲専門家が聴衆の要求する處《ところ》が何《いず》れに有るかを究めずして漫然古人の典型のみを墨守《ぼくしゅ》し、其《そ》の糟粕《そうはく》を舐めて居《お》るならば好楽家の多くは洋楽に走るの悔を見るで有らうを恐れるのであります。

杵屋佐吉は大正一五年（一九二六）のヨーロッパ演奏旅行から帰国後、NHKラジオの放送で、「国の中ばかりにいては、どうかすると不安で、ひょっとしたら西洋の音楽というものは非常に良くて、日本の音楽は悪いのではあるまいか、それがために日本の音楽が滅びるような時代がくることはなかろうか、と心配しておりました」と語っている。

また、明治新曲の代表的な作曲家、楯山登《たてやまのぼる》（一八七六〜一九二六）は箏曲低迷の原因を音色に求めて、「ピアノの音色を十分に加味せしめた箏」として、従来の箏にピアノ線まで張ったのである。そして、音楽評論家の伊庭孝《いばたかし》の「現代の日本の音楽家は、我々の目からみると、実にあせり過ぎている」という言葉から、邦楽界がいかに混沌とした状態であったかが推察される。

このように、邦楽界、とくに雅楽や能楽のような後ろ盾のない三曲界は強い危機感をもつようになって、もはや道雄の新様式の作品、さらには道雄を中心に展開された新日本音楽のような新しい方向を求めての運動を否定することができない状況に追い込まれていた。

米川親敏《よねかわちかとし》（一八八三〜一九六九）は大正一二年（一九二三）の雑誌『三曲』に次のように記している。

新しい日本音楽の創造という事は、洋楽方面の人々に依《よ》っても提唱せられていますが、我々箏曲家は何処《どこ》までも、日本人の感情の結晶たる伝統の音楽を基礎としたその精神を取って、外面的な形式に囚われる事なく、移り変わりゆく時代の呼吸を取り入れ乍《なが》ら、偽らざる我々自身の心持ちを音に表すという心掛けが必要だと思います。

昭和三年（一九二八）二月二五日には、「成和音楽会」の第一回定期演奏会が開催されたが、この会は、町田嘉章と中島雅楽之都を総代として、田辺尚雄《ひさお》（作曲家としては禎一）、中尾都山、宮城道雄らによる邦楽に西洋音楽の要素を導入して、時代に即した新しい音楽を作ろうとする作曲家グループであった。ほかに、吉田晴風をはじめとして金森高山、福田蘭童《らんどう》、野村景久らの尺八家も邦楽の近代化をめざして作曲活動をおこなった。

このように、大正九年（一九二〇）に旗揚げされた新日本音楽の運動が邦楽近代化の大きなうねりとなって一世を風靡《ふうび》したのである。中能島《なかの》欣一《しまきんいち》（一九〇四～一九八四）も昭和四年（一九二九）の『三曲』で、「箏曲界は今や一大転換期に遭遇している」として、自分の新作について語っている。

またこのころ、さまざまな新楽器の開発がおこなわれたが、これも新しい音楽を模索したことの顕著な表れといえるが、これについては後述する。

このように、道雄が示した新しい方向性は邦楽界の人々に大きな影響を与え、それと同時に、道雄の作品は、邦楽を低級と見始めた一般の人々ばかりでなく、端《はな》から邦楽をバカにしていた洋楽人の認識をも改めさせた。堀内敬三は、「宮城道雄の出現は、箏曲はお嬢さんのお稽古ごと、音楽としての感激も新鮮さもないと思っていた私に、新しい芸術性を感じさせ、日本音楽の可能性を考えさせた」と、告白している【18】。

さて、一世を風靡した「新日本音楽」という用語だが、昭和八年（一九三三）ごろを境にあまり使われなくなった。その理由として、本家本元の道雄自身がこの名称を好まなかったということがある。道雄は次のように記している。

私どもの音楽に新日本音楽の名称がつけられて、今ではそれが世間一般の通り名になってしまったので、私は不本意ながら、それを黙認している形である。

［中略］

およそ、新と名のつくものにろくなものはないと思う。新発明何々とか、新流行何々というように、たいていその内容はみえすいたものが多い。私たちの新日本音楽も、これと同じようなものであっては、それこそ恥辱であると私は思っている。

（「音楽の世界的大勢と日本音楽の将来」［y100］）

こうした道雄の考え方が第一の理由ではあるが、じつは、その裏面史として、「新日本音楽」を標榜《ひょうぼう》して楽譜出版や演奏会を精力的におこなっていた尺八家の野村景久が、その活動資金をめぐる借金がもとで殺人事件を起こし、昭和八年（一九三三）に逮捕されたことが、新日本音楽のイメージダウンをまねいたということもあった。

これらの理由によって、「新日本音楽」という名称は、やがて使われなくなったが、その精神はいまも受け継がれているのである。あらゆるものを取り入れ、自分たちの好みに合うように変容させ、さらに展開させるという実用主義的融合主義の国である日本は、かつては中国からさまざまな文化を取り入れたが、明治以後、西洋文化を取り入れ続けているのである。

さて、こうした近代化の流れは音楽に限ったものではなかった。舞踊や演劇、文学、絵画、版画などあらゆる分野が、西洋との衝突による混乱と模索の日々から新しい方向性をみいだして、大きな近代化の流れが文化面に起こったのである。

第4章◉西洋音楽に魅せられて

❖西洋音楽修業

宮城道雄は西洋音楽の要素を導入するにあたって、どのようにしてそれを自分のものとし、また、どのような音楽を好んだのであろうか。

道雄が神戸の居留地に生まれて西洋音楽を聴きながら育ち、また、朝鮮の地で軍楽隊やギリシャ人との交流によって西洋音楽に刺激を受けたことについてはすでに述べたが、彼が意識的に、そして本格的に西洋音楽の勉強を始めたのは、大正六年（一九一七）に東京へやって来てからのことである。

上京した翌年ごろから、音楽学者の田辺尚雄（一八八三〜一九八四）の講義を受講した友人の雨田光平から内容を教えてもらって、それを点字でメモしたり、さらには、田辺の講演を直接聴きに行ったりして西洋音楽の知識を吸収していった。

また、来日した本場西洋の一流演奏家が出演する音楽会にも積極的に出かけた。大正九年（一九二〇）六月五日の慶應義塾大学ワグネル・ソサィエティー主催「第三十回演奏会」ではヴォグミル・シコラがチェロの演奏をしたが、ここへも出かけている【1】。ただ、入場料が高くて、貧しい道雄に購《あがな》えるようなものではなかった。妻の貞子が着物など自分のものを質に入れてお金を工面したのである。三田の慶應義塾大学講堂に大雨のなか、貞子に手を引かれてやってきて熱心に聴きいる道雄の姿は、西洋音楽の演奏会に来る邦楽家のいなかった当時、とくに印象的だったと音楽評論家の牛山充《みつる》は語っている。その後も、ヴァイオリンのエルマンやハイフェッツなどの演奏会に行った。音楽という芸術は、どんな名曲でも演奏が良くなくては本当の良さがわからない。それゆえに、これら超一流の生の演奏を聴くことは、道雄にとってなによりも大きな収穫であり、刺激になったことであろう。

やがて、西洋音楽の作曲の基礎である和声学を勉強したくなる。ピアノがほしくても貧しくて買えなかった道雄は、なんとかオルガンを買って勉強したのである。またヴァイオリンやハープも、友人などから習った。大正一二年（一九二三）ごろには、とうとうピアノも手に入れて、しばらくはあまり外出もしなかったほど夢中になっていたという。

さらに、関東大震災以後は、積極的に外国から点字楽譜を取り寄せて研究を始めた。遺品にはバッハの《平均律クラヴィーア曲集》やショパンのピアノ曲など西洋音楽の点字楽譜や、

田辺尚雄

『西洋音楽講和』などの音楽理論書が残されている。道雄は耳で聴いて漠然と把握するだけではなく、これらの資料を使って、理論的に、また実践的に研究したのである。目が不自由で学校へ行くことのできなかった道雄を、正規の西洋音楽教育を受けていないと批判めいて言う者もいたが[2]、たしかに、まったくの独学ではあったが、当時の洋楽の専門家にけっして引けをとらないほどに西洋音楽を研究し、自分のものとしていたのである。

　そして、道雄が西洋音楽を吸収するうえでもっとも重要なものとして挙げているのがレコードである。ただ、上京当初は貧しくて高価なレコードを買うことはできなかった。そんな道雄に多くのレコードを聴かせてくれたのが田辺尚雄である。田辺は、その後も道雄に多くの影響を与え、また新楽器の開発にも力を貸し、後援者ともなった恩人である。やがて、道雄自身も経済的に余裕ができてくると、多くのレコードを買うようになった。そして、暇さえあれば聴いていたという。それも西洋音楽ばかり。昭和三六〜三七年頃の調査カードによると、遺品として残されていたレコードは西洋音楽のレコードが一〇四八タイトルと圧倒的に多く、ほかに雅楽や三味線音楽、民謡、またロシアやイラン、インド、インドネシア、モンゴルなどの民族音楽が一六一タイトルであった。道雄は戦災で多くのレコードを失ったと語っているので、いかに多くのレコードを収集していたかが推察される。

「レコードは先生である」とたびたび語っているように、道雄はとにかくレコードを大切にしていた。戦時中、疎開《そかい》先に届いた最初の荷物にレコードが入っていなくて、たいへん不機嫌になったというエピソードもある。そのあとレコードが届くと、荷馬車に積んで疎開先をあちこち持ち歩いたという。あの壊れやすくてとてつもなく重いSPレコードをである。このように、道雄の西洋音楽の知識は、レコードによるものがかなりの比重を占めていた。抜群に耳が良くて、鋭い感性をもっていた道雄は、おそらくまずレコードを聴いて耳で全体を把握し、そのあとから、楽譜や理論書で確認したのであろう。

❖西洋音楽オタク

それでは、道雄が好んだ西洋音楽とは、どんなものだったのか。彼の著作から、まず作曲家について検証してみよう。

もちろんバッハ、ベートーヴェン、モーツァルトは好きだが、いちばん好きなのはラヴェル、ドビュッシー、それからストラヴィンスキーということである。すでに述べたように、当時の日本の洋楽ファンがおもに古典派やロマン派の音楽を好んでいたことを考えると、これはかなりめずらしいタイプといえよう。道雄は随筆のなかでよく「新しいもの」「古いもの」という表現をするが、「新しいもの」というのはドビュッシー、ラヴェル、ストラヴィンスキー、リヒャルト・シュトラウスなどの作品のことで、「古いもの」はバッハ、モーツァルト、ベートーヴェンの作品などをさす。

現代の私たちにとっては、ドビュッシー、ラヴェルあたりの作曲家の作品は新しいという感覚ではないが、道雄にとっては、みなほぼ同時代人である。ドビュッシーの生没年が一八六二〜一九一八年、ラヴェルが一八七五〜一九三七年なので、道雄の二、三〇年先輩ということになる。ストラヴィンスキーにいたっては一八八二年生まれで、亡くなるのが一九七一年なので、道雄よりはるかにのちまで生きていたことになる。まさに、当時のコンテンポラリー・ミュージックだったのである。

それでは、これら作曲家の作品のどこが気に入っていたのだろうか？

ラヴェルの作品では、なにか自分自身がやりたいと思っていることをそのままやっていて、「好きでたまらない。〔中略〕崇拝と憧れさえ持っている」と語っている。

ストラヴィンスキーが好きというのは、ちょっと意外かもしれない。たしかに、道雄の音楽の特徴は、なんといっても流麗な旋律なのに対して、ストラヴィンスキーの音楽には、《春の祭典》のように、かなり複雑なリズムを特徴とするものがある。しかし道雄は、そのリズムがひじょうにすぐれているというのである。ストラヴィンスキーのものには新しいものがあるいっぽう、古典的作品もあるけれども、リズムの変化によって、古いものを新しく蘇らせていると語り、さらに、オーケストレーションがとくにすぐれていると語っている【3】。

また、モーツァルトはひじょうに美しく明るい流れがあって、品が良くて無理がなくて自然なところが好き。そして、ベートーヴェンの持ち味は交響曲の荘重さにあって、彼の音楽は朝など気持ちが健全なときに向いているという。

日本人にファンの多いチャイコフスキーにかんしては、好きではあるが……。この人は癖があって、またあれかというようなところがある。それでもどこか東洋的なところがあって、楽器の使い方はすぐれているが、やはり、自分には合うものと合わないものがあると、なかなか手厳しい。

そして、バッハの音楽についていては、簡単に真似のできるものではないが、その対位法的センスなどは日本の音楽にも応用できるものがあると語る。

次に、ジャンルについては、歌ではオペラよりリート、ことにシューベルトのものが好きとのことである。

器楽曲では、管弦楽曲。それもどちらかというと、古いものより近代のものを好み、ことにフランスものが好き。その理由について、次のように記している。

古いものは楽器も弦楽器を主にして、ハーモニーなどもきまりきって、いわゆる小説ものかのように勧善懲悪式にめでたし、めでたしでいっているのが多いが、新しいものは管楽器を用いて、その型もはるかに自由である。

この「古いもの」とは古典派の作品などだが、それが「勧善懲悪式にめでたし、めでたし」という表現は、道雄らしいウィットに富んだものである。つまり、和声法の法則どおりに作曲されていることを、このように表現したのだろう。

さらには、道雄より二つだけ年上のオネゲル（一八九二〜一九五五）やミヨー（一八九二〜一九七四）も好きで、ミヨーの《屋根の上の牛》は面白いと語っている。このあたりになると、かなりマニアックで、言葉は悪いがそうとうのオタクというか、とにかく西洋音楽に対する造詣がひじょうに深い。西洋音楽の専門誌に、モイセヴィッチのピアノ演奏会の批評を書いているほどである【4】。

道雄が好きだったこうした近代フランス音楽の世界は、彼のイメージ描写の世界に通じるものがあるのかもしれない。

道雄が好きな作品にオネゲルの《機関車パシフィック２３１》という管弦楽曲があって、その点字楽譜も遺品として残されているほどである。この曲を聴くと、ほんとうに大きな鉄の機関車が力強く動き出す様子が目に見えるようだと道雄は語っている。じつは、道雄の作品にも箏独奏曲の《汽車ごっこ》[c329]という作品があるが、この作品でも、汽車の走り出す様子がたくみに表現されている。ただし、道雄自身は《機関車パシフィック２３１》との関連はなにも語っていないし、この《汽車ごっこ》はがんらい、《三つの遊び》[c329]という箏独奏組曲のなかの一曲で、子供の遊びがテーマのため、じっさいは関係がないのかもしれない。それでも、オネゲルのオーケストラの汽車に対して、箏一面の汽車ではとても太刀打ちできないと思った道雄が、子供の遊びにしてしまったのかもしれない、と思ってしまう。ちょっとお茶目な道雄ならではのアイディアだったのではないだろうか。

❖ 西洋音楽に触発されて――《手事》の妙

さて、道雄はこうした西洋音楽研究の成果を、自らの音楽にどのように反映させたのであろうか？

まずわかりやすいところでは、演奏技法の拡大がある。スタッカート、グリッサンド、トレモロ、ハーモニックス、アルペッジョ、ピッツィカートなどの技法である。さらに、箏だけではなく、胡弓の新しい演奏技法も開発した。たしかに、明治新曲といわれる明治期におもに大阪で作曲された箏曲でも、左手のピッツィカートなど新しい技法の開発がすでにあり、また、それ以前の箏曲にも、もちろん演奏技法の開発の歴史がある。しかしながら、これほど大胆で豊富な開発は道雄以前にはなかった。

道雄の次の世代の作曲家として活躍し、やはり箏の名手だった中能島欣一も、道雄による技法の開発を高く評価している。そして、こうした道雄の技法の開発によって、箏曲は色彩と陰影を豊かにして、表現力が格段に多彩になったのである。したがって、これらは洋楽器の演奏技法を取り入れようとしたのと同時に、道雄が作曲するうえで、こんな音が欲しいと思った結果、必然的に生まれたという面もあったと思う。

これらの技法を駆使した作品に《数え唄変奏曲》[c295]がある。道雄の開発した技法がいずれもむずかしいので、難曲としても名高いが、さらに、この作品は曲名にもあるように「変奏曲」、つまり主題とその変奏から構成されている。

このように、道雄は西洋音楽の形式も取り入れているが、ほかにも有名な《春の海》[c157]は三部形式であり、また、ロンド形式やソナタ形式をもちいた作品もある。昭和二二年（一九四七）に作曲された箏独奏曲の《手事》[c342]の第一楽章〈手事〉がソナタ形式である。ソナタ形式は西洋音楽の古典派以降のもっとも重要な形式で、いわば洋楽形式の横綱格といえる。モーツァルト、ベートーヴェン、チャイコフスキーなどの作曲家たちが、ソナタ形式による数多くの作品を作曲しているので、いま、いわゆるクラシック音楽としてイメージする器楽曲の多くがソナタ形式で作曲されていることになる。ただソナタ形式には、主題労作や調性の決まりといった、三部形式などよりはるかに多くの規則、制約があるので、綿密な計画とすぐれた作曲技術を必要とする。

もちろん、この第一楽章〈手事〉は、ただ楽器が箏というだけで、西洋音楽のイディオムを使ってソナタ形式そのままに作曲した、というものではない。日本の伝統的な要素とソナタ形式をみごとに融合しているのである。それを、西洋古典派のピアノ・ソナタに代表されるような急―緩―急の三楽章制ソナタ、つまり「箏ソナタ」として道雄は作曲した。自身、次のように語っている。

《手事》は歌と歌との間に昔からある『手事』の形式をとり入れて、ピアノでいえば一楽章の手事はソナタの感じで、二楽章の組歌はアンダンテ、三楽章の輪舌《りんぜつ》はロンドといったような感じで作曲を試みました。

ただし、タイトルは「箏ソナタ　第一番」などとはせずに、地歌箏曲の器楽間奏部をさす《手事》とすることで、純器楽曲による絶対音楽であることを表したのである。道雄はタイトルについて親友の内田百閒との対談のなかで、「番号をつけるのはなんだか向こうの真似をするようなので遠慮したいのです」と語っている。西洋音楽の要素をそのまま導入することをきらった彼の精神は、タイトルを付けるうえでも貫かれていたというわけである。

では、各楽章をみていこう。

第一楽章〈手事〉は「提示部―展開部―再現部・コーダ」というソナタ形式で作曲されている。まず、楽章全体の性格を決定づける印象的でダイナミックな第一主題に始まり、それとは対照的な第二主題は道雄自身が《夕顔》の手事の感じを取り入れたと語るように【5】、古典的な京風手事物にある音型をもちい、押し手によって属調（主調の五度上の調）の雰囲気を出している。けれども、その転調はあくまでも日本の伝統的な音階のなかで、西洋の調性音楽にみられるような転調的効果や雰囲気を巧みに出すというものである。そして、主題やさらに短い音楽的素材である「動機」を操作・展開することで、紡《つむ》ぎ出すように音楽を発展させる手法をとっている。がんらい、流麗な旋律による音楽を得意とする道雄が、こうした主題動機労作という西洋音楽的な作曲法を駆使しているのである。

動機労作といえば、なんといってもベートーヴェンが有名で、あの有名な交響曲第五番《運命》も、最初の「ジャジャジャジャーン」という動機をもとに、それを伸ばしたり縮めたり変形したりして、四つの楽章のいろいろなところに忍びこませて作曲しているが、道雄自身、ベートーヴェンのソナタを聴いて箏でも作りたいと思って《手事》を作曲したと語っているので、いっそうベートーヴェン的作曲法にこだわったのかもしれない。さきに道雄の音楽の特徴として描写性をあげたが、もちろん描写的な音楽ばかりではなく、このような絶対音楽的な作品も作曲しているのである。それも西洋音楽の手法をなぞっただけの習作ではなくて、道雄独自のアイディアも盛り込まれている。というのは、ソナタ形式でいう再現部をどこからと考えるかで、これまでに三つの説がとなえられており【6】、いずれも決め手に欠けるのだが、それは道雄が、〈手事〉をより簡潔でひきしまった作品として完成度をあげるために、ソナタ形式での作曲を意図しつつも、その常道にとらわれることなく、自らの感性で音楽を完成させたことを示している。

とにかく、この楽章は主題動機労作や転調などのソナタ形式的な作曲法をとると同時に、手事物の掛け合いの手法などを駆使することによって、全体に箏曲の古典曲である手事物の手事の雰囲気と、ソナタらしい高度な緊張感とをあわせもつ作品に仕上げたのである。

第二楽章〈組歌風〉は三部形式による緩徐楽章で、大枠としてはソナタの第二楽章の常道をとりつつも、全体は箏曲の古典中の古典ともいえる「箏組歌」の要素で構成されている。箏組歌は箏伴奏の歌曲だが、この楽章では、箏一面で歌と箏の両方の旋律を演奏しているような雰囲気を出すために、部分的に旋律をポリフォニックに、つまり複数のパートがおのおの独自性をもった旋律で作曲されているのである。また箏組歌に特徴的なカケ爪《づめ》の音型やその変形を随所でもちいている。さらに、「A—B—A′」の各部が六四拍である点も、箏組歌の一歌の拍数と同じで、AとBの終止部では箏組歌の各歌の終止音型を応用する。そして、楽章全体はやはり箏組歌の締めくくりに多い裏連をもちいた旋律型によって終止するのである。

第三楽章〈輪舌〉も、ロンド形式による急速楽章というソナタの第三楽章の常道をとる。曲名の〈輪舌〉は、八橋検校の作曲と伝えられる《乱輪舌《みだれりんぜつ》》という作品名に由来するが、それは、この第三楽章では《乱輪舌》で多く使われているカキ手やワリ爪という箏の手法を多く使用しているからである。そしてさらには、その音型を展開発展させ、コーダではワリ爪の三連符の連続という伝統音楽にはない手法などによってクライマックスを作り上げて、華麗にしめくくられるのである。

このように各楽章の標題は曲調や特徴的に使用される手法などをもとに付けられていて、流麗な旋律と描写性を得意とする道雄にとってはユニークな作品である。それと同時に、この作品は彼が和洋の両音楽にいかに精通していたかを示し、また両者をみごとに融合させることに成功した傑作でもある。「音楽における和洋の融合」というテーマに対する道雄のひとつの答だったのかもしれない。それゆえに、演奏者には箏のテクニックばかりでなく、高度な音楽性が要求される難曲でもある。

筆者は、この作品を宮城曲のなかでもとくに名曲を集めて、流派を超えた名演奏家たちによって演奏された宮城道雄記念館主催の「諸派の名手による宮城曲」という演奏会（一九八〇年一二月二三日、朝日生命ホール）で聴いて、道雄の作曲家としての力量に驚かされた。そして、これが筆者の宮城研究のきっかけともなったのである。生の名演奏を聴くということの意味を、筆者自身、身をもって知り、道雄が上京まもないころシコラやハイフェッツらの生演奏を聴いたときの感動を、そのとき、味わうことができた幸せに、いま感謝している。

第5章◉心を描く《春の海》

❖作曲の基本方針

新日本音楽の旗手として活躍した道雄は、いったいどのような理念のもとに作曲活動をおこなったのであろうか？

この答えとなる作曲における基本方針を、道雄自身、次のように語っている。

一つは古楽を復活させて、これに現代的な色彩を加えることと、今一つは、洋楽の形式においてどこまでも、邦楽発展の境地を作り出すこと。

そして、この言葉からもわかるように、道雄はあくまでも日本音楽の伝統に立って作曲した。

「芸道つれづれぐさ」[y151] のなかで、次のように記している。

伝統をあくまで生かすとともに新しい時代の流れに沿うところに東西芸術の融合、新文化の創造が生まれると思います。

ということで、第2章で述べた処女作《水の変態》はまさに「古楽を復活させて、これに現代的な色彩を加えた」作品といえよう。音階・リズム・形式・奏法などすべてにおいて伝統的な作品でありながら、個性を重視した西洋近代音楽的な作曲姿勢を貫き、独創的な旋律や音型を豊富にもちいて、感情や情景を描写するという、これまでの伝統音楽にはなかった革新的な音楽を創り出したのである。

❖《春の海》の革新性

もうひとつの「洋楽の形式においてどこまでも、邦楽発展の境地を作り出す」作品の代表といえるのが箏独奏曲の《手事》であり、そして現在、お正月にはかならずといっていいほど聞こえてくる《春の海》[c152] である。

日本の伝統的な音階によって日本的な雰囲気を醸《かも》し出し、リズムや形式などさまざまな面で日本の伝統を変革することにより、音楽的感覚が西洋化した日本人にも、さらには外国の人にもわかりやすい音楽スタイルを創り出したのである。

形式はA―B―A′の三部形式。旋律はフレーズ感が明確、つまり、音楽の流れのなかで自然に区切られるまとまりがはっきりと感じられ、その旋律は美しく覚えやすい。また、リズムも一、二、三、四と刻むことのできるはっきりとした拍節的リズムで、これらは日本の伝統的な地歌箏曲の旋律やリズムとはまったく異なるものであった。《水の変態》では逆に、こうしたリズムや旋律が、伝統的に作られている。

また、箏と尺八の二重奏による純粋器楽曲というものじたい、道雄以前の伝統音楽にはなかった。箏と三味線と尺八という三曲合奏はあったが、この場合もかならず歌が付く。それに、地歌箏曲家が尺八パートも作曲するというのは道雄が初めてであり、両パートをひとりの作曲家がいっぺんに作曲することも日本の伝統的な音楽にはない、西洋音楽の作曲法である。そのうえ、箏と尺八の関係が、最初の部分では尺八が旋律、箏が伴奏という関係となっていて、これまた日本の伝統的な音楽とは異なる。たとえば三曲合奏では、各楽器の関係がベタ付で、つまり箏も尺八も基本的には三味線と同じ旋律を演奏し、そのなかで箏はときどき箏らしい技法で弾き、尺八は尺八らしい技法で吹くという関係で、これを音楽の専門用語では「ヘテロフォニー」と呼ぶ。

道雄は、純粋器楽曲である《春の海》の旋律を、人間の声の代わりに、持続音を出せる尺八で流麗に歌わせ、それを箏で伴奏するようなかたちをとり、さらに、いっけん日本的な掛け合いに聞こえる部分でも、さまざまに西洋音楽的要素を含ませた。それゆえに、作曲当時の日本人のほとんどが、この曲を西洋的な音楽と感じたのである。

そのいっぽうで、民謡音階と都節《みやこぶし》音階という日本の伝統的な音階を使うなどして日本らしさを出し、江戸時代以前の日本音楽に不慣れな現代の日本人が、日本音楽の代表とかならず感じるような音楽を作りあげた。もちろん尺八と箏という楽器も日本らしさを醸し出しているが、それ以上に音楽じたいに日本らしさがあるのである。だからこそ、ピアノとフルート、ヴァイオリンとハープなどさまざまな楽器で演奏されても日本的な感じがするのであり、ちょっと大げさにいえば、宮城道雄が現代の日本音楽のスタンダードを創り出したともいえるのではないだろうか。

❖国境を越えた友情――ルネ・シュメーとの共演

《春の海》の正式な初演は、昭和五年（一九三〇）一月二日、広島放送局からの箏・宮城道雄、尺八・吉田晴風による放送であった。ただ、前年の暮れに、「試演」として日比谷公会堂で演奏されたが、この演奏会に来ていた牛山充は、「世間ではまだ師走《しわす》の寒い風が吹いているのに、君たちはもう《春の海》か」と笑ったという。

この作品は、昭和五年の歌会始《うたかいはじめ》の勅題《ちょくだい》「海辺巌《かいへんのいわお》」にちなんで作曲されたものだが、お箏の曲を勅題にちなんで作曲することは、明治のころからよくおこなわれていた。道雄は作曲の動機を、瀬戸内海を船で通ったときに、島々に美しい桃の花が咲いていることを聞いて曲想が浮かんだと記している。また、与謝蕪村《よさぶそん》の「春の海　ひねもすのたり　のたりかな」の俳句のように、春ののどかな瀬戸内海の雰囲気のなかで曲想を得たともいう。

じつは作曲当初、この作品はあまり評判がよくなかった。とくに、貞子は「出だしの尺八のメロディが俗っぽい」といい、また、尺八を吹いた吉田晴風の妻恭子も、暮れの試演のときに繰り返しのところで演奏を間違えて、曲がなかなか終わらなかったため、最初はあまりよい印象ではなかったと言っている。それでも、初演から八カ月余りのちの八月二八日には、もうレコーディングし、翌年一月に発売されているので、家族がいうほど世間の評判は悪くなかったのであろうし、なによりも道雄自身、満足のいく作品だったのであろう。

そしてさらに、この作品を有名にして、「宮城道雄」の名を世界へ知らしめたのが、フランスの女性ヴァイオリニスト、ルネ・シュメー（一八八八～？）との合奏であった。

それは、昭和七年（一九三二）五月三一日の夜、日比谷公会堂でのことである。舞台上のシュメーは豊満な体を黒いドレスで包み、彼女とは対象的に痩《や》せた道雄の体は黒紋付《もんつき》の羽織袴《はおりばかま》で覆《おお》われていた。場内をいっぱいにした聴衆の一人ひとりが、二人の奏でる《春の海》に感動し、その聴衆のひとりだった小説家の川端康成は、このときの感動を小説「化粧と口笛」に記している。

シュメーは花束を受け喝采にこたえて、かたわらで静かに優しくほほえむ道雄の小さな肩を、真っ白でたくましい腕で抱え、二人はゆっくりと舞台の袖に消えていった。川端はまるで男と女があべこべだと感じたが、そこには微塵《みじん》の嫌《いや》みもないと思った。道雄の手を引いてうれしそうに舞台を去っていくシュメーの姿に、嵐のような拍手はなりやまず、会場は興奮の坩堝《るつぼ》と化していたのである。そして、アンコールはもちろん《春の海》。シュメーは手引きをしていた箏屋を退けて、自ら道雄の手を引いて箏の前へ導いた。やがて、人々の歓呼の波が静まると、道雄の細い指から信じられないほど力強く美しい箏の音が響き、それにのってふたたびヴァイオリンの豊麗な響きが流れ出し、人々はその流麗な音楽に酔いしれた。そして、ふたたびわれんばかりの拍手がなりやまないなか、楽屋へ一緒に戻ってきたシュメーが「ビヤンビヤン(素敵すてき)」と言いながら道雄の頬《ほお》にキスをしたのである。すると、いままであまり大きな声で笑ったことのない音楽評論家の須永克巳《すながかつみ》が、「そんなことになるのではないかと思っていた」と言って声を立てて笑うのであった【1】。この須永こそ、この夜におこなわれた「シュメー告別演奏会」でのふたりの合奏のきっかけを作った人物である。

ある日、須永から「フランス人ヴァイオリニストのシュメー女史が純日本の音楽を聴きたがっているが、あなたの箏を女史に聴かせてあげてほしい。それから女史の演奏もぜひ聴いてもらいたい」という連絡が入り、道雄は快諾した。以前からレコードでシュメーの演奏を聴いていたが、東京劇場でおこなわれた独奏会を聴いて、あらためて道雄はシュメーの実力に目を見張ったと記している。

須永に伴われて家を訪れたシュメーに対して、道雄は《春の海》《さくら変奏曲》〔c071〕などの自分の作品と、箏曲の古典曲を演奏した。そのなかで、シュメーは《春の海》がいたく気に入ったとみえて、この曲の尺八譜はないかと言ったのである。そこで、楽譜を渡すと、すぐその場で何度も歌っては、この曲をほめ、道雄もふたたび演奏するのであった。

そして、シュメーから「《春の海》のヴァイオリンのアレンジができたから、一緒に合わせて演奏してみたいのですが……」という連絡が入り、さっそく須永とともに道雄の家にやってきた。「このメロディはこう弾いたほうがいいですか、それともこうしたほうがいいですか」などと、シュメーは事細かに質問し、奏法や表現法、さらにはニュアンスの細部にわたって手を加えていき、二人が完全に納得するまで練習は続けられたのである。こうしてできあがった《春の海》は、ピッツィカートやハーモニックスなど、さまざまなヴァイオリンの技巧を駆使したじつに華麗な曲となっていた。道雄はシュメーと合わせるのがなんだか初めてではないような気がしたといい、このときの感動を随筆に次のように記している。

その時嬉しく思ったのは、編曲が面白く出来ている上に、また私の思うように弾いて貰《もら》えることであった。シュメーさんと私とは言葉が一言も通じないのであるが、ここはこういう風な感じを出して貰いたいものだと思いながら弾いていると、いつの間にかそれが向こうに通じてヴァイオリンの音に現われてくる。また向こうの方でも、ここはこういう感じの方が面白いぞという風に弾かれると、私にもそれが通じて、なるほどと教えられる。こうして曲を演奏している間は、お互いに音楽でお話をしたような気がした。そしていくども繰り返して練習したが、感情がうまく合うとシュメーさんが立ってきて、後ろから私のくびを抱くようにして、『ビヤンビヤン』といわれる。その都度、腕が私のくび筋に触れたが、その感じはやわらかではあったが、かなり太いように思った。私はこんな時の喜びは芸をやる者のほかには味わえないのではないかと思うほど感激した。【2】

シュメーのほうも曲が完成すると、感きわまって叫んだ。

もし、宮城氏がフランス人ならキスしないではいられないんだけど。

そして、本番の楽屋でのキスとなるわけである。

道雄三八歳、シュメー四四歳。二人は年齢を越え、国境を越えてひとつとなり、名曲《春の海》はなおいっそうその真価を輝かせるのであった。

このように、西洋人であるルネ・シュメーが尺八パートを編曲し、合奏できたのは、《春の海》が先述のように、「洋楽の形式においてどこまでも、邦楽発展の境地を作り出す」作品だったからである。

さらに、半月ほどのちの六月の中ごろには、この曲を二人でレコーディングした。シュメーが日本に来た記念にレコード化したいと申し出て実現したのである。録音当日は雨が降っていて、楽器のコンディションが悪く、二人はかなり苦労したが、それでも、長時間かけて何度も入れ直して、ようやく完成した。このレコードは売り出されてから半年もたたないうちに、一

FAREWELL VIOLIN RECITAL
Given by
RENÉE CHEMET
Assisted by Mme Anca Seidlova, Pianist
Mr. Michio Miyagi, Koto player
At the HIBIYA MUNICIPAL HALL, MAY 31ST, 1932 7.P.M.
PROGRAMME
(1) SONATA in G minor, G. Tartini
(2) PRAELUDIUM AND ALLEGRO. Pugnani-Kreisler
(3) CONCERTO in G minor, op. 26 M. Bruch
INTERMISSION.
(4) HARU NO UMI M. Miyagi
(Sea of the Spring)
With Koto accompaniment by the Author.
Originally written for Shakuhachi and Koto.
Violin arrangement by Mme. Renee Chemet
(5) CONCERTO in E minor, op. 64 F. Mendelssohn
箏曲界の新人 宮城道雄氏
特別賛助出演
ルネー・シユメー女史告別提琴演奏會
五月三十一日（火）午后七時
日比谷公會堂
會員券 ¥2,00 ¥1.00

ルネ・シュメー告別演奏会のプログラム

万数千枚も売れたという。さらに、アメリカ、フランスでも発売されて、世界的に好評を博して宮城道雄の名が世界に知られるようになるのであった【3】。

❖心をうつす音楽――イメージ描写

ところで、あるとき、次のような質問を受けたことがある。

「《春の海》のどの部分が波の音で、どの部分が櫓《ろ》をこぐ音で、どの部分が鳥の鳴き声ですか」

たしかに、道雄は自然から曲想を得て、イメージをふくらませて作曲した。そして、道雄の音楽の特徴のひとつに描写性がある。しかし、その描写性について、道雄は擬音や擬声をもちいることではないと再三述べている。

ここが波の音とか、ここが鳥の声といってしまうと面白くない。【4】

また、《秋の調》の解説でも、

大体の気持ちとしては、落葉のひと塊《かたまり》の流れというようなものを想像している。それで、作曲と言うものは、作曲者がいろいろそういうことを想像して、作曲するのであるが、本当を言うと、これが落葉の手だとか、これが虫の鳴く声だとか、ひとつひとつ考えを持って作曲するのではなく、また、それをいちいち考えていると、写実的な説明になってしまうので、そういう風に誤解されないように、ただ気持ちでいくものである。【5】

さらに、「私が作曲する場合、音符と音符の間にあるものは、この聴覚からではなく、全身で感知した雰囲気です」と述べている【6】。

道雄の描写性とは具体的な音の描写ではなく、それは、あくまでも音楽的表現であって、漠然と心に描いた印象、イメージである。目の見えない道雄の作品を聴いて、私たちはその情景を思い描くことができる。このようなイメージ描写の世界は、道雄が大好きだったドビュッシーなど近代フランス音楽の世界に通じるものでもある。

道雄は「鞆《とも》の津」という随筆のなかで、早朝、目がさめて海に面した廊下の椅子に座っていたとき、朝日が美しく照り映える海の様子を、宿の主人が説明するのを聞いて、ドビュッシーの《海》が耳に浮かんだと書いていたが、この《海》という作品も一種のイメージ描写といえるかもしれない。薄暗い海からだんだん空が明けてきて、太陽が輝く感じや海の雄大さが、よく表されているように思うが、それはひとつには、太陽がようやく顔を出したところを目にした人々の感動や、心の動きを表しているからなのではないだろうか。

それゆえに、《春の海》の、あのゆったりとした旋律も、道雄が春の海に対してもっているイメージ、心に感じた結果にほかならない。そうした心の動きを描いているからこそ、道雄の作品は人々の心に直接訴えてくるのだろう。

《春の海》はなぜお正月に演奏されるのか？　という質問をよく受けるが、ひとつは、新年の歌会始の勅題にちなむ作品で、放送初演が一月二日だったこと、また、レコードが発売されたのも一月であり、お正月といえば、やはり晴れ着に初詣《はつもうで》と一年でいちばん、和の心を感じるときだからということになる。けれども、いちばんの理由はやはり、その音楽がほのぼのとして、まさにおだやかな春の海を感じさせる新春にふさわしい音楽だからだろうと思うのは筆者だけではあるまい。

第6章◉自然を愛でる随筆家——著作と作曲法

本書では、宮城道雄の幼いころの思い出や伊藤博文の暗殺を知ったときの気持ちなど、彼の心情にまでかなり立ち入って記してきたが、見てきたようなウソを書いているわけではない。いずれも道雄の著作に記してあったことをもとに構成したものである。

そこで本章では、道雄の随筆など著作物をひもといて、そのなかに垣間《かいま》見える道雄の人柄、さらには、道雄がどのように作曲していたかを検証することにする。

❖内田百閒との交友

昭和一〇年（一九三七）二月、宮城道雄は最初の随筆集『雨の念仏』を出版して、随筆家としての新たなスタートを切った。その序文のなかで、子供のころから文学が好きで、人に本を読んでもらうのがいちばんの楽しみであり、「いつか、自分の音の世界から感じたことを叙述して見たいと思っていた」と記している。

遺品として残された点字の本がひじょうに多いことからも、彼がそうとうな読書家であったことがうかがえる。また道雄自身、折にふれて読書が最高の趣味であると述べ、『源氏物語』『枕草子』『徒然草』『大鏡』『平家物語』『万葉集』など古典をはじめとして、トルストイや堀辰雄などの文学から哲学や自然科学にかんする本まで読んでいたという。けれども、当時はまだ点訳されたものがあまりなく、同じものを繰り返し読んだり、他人《ひと》に読んでもらったりした。

昭和の初めごろには、法政大学ドイツ文学科の学生が一週間に一度、道雄の家にやってきて小説を読んできかせてくれた。これは、同大の教授だった小説家であり随筆家の内田百閒《ひやっけん》（一八八九〜一九七一）が世話したものである。そして、この百閒の勧めで道雄は随筆集を出版することになる。

百閒は郷里の岡山で箏を塩見勾当と池上検校から習っていたが、上京してからは遠ざかっていた。ところが、大正八年（一九一九）の道雄の第一回目の作品発表会を聴いて、ぜひ道雄に習いたいと思い、翌九年五月に葛原しげるを介して道雄の門をたたいたのである。最初は箏の師弟関係だったのが、たちまち道雄の「いたずらっ気と共鳴して、一緒に酒を飲んだり散歩に引っ張り廻したりした」と百閒は記し[1]、道雄も「いつの間にか友人に化けてしまった」と記している【2】。当時、道雄は二六歳、百閒は三一歳であった。二人は、道雄の家族があきれるほど、互いにいたずらをしあい、悪ふざけをしたが、その様子はおのおのの随筆に生き生きと描かれている。

　さて、道雄は百閒の勧めと斡旋《あっせん》で随筆集を出版することになるが、じつは、それ以前から、文章を書き、それを公に発表していた。自らの作曲や作品にかんすることや邦楽のあるべき姿などを『三曲』や『音楽世界』などの音楽雑誌に書き、また、昭和五年（一九三〇）には『箏曲』（家庭科学大系）［y291］という本まで出している。そのうえ、こうした音楽的なものばかりでなく、昭和二年四月に発行された雑誌『改造』四月特別号には、随筆「音の世界」［y087］が掲載された。『改造』は大正八年（一九一九）に創刊された総合雑誌で、志賀直哉《なおや》の『暗夜行路』、幸田露伴の『運命』、谷崎潤一郎《じゅんいちろう》の『卍《まんじ》』を連載するなどして、知識人に圧倒的に支持されていたものである。

内田百閒（昭和10年代前半）
提供：（公財）岡山県郷土文化財団

　随筆、音楽的著作、対談・座談、新聞インタヴューから未発表の点字原稿などあらゆるものを含めて、道雄の著作としては現在のところ五七四編が確認されている【3】。そのうち随筆として分類できるものが七割弱と多い。

『雨の念仏』以来、初期の随筆集は百閒の門人の内山保《たもつ》が口述筆記をして、その原稿を百閒が整理するというかたちで出版されたのである【4】。道雄は随筆集『垣隣り《かきどなり》』の序で、百閒が多忙にもかかわらず真摯に指導にあたったことに感謝している。

いっぽう、百閒は名古屋新聞に次のように記している【5】。

文章の段落を切り、また語尾を整えるという点で、筆記者の配慮と努力が加えられていることはもちろんであるが、しかし、一文そのものの構造、発想と余韻《よいん》、叙事の順序、叙情の風潮などは著者の原意そのままが文章にあらわれている。

さらには、「三十幾篇かある中の、あの章のどこそこに、こうなっているところを消して、かう云う風に書き直してくれなどと云うので、内山君もまたその話を聞いた私も、窃《ひそ》かに敬服の念を新たにせざるを得ない」【6】と記し、文学者が文章を徹底的に推敲《すいこう》するのと同じように道雄は表現に苦心し推敲している、それも頭の中ですべてやっていると驚いたのである。そして、「宮城検校独特の風格ある一家の文体が出来ている」と記して【7】道雄の文章力を高く評価した。

じっさい、残された点字原稿にも多くの推敲の跡を見ることができ、道雄の随筆はたんなる音楽家の手すさびの域をはるかに超えるものであった。

❖ 素顔の宮城道雄

こうして出版された随筆集『雨の念仏』は、川端康成や佐藤春夫など一流の文学者をはじめとして、各界で大きな反響を呼んだ。堀内敬三は「盲人の精神的な世界が宮城さんの鋭敏な感受性と明るい人生観とに色づけられて展開されている。近来これほど面白く珍しく楽しく読んだ本はない」と感想を記している【8】。

じっさい、この随筆集は予想外によく売れたようで、何度も版を重ねた。そして、翌昭和一一年（一九三六）には、早くも次の随筆集『騒音』を出版し、一二年に『垣隣り』と『春秋帖《しゅんじゅうちょう》』（『雨の念仏』と『騒音』の合本）、一六年に『夢の姿』、戦後は、二二年に『軒の雨』、二四年に『古巣の梅』を出版している。これらのうちとくに戦中・戦後に書いたものは、道雄が点字で打った随筆を文字に訳したものがほとんどで、点字原稿もかなり残されている【9】。亡くなった昭和三一年には、それまで書かれたものをまとめるかたちで、『水の変態』『春の海』『あすの別れ』と三冊の随筆集が出版され、その後も、『宮城道雄全集』（全三巻）、『定本宮城道雄全集』（全二巻）、さらには文庫化もされ、いまなお、新しく編集され出版され続けているのである。

これほどのロングランをするということは、道雄の随筆が読者の心をつかんでいたということになるだろう。その魅力はいったい何だったのか？

まず、とにかくおもしろい。音楽家として、功なり名を遂げた人物の随筆であるにもかかわらず、大家らしい逸話も大仰《おおぎょう》な芸談もない。むしろ失敗談を明るく描いている。これらの随筆を読むと、道雄がじつに人間味にあふれた茶目っ気たっぷりの人柄だったことがうかがえる。賑《にぎ》やかなことが好きで、冗談が好きで、雷が大っきらいな、そんな宮城道雄の素顔を垣間見ることができるのである。

「宮城道雄」というと、目が見えず、幼くして母と生き別れ、極貧の生活をした生い立ちなどから、暗い印象をもたれがちだが、じつは遊び心を兼ね備えた人柄で、それは箏独奏曲《三つの遊び》や子供のために作曲された「童曲」などの音楽作品にも反映されている。

停電のあいだに盲人の弟子と庭に隠れて、家族があわてるのを面白がったり[12]、あるいは、食事のときもいちばんよく喋り、ひょうきんなことを言ったり、洒落を飛ばしたりして、それで家族が笑わないと不機嫌になったという。家では、かなり自由気ままに過ごして家族に甘えた。家族とは、妻の貞子や養女のよし子、それに姪《めい》の喜代子や数江といった人々である。家族も道雄の気持ちをときにあたたかく、ときに茶化しながら受け止めたのである。

日頃は慎重で、外出するときもかならず手を引いてもらっていた道雄も、家の中では、よくひとりで行動した。ただ、道雄は聴覚のほうは敏感なのだが、どうも方角のほうは音痴で、家の中をひとりで歩きまわってはあちこちにぶつかってばかりいた。随筆「眼の二重奏」[y497]は、葉山の別荘で、自室の本箱の角に目をぶつけて大怪我《けが》をした話だが、それすら、ちょっとしたユーモアを交えつつ、それも自分の目が不自由であることを逆手にとって、いまふうに言えば〝ネタ〟にまでしてしまっている。道雄の随筆は、彼一流のウイットに富んでいて、読みながら思わず吹き出してしまうようなものも多い。ただし、文章じたいは終始抑制されたものである。娘よし子の死のように悲しみや辛《つら》さを著わすときも、けっして激することなく、じつに淡々と綴《つづ》られているが、それがかえって読む者の胸にせまる。

また、道雄の随筆には、まわりの人々に対する感謝の気持ちや、自然を愛でるものが多い。そして、随所に日常のちょっとしたことにも鋭く反応する道雄の繊細な感覚、豊かな感性がみられ、それらが音楽ばかりでなく、随筆の世界でもみごとに開花したのである。

❖自然を手本に

道雄の随筆を読んでいると、目が見えたころのものと、見えなくなってしまったあとでは、その描写のあまりに違うことにハッとさせられる。

目の見えた幼いころの思い出を綴った随筆はじつに視覚的である。「さくら」［y207］という随筆には、大好きだったおばあさんと行った須磨寺いっぱいに咲く桜の花の淡い色、また、その道すがら咲いていた色とりどりの花といった具合に視覚的に書かれているのが、やがて、その目に霞《かすみ》がかかり始め、読んでいた文字がピンピンと踊るように動きだし、それを最後にしだいに見えなくなっていったと記したあとは、視覚的表現はまったく影をひそめてしまう。そのあまりの転換に、なんとも胸が詰まる思いがする。しかし、ここから道雄の鋭い感性とユニークな視点による独自の世界が展開される。

秋の末から初冬にかけてのころ、私が手を引かれながら道を歩いていると、イチョウの木へ、人が登って実を落としたり、下で拾ったりしている。その声を毎年のように聞く。それを聞くと、今年もまためぐりあう冬の懐かしさを感じる。

初冬のころの天気のよい日には、縁側へ暖かい太陽がいっぱいあたっていて、私は、日向《ひなた》ぼっこをしながら庭の方へ耳をすます。ついさきごろまで親しんでいた虫の声も、今はすっかり絶えて、ときどき吹いてくる静かな風に庭の落ち葉の散る音がかすかに聞こえる。

（「冬の幸福」［y419］より）

まったく視覚的表現はないものの、聴覚、あるいは日向ぼっこの暖かさなど残された感覚すべてを使って、自然の素晴らしさを感受性豊かに描いている。ほかにも、「四季の趣《おもむき》」［y221］「春のさまざま」［y399］「夏の音《おと》」［y357］「秋のおとづれ」［y015］など、このタイプの随筆は文学的に彼独自のスタイルを創り上げているのである。これらは視覚を失った道雄の感性の表れであると同時に、《水の変態》や《春の海》など、自然をテーマに数多くの作曲をした彼の音楽作品にも一脈通じるものであるが、この点については後述する。

❖ 著作の資料的価値

　ところで、前述のように、道雄はこれら随筆とは別に、自分の作品や作曲に対する考え方など、音楽にかんする専門的な論考もかなり著しているが、こうした論考は道雄の音楽作品を研究するうえで、また、道雄が音楽的に何を考えていたかを探るうえで重要な資料となる。

　そこで筆者は、対談・座談や彼の談話が載った新聞記事の類《たぐい》も含めて道雄の著作をできるかぎり網羅的に集めた。とはいえ、まだ完全には網羅しきれていないだろう。とくに、文芸誌など一般雑誌に載ったものは、その把握がひじょうにむずかしく、また、音楽雑誌に掲載されたものもさまざまな図書館で調査したが、関東大震災や第二次世界大戦もあって、道雄存命中の音楽雑誌を全タイトル、全号そろえることはできなかった。今後も調査は続くが、宮城道雄生誕一二〇年をひとつの区切りとして、集めた著作を編集、校閲《こうえつ》した。そして、『宮城道雄著作全集』（大空社）として平成二七年（二〇一五）から出版を開始したのである。

　さて、こうした著作は、道雄がいつどこで何をしたか、何を考えていたかなど、その生涯を知るためのいわば伝記的資料として、まず重要なものである。たとえば、道雄は韓国にいるころから作曲家として認められたいと考えていたことが、「芸談」[y150]や「大正六年」[y309]に記されている。

また、道雄が相対音感の持ち主であったことをうかがわせる記述もみられる【11】。蛇足《だそく》ながら、絶対音感のほうがすぐれているというような誤解もあるようだが、音楽家としてはむしろすぐれた相対音感をもっているほうが有利な場合も多い。

それはさておき、これら著作を資料として扱う場合、注意しなければならないこともある。というのは、道雄の著作に記されたことが一貫していない場合もあるからである。

たとえば、昭和二八年（一九五三）の洋行をめぐって、ノートルダム大聖堂でミサを聴くことができたというものと、できなかったという、まったく相反する二つの著作がある。「耳で聴いた西洋」[y452]では「私はパリのノートルダム寺院に彌撒《ミサ》を聴きに行きたいと思いましたので、行ってみました。ところが生憎《あいにく》終った後でしたが……」と書いていて、ミサが聴けなかったと述べている。ところが、「交声曲『日蓮《にちれん》』完成まで」[y169]では「パリでノートルダムの寺院へお参りした時は荘厳なミサが行なわれていた」と記して、ミサを聴いたことになっている。

また、ルネ・シュメーが《春の海》の尺八パートをヴァイオリンに編曲したことについて、随筆「春の海」[y390]のなかでは「シュメーは一晩のうちに《春の海》を編曲して、翌日須永さんに伴われて私の家にやってきた」と記しており、その他の随筆、たとえば「『春の海』の思い出」[y394]などでも、一晩で編曲し翌日合奏したとしている。ところが、ただ一編だけ、昭和七年（一九三二）七月一日発行の音楽雑誌『月刊楽譜』に掲載された「春の海の演奏――シュメー女史について」[y393]のなかでは「数日してお電話で、「春の海のヴァイオリンのアレンジが出来たから一緒に合わせて演奏してみたい」とのこと」となっているのである。シュメーとの共演がおこなわれたのは昭和七年五月三一日だったので、共演後、まもなく書かれた「数日して」というほうが、客観的事実としては正しい可能性が大きい。

宮城道雄の随筆集（没年までに刊行されたもの）

『雨の念仏』	昭和10年（1935）２月、三笠書房
『騒音』	昭和11年（1936）１月、三笠書房
『垣隣り』	昭和12年（1937）11月、小山書店
『春秋帖』	昭和12年（1937）12 月、小山書店 （『雨の念仏』と『騒音』の合本）
『夢の姿』	昭和16年（1941）11 月、那珂書店
『軒の雨』	昭和22年（1947）１月、養徳社
『古巣の梅』	昭和24年（1949）10月、雄鶏社
『水の変態』	昭和31年（1956）８月、宝文館
『春の海』	昭和31年（1956）８月、ダヴィッド社
『あすの別れ』	昭和31年（1956）９月、三笠書房

ではなぜ、他の著作がすべて「翌日」となっているのだろうか。これは道雄自身の単純な記憶違いとも考えられるが、むしろ「翌日」としたほうが、より自分の気持ちが読者に伝わると考えたからではないか。道雄はシュメーとの共演、またそれ以前におこなわれた練習での感動を読者に伝えることを文学者として優先して「翌日」としたのだろう。

このように、道雄の著作のなかには事実の記録としてではなく、むしろ文学性に比重のあるひとつの作品として書かれたものも多い。そのため彼の著作は、事実関係を単純に調べるうえではかならずしも適さない場合もある。けれども、これら著作は、逆に考証のしかたによっては、彼の考えを知るためのかなり有効な資料ともなりうる。じっさい、集めた著作すべてを検討してみると、その音楽に対する考え方は、前章の「作曲の基本方針」のように、むしろ一貫しているのである。

道雄の著作を概観すると、二通りの著作態度がみられる。ひとつは、あくまでも文学作品としての随筆で、もうひとつは自己の音楽理念の叙述である。そして、道雄はこの二つをかなり意識して書き分けていた。『騒音』の序文［y242］で「専門の音楽についての意見等は、後日ゆるゆる発表したいと思っていたので、理論めいたことは成る可《べ》く避けて、日常生活の範囲だけにとどめて、出したのである」と述べている。このように、随筆集、とくに生前に出版されたものは一般向きを意識して書かれている。

じっさい、昭和九年（一九三四）七月二三日付の雑誌に掲載された「性格を表す音色」［y281/y282］は、『騒音』（昭和一一年一月発行）に再録されているが、そのときには、終わりから四分の一くらいが削除されていた。この部分は自らの作曲態度や新楽器について述べたところで、道雄が一般向けの随筆集としてはふさわしくないと判断したために削除したのであろう。

したがって、まず何のために書かれた著作かを明らかにすることは、その著作の資料的価値を考えるうえで重要であり、本書でもこの点をじゅうぶんに考慮したのである。

❖宮城道雄の作曲法

ここで、宮城道雄の著作をもとに、彼がどのようにして作曲していたかを探ってみよう。道雄は随筆「芸談」[y150]のなかで、次のように書いている。

……私は、自然が、何より好きでしてね。ですから、私の作品は、自然を扱った曲が多うございます。それには、九歳ぐらいまで、眼が見えていたことが、どんなに助かっているかわかりません。子ども心に見聞きしたことが、今でもハッキリと頭にしみこんでいて、それを頼りに作曲をいたします。

また、随筆「山の声」[y514]では、

夜が更《ふ》けるに従って、いろいろの音が聞こえてくるのであるが、初めは、形のない、混沌とした、しかも漠然としたその曲全体を感じる。それで私は最初に絵で言えば、構図というべきものを考えて、次に段々こまかく点字の譜に、それを書きつけるのである。そうして、作曲する時に、山とか、月とか花とかを、子供の時に見たものを想像しながらまとめてゆくのである。

と述べている。
これらから、道雄は自然を愛し、多くの場合自然をイメージして作曲していたことがわかる。
また、随筆「音の世界」[y088]では、次のようにも述べている。

自然の音はまったく、どれもこれも音楽でないものはない。月並みな詩や音楽に表わすよりも、自然の音に耳をかたむける方が、どれだけ優れた感興を覚えるか知れない。私たちが、どんなに努力しても、あの一つにもすぐれたものは出来ないであろう。

道雄は自然を畏敬《いけい》していたようにさえ思える。だから、自然讃ともいうべき随筆も多いのである。
次に、歌詞のある作品の作曲については、次のように記している。

初め詩を読んでもらうのには、私の気分のいい時を選んで読んでもらいます、それを読んでもらう時に、もうその気分が湧いてきます、それはハッキリではないが、心の底では、どういう曲に仕立てるかという気分がもくもくと湧いてきます。ですから初めてその詩を聴く時が非常に大切で、それで大体の心の奥が定まる、そして時には本当の作曲にかかった時、

その初めて聴いた時の気分感じが、どうしても出てこぬので大いに困ることがあります。【12】

さらに、じっさいの作曲にかんしては、次のようなかたちでおこなわれていたという。

作曲するときは、楽器は用いません。頭の中で、音楽をこしらえながら、点字の楽譜に作曲していきます。作曲しながら、耳のなかで合奏しているときほど楽しいものはありませんナ。私はよく思うんですが、頭のなかに浮かんでくる音を、そのまま録音できたら、どんなに便利だろうってね。そうすれば、面倒くさい点字などに、作曲する手数も省けますからね。【13】

また、次のようにも記している。

私のは、耳で二つでも三つでも音を想像してならべます。なれると四つでも五つでも組み合わせられるもので、その想像は音の形のようなものが、もっともこれは自分だけが想像した形でしょうが、人が机上の楽譜を見て音の組合せを意識するが如く、私のは、直接に音を意識して、その想像を持って組み合わせます。無論それは実地に当たることもありますが、だいたい耳の想像で音色の組合せ、旋律の組立等が決まると点字に書きます。【14】

これらの文章から、道雄が初めから完全に頭の中で、音の垂直的な重なりあいによる響きをも含めて、つまり箏や三味線、尺八など使われる楽器や歌すべてが同時に鳴ったときの状態を想定して、作曲していたということである。もちろん、西洋音楽的に作曲する場合、それはあたりまえのことだが、日本の伝統的な作曲法では異なる。たとえば、地歌箏曲の場合では、基本的にはまず歌と三味線が作曲され、そのあとから、その歌と三味線の音楽に対して、箏のパートが作曲されるのである。

道雄の作曲法が西洋音楽的であったことは、残された自筆楽譜からもわかる。現在、道雄自筆の点字楽譜が二四七点ほど確認されているが、それらのうちには総譜のかたちで書かれたものが意外に多い。つまり、全パートを同時に書いていたのである。そのうえ、点字楽譜のシステムが五線譜システムであることから、かなり西洋音楽的なセンスで作曲していたものもあると想像される。

また、道雄自身すぐれた技巧をもつ演奏家でありながら、即興的作品がひじょうに少ないのは、彼のこのような作曲態度によるところ大であろう。道雄は作曲とは推敲を重ねてなされるべきものとして、次のように述べている。

即興的のものにも音の行列でなく内容の包まれたものもあるが、大体には作曲は充分の用意をしてかからなければならぬので、先輩や周囲の批評なども沢山に貰ってだんだんに練れてきてひとつのものが出来上がるので、かなりの精進がいるわけです。【15】

このように、道雄は多くの場合、自然や詩から曲想を得て、イメージをふくらませながら音楽づくりをしたのである。彼の作品には《落葉の踊り》や《春の訪れ》[c084]といったようなタイトルが多く、ここにも彼の音楽作りが反映されているといえよう。道雄の自筆点字楽譜を見ると、何度も訂正をした跡をうかがうことができ、推敲を重ねて作曲していた道雄の真摯な姿をみる思いがするのである。

第7章◉声楽曲と尺八手付

❖器楽曲と声楽曲

宮城道雄が作曲した作品は、次のような曲種に分類することができる。

まず、器楽曲としては、前述の①《手事》のような箏独奏曲、②《唐砧》に始まる器楽重奏曲、③《越天楽《えてんらく》変奏曲》[c137]に始まる協奏曲、④大規模な合奏曲である。このうち、②の重奏曲が器楽曲のなかでは四四曲ともっとも多く、箏、三味線、胡弓、尺八、といった三曲合奏の楽器と道雄が開発した低音箏の十七絃を中心に、ときにフルートやヴァイオリンも含むさまざまな楽器編成がとられる。また、有名な《春の海》をはじめとして、箏・十七絃・三味線による《落葉の踊り》[c056]や箏と十七絃による《瀬音》[c075]、箏二部と十七絃による《さくら変奏曲》など、演奏頻度の高い作品が多いのもこの曲種である。さらには、日本の伝統的な音楽のほとんどが声楽曲だったために、目新しさもあってか、こうした器楽曲が話題になることも多かった。

本書でも処女作《水の変態》を除いて、すべて器楽曲ばかりとりあげてきた。しかし、じっさいは歌のある作品のほうが圧倒的に多い。現在、確認されている四二五曲【1】のうち三三五曲、じつに八割近くが、声楽曲で占められている。このことから、宮城がいかに歌を重視していたかがわかるが、それと同時に、宮城作品を考えるうえで声楽曲がいかに重要かということにもなる。

これら声楽曲を分類すると、①《水の変態》に代表される伝統的な手事物、②西洋音楽的要素の強い新様式で作曲された歌曲、③子供のための歌として作曲された童曲、④箏や三味線の教則本である『小曲集』に収録されているような教則的意図をもって作曲された声楽曲、⑤大規模な編成による合唱合奏曲、そして曲数はわずかだが、⑥古典曲を大規模な合唱合奏曲に編曲したもの、⑦古典曲に箏や尺八の手付《てつけ》をしたもの、さらに⑧《神辺小唄《かんなべこうた》》[c271] のような新民謡、⑨《からころも》[c280] のような古典的な様式で作曲された声楽曲に分類することができる【2】。

そこで、声楽曲のなかでも重要な位置を占める②の新様式の歌曲について、次に述べることにする。

❖和洋融合の《秋の調》——新様式の歌曲

新様式の歌曲の第一号は、歌・箏・尺八による《秋の調《しらべ》》[c021]である。作詞は雑誌『音楽と文学』の同人で、浅草オペラや帝劇オペラの訳詞、またオペラやオペレッタの紹介などでも活躍した象徴派詩人の小林愛雄である。大正九年（一九二〇）一〇月の「宮城道雄作曲第二回演奏会」で演奏されて、西洋音楽のカノンをとり入れた新しい音楽として大評判となったが、現代のわれわれが聴くと、古典的な要素のほうを強く感じる。和洋両方の要素をもった作品であるために、聴く側の感性の変化、つまり、作曲された当時と現代の日本人との音楽的感覚、感性の違いによって聞こえ方が違うのである。

音階は都節音階を基本として、部分的に民謡音階に転調するという日本の伝統的な音階である。しかし、リズムは拍の不明確な箏だけによる前奏のあとは、明確な拍節感をもち、また、歌、箏、尺八の関係が伝統的なヘテロフォニーとは異なり、歌に対して箏は伴奏、尺八はオブリガートという西洋音楽的な関係を基本としている。

さらに、その旋律じたいが従来の古典的な旋律とはまったく異なった個性的な旋律で、フレーズ感のはっきりとした、覚えやすく印象的なものである。この個性的な旋律が、尺八と歌、あるいは尺八と箏で模倣しあう、つまり追いかけっこをするので、当時はカノンで作曲されたということで話題になったが【3】、厳密にはカノンではないし、道雄自身もカノンではないと認識していた。「洋楽の真似をするのはなんだから、わざと逃げた」と道雄は語っていたという【4】。むしろ上参郷祐康《かみさんごうゆうこう》も指摘するように、カノンの技法を参考に、伝統的な掛け合いの技法の延長線上に【5】、道雄独自の新しいスタイルを作り出したと捉えるべきである。

全体の構成については、道雄自身「西洋の所謂《いわゆる》三部形式の作曲法によってみた」と記しており【6】、「前奏─歌─間奏─歌」となっている。ただ、この作品では間奏部が聴かせどころとして充実しているので、「前弾─前歌─手事─後歌」という日本の伝統的な手事物形式の延長として捉えることもでき、じっさい、自筆点字楽譜には間奏部に「手事」と記されているのである。いっぽう、間奏部（手事）では、動機労作という西洋音楽的な作曲法を試みている。

このように、たんに西洋の歌曲の伴奏楽器をピアノから箏に替えただけというような安易なものではなく、日本と西洋の要素を融合した道雄ならではの音楽となっているのである。

❖ 尺八手付事始め

じつは、《秋の調》で特徴的な旋律の追いかけっこの要《かなめ》となる尺八は、あとから付けられたものである。そして、道雄が初めて尺八手付、すなわち尺八パートを作曲した作品が、まさにこの《秋の調》ではないかと筆者は推測する。

韓国時代に作曲された《春の夜《よ》》［c005］や《初鶯《はつうぐいす》》［c006］が、現在、尺八付きで演奏されているためか、道雄の尺八手付の時期について論じられることはなかった。しかし、二曲とも大正九年（一九二〇）以前の演奏記録では尺八は付いていない。さらに、藤原道山《どうざん》による研究で、初出のレコードや楽譜がいずれも、現在の手付と違って、ほぼベタ付であったことが明らかにされている【7】。

道雄の著作を丹念に読んでいくと、西洋の歌曲にフルートが使われているのを聴いて、持続音という特性をもつ尺八を自分の作品にも応用したいと考えた、と記している【8】。西洋の歌曲には、フルートをオブリガート風に使ったものがよくあるが、道雄はこうした作品に触発されて、《秋の調》でも尺八をオブリガート風に使ったのではないかと推測したのである。

さらに道雄は、尺八を使い出したのは大正八年（一九一九）五月の第一回目の作品発表会よりのちと記しており、《秋の調》の尺八付きの初演が、まさに同年一一月二日の「本居長世作品発表演奏会」であった。したがって、この《秋の調》こそが、宮城曲における尺八手付の原点と考えられる。

ちなみに、本居もこのころ尺八にひじょうに興味をもっていた。本居主宰の「如月社」に、尺八を嗜《たしな》んでいた義理の弟や、その紹介で尺八演奏家も加わって、本居は当時、ピアノと尺八の合奏曲などを作曲していたのである。そして、当日演奏された本居作品七曲中の五曲、そして宮城作品三曲中の二曲が尺八を含む作品だった。このことから、道雄と本居が尺八について語り合い作品化して、この演奏会で発表した可能性が大きい。さらには、翌年の「新日本音楽大演奏会」でも、二人とも尺八を含む作品を多く発表している。

ところで、従来の作曲年表では、《秋の調》の作曲年が大正八年（一九一九）とされてきた。ところが、道雄自身は大正七年作曲と語っている。七年一〇月に京華《けいか》女学校の演奏会で初演されたときは、歌と箏のみで尺八はなかった。したがって、歌と箏のみの作曲は、道雄自身が述べるように七年で、尺八を付けたのが八年ということになるのであろう。

そして、先ほども述べたように、《秋の調》より前に作曲された作品でも、尺八付きでじっさいに演奏された記録となると、すべて大正九年（一九二〇）以後となる。八年に作曲され、この年五月の第一回目の作品発表会で演奏された《秋の夜《よ》》[c032]も《若水《わかみず》》[c031]も、現在は尺八付きで演奏されているが、第一回目の作品発表会では付いていなかった。それゆえに、これらの作品についても尺八はあとから付けられたもので、やはり《秋の調》が尺八手付の最初ということになるのである。

❖尺八や胡弓を歌の代わりに

尺八の作曲法においても、道雄は新しい世界を切り開き、①の手事物のさらなる改革をおこなった。

道雄が伝統的な書法で作曲した三曲合奏による手事物での尺八手付も、従来のベタ付、つまりヘテロフォニーではなく、箏や三味線とは異なる旋律によるものである。これまでの尺八の使い方にはそうとう不満があったらしく、とにかく「ベタ付」で、曲の最初から最後まで吹きどおしではつまらない、せっかく持続音という三味線や箏と違った特性をもった楽器なのだから、そこを利用して効果的に尺八部分も作曲すべきだ、と述べている【9】。

そして、箏、三味線、尺八のそれぞれのパートを独立した旋律で、なおかつ、それらが組み合わされることを最初から意図して作曲したのである。この点が、三味線や箏の旋律をほぼそのまま演奏するいわゆる「ベタ付」による従来の尺八手付とは大きく異なる。そしてそれによって、各楽器の絡《から》みあいが、古典の三曲合奏より、はるかに複雑で効果的となるのであった。だからこそ、すでに述べたとおり、道雄の自筆点字楽譜には総譜で書かれたものが多い。道雄は尺八も含めた音の垂直的な重なり合いによる響きをも想定して、完全に頭の中で音楽を構築して作曲していたのである。

道雄が初めて伝統的な三曲合奏による手事物として作曲したのは、大正一二年（一九二三）作曲の《比良《ひら》》[c073]である。この作曲について道雄は、従来の三曲合奏にもよい技巧があるので、それを活用して伝統の三曲合奏に新味を加えたものを作曲したいと思って作曲したので、八重崎《やえざき》検校などの作曲法ももちいたが、尺八は従来のものと違って独自性をもたせて三曲としての新しさを加えた、と解説している【10】。そして、じっさいに、尺八は歌の旋律を吹いたり、箏と三味線のあいだを縫《ぬ》うように吹いたりと、斬新な扱い方がされているのである。

ところで、尺八付きの《秋の調》が初演された「本居長世作品発表演奏会」で初演されたもう一曲は箏・胡弓・尺八による器楽曲《ひぐらし》[c034]だが、この楽器編成も従来の日本音楽にはなかったものである。おそらく道雄は、撥弦《はつげん》楽器、つまり弦をはじいて音を出す箏や三味線と違って、胡弓も尺八と同様に持続音が出せるので、その特性を活かして、人の声の代わりに旋律を歌う楽器として器楽曲に有効利用しようと考えたのであろう。

道雄は、いままでの日本の伝統的な音楽の作曲法とは違って、それぞれの楽器を自由に、効果的に使ってこそ、良い合奏曲ができると考え、尺八や胡弓をもちいたさまざまな作品を作曲したのである。

こうした道雄の作曲法は、他の邦楽家にも影響を与え、地歌箏曲家の楯城護《たてしろまもる》は、尺八のベタ付的な旋律に対して不満を述べ、道雄の箏・胡弓・尺八による《ひぐらし》を高く評価したのである【11】。

❖ソプラノ歌手をイメージして

道雄は新様式の歌曲を六一曲作曲したが、そのなかには、さまざまなタイプの作品があり、なかにはかなり西洋音楽的要素の強い作品もある。そして、このタイプの歌曲に目をつけたのが、東京音楽学校声楽科出身の新進気鋭のソプラノ歌手、永井郁子《いくこ》であった。永井は西洋の歌

東京朝日新聞
又も樂界を驚かす
永井郁子さんの試み
琴や尺八で歌ふ
成功すれば各家庭の福音
從來
批評
西洋
永井さんの新研究
永井女史談

東京朝日新聞 大正15年10月20日
（右より永井郁子、宮城道雄、吉田晴風）

曲を原語ではなく、日本語に訳した歌詞で歌うことを提唱して話題を呼んでいた。その永井が道雄の歌曲を自分の演奏会で歌うと発表したので、こんどは邦楽を歌うのかとにわかに注目を集め、新聞でも大きく取り上げられたのである。

初めての共演は、大正一五年（一九二六）一一月七日に帝国劇場でおこなわれた「永井郁子独唱会」で、吉田晴風の尺八を加えて、《こすもす》[c066]《母の唄》[c077]《せきれい》[c067]の三曲が演奏された。その二〇日後の一一月二七日に、報知講堂でおこなわれた宮城の作品演奏会でも共演し、さらには、一一月三〇日の帝国ホテルでも共演した。

当時は洋楽の声楽家が邦楽を歌うということで話題となったが、じつは宮城のこのタイプの歌曲は、前述のように従来の箏曲とは違って、音楽的にはむしろ洋楽系作曲家による日本歌曲にかなり近い新様式による箏伴奏歌曲だったのである。

そのため、逆に道雄も従来の地歌的な発声法では満足できなかったようで、このタイプの曲には西洋音楽的発声法が向くと語っている。そして、演奏者を得られず一時断念していた作曲

表２　新様式にもとづく声楽曲

大正７	秋の調　C021	昭和12	ヘレン・ケラー女史に捧ぐ　C264
	晩秋　C023		杭州湾敵前上陸　C266
大正８	若水　C031		送別歌　C272
	秋の夜　C032	昭和13	靖国神社　C287
	七夕　C036	昭和14	軍人援護に関する皇后宮御歌　C294
	月光　C040	昭和15	紀元二千六百年讃歌　C297
	知るや君　C041		路地の雨　C302
大正９	野の小川　C045	昭和16	正気の歌　C316
	紅薔薇　C054	昭和17	秋の流れ　C324
大正10	むら竹　C064	昭和18	大東亜和楽　C330
	こすもす　C066	昭和19	もんぺ姿　C332
	せきれい　C067		社頭の寒梅　C335
大正12	母の唄　C077	昭和20	白玉の　C337
大正13	からまつは　C091	昭和23	秋はさやかに　C351
大正15	以歌護世　C099		観音様　C356
昭和２	春の唄　C111		東洋の使徒ザビエル　C357
	ひばり　C112	昭和25	黄昏　C359
昭和３	うわさ　C127		手鞠　C360
	花園　C131		無題　C361
	えにし　C135		明日　C363
昭和４	新暁　C142		水滴　C366
	嘆き給ひそ　C143		つれづれの　C368
	章魚つき　C144		若あゆ　C369
	初便り　C145	昭和26	丹水会館祝歌　C376
	稲つけば　C147	昭和28	たらちねの　C397
昭和５	雲のあなたに　C160		三宝讃歌　C402
	春の水　C167	昭和29	むすびの神曲　C404
昭和７	喜悦の波と花と　C189	昭和31	浜木綿　C422
昭和８	水三題　C200		
	落葉　C202		
	瀬音　C203		
	風の筒鳥　C206		

を、永井との共演をきっかけに再開したいと述べているのである【12】。

じっさい、大正七年（一九一八）の《秋の調》から一〇年までの四年間に歌曲を一二曲作曲したが、それ以後はほとんど作曲していない。一二、一三、一五年に一曲ずつ作曲しただけである。それが、永井との共演の翌年からふたたび増えだし、昭和三年（一九二三）一月の「童曲と歌謡の会」では、松平里子が《春の唄》［c111］《ひばり》［c112］《うわさ》［c127］を初演し、四年一一月の「宮城道雄作曲発表会」では、《えにし》［c135］《嘆き給《たま》ひそ》［c143］《稲つけば》［c147］を佐藤千夜子《ちやこ》が、そして、八年一一月の「宮城道雄作曲発表会」でも、《落葉》［c202］《潮音《ちょうおん》》［c203］《風の筒鳥《つつどり》》［c206］を荻野綾子《おぎのあやこ》が初演したのである。このように、いずれもソプラノ歌手たちによる初演で、音域からみても道雄がソプラノ歌手をイメージして作曲していたことがうかがえる。

これらの曲は大いに流行し、永井郁子がニッポノホン・レコードで《せきれい》と《こすもす》をレコーディングしたのをはじめとして、佐藤千夜子、関屋敏子、荻野綾子、またテノールの藤原義江といった当時人気の歌手たちがレコーディングしたのである。

大正半ばから昭和初期は、西洋に追いつけ追い越せといった明治以来の欧米崇拝の風潮に対する疑問や反省がちょうど出てきた時代で、音楽においても、日本人としてのアイデンティティにめざめだした時代であった。それゆえに、永井も自分の国の言葉である日本語を尊重すべきという考えのもとに、東京音楽学校の原語主義を批判し、まず、その手始めとして西洋の歌曲を日本語の歌詞で歌うことを提唱したのである。

さらに、前述のように日本的要素を導入した音楽の作曲は、山田耕筰などの日本歌曲として開花していった。明治三三年（一九〇〇）に瀧廉太郎が作曲した《荒城の月》で、すでに西洋音楽のスタイルをとりながら、日本人としてのアイデンティティを模索した作品が作られだしていたが、さらに、大正の半ばごろになって、洋楽系の作曲家も西洋音楽の物真似から日本人としての自覚をもつ余裕が出てきて、たんなる西洋音楽の真似ではなく、日本的要素の導入を模索しだしたことは、すでに述べたとおりである。

こうした流れのなかで、日本歌曲と同様の傾向をもつ道雄の新様式の歌曲が、人々の支持を得るようになった。日本の楽器をもちいた道雄の歌曲は、日本人としてのアイデンティティを模索していた人々には、なおのことアピールしたのである。

いっぽうで、道雄の新様式の歌曲の流行の裏には、日本人の音楽的感覚がしだいに西洋化したこともある。フレーズ感、拍節感の不明確さやヘテロフォニーなど日本の伝統的な音楽書法より、むしろ西洋音楽的な明確なフレーズ感や拍節感に親近感をもつ世代が大勢を占めだしてきたのである。

❖歌は世につれ、世は歌につれ

道雄は新しい日本の歌のあり方をさまざまに模索した。性別による音域の違い、また、旋律と日本語のイントネーションの関係などである。

まず、音域について、従来の箏曲が男性と女性による声域の違いを考慮しないのに対して、道雄は男声用、女声用、子供用と声域の違いを意識して作曲しているとして、次のように述べている。

> 音域はこれを狭めるということは面白くないが、しかし音域があまり広いのは男女大人子供に通じて不便がありますから、その程度も見計らってあります。【13】

次に、歌詞のイントネーションと旋律の関係について、歌詞に旋律を付けるさい、歌詞のイントネーションをできるだけ尊重するようにしているが、しかし、それにあまりとらわれすぎてもいけないと、次のように記している。

> 一体に歌詞の語呂は殺さぬよう、それの切り所が悪いと死んでしまいます、そうかと言ってダラダラしても下手にやると朗読の方がいい事もあるし、歌のアクセント通りにやっては

堅苦しくなるし、その辺の表わし方が実に難しい。

そして、従来からある母音をのばす作曲法を巧みに取り入れるなどして、「言葉のはしにとらわれるようでとらわれぬところに行き道があるのです」と語っている。

道雄は歌詞の意味を伝えることを重視した。作曲するときも詩を読んでもらって、そこから曲想を得たというが、じっさい、弟子に教授するときも、歌詞の意味でどう歌うべきか弾くべきかを注意したという【14】。

こうした声域や歌詞のイントネーションを考慮した作曲法は、西洋音楽系の作曲家では、山田耕筰による日本語の歌詞のイントネーションにできるかぎり忠実に従う作曲法が有名だが、邦楽界では画期的なものだったのである。

新様式の歌曲とひとことでいっても、そのなかには、伝統音楽的要素の強いものから、西洋音楽的要素の強いものまで、また、芸術的なものから大衆的なものまで、さまざまなレヴェルのものがあった。

《秋の調》は、伝統的要素の強い部類に属す作品である。また、道雄は日本の音楽にはかならずしも和声を付ける必要がないという方針をうちだしたが、この《秋の調》では、それが実践されている。

ところが、和声をもちいた作品、それも単純な西洋の機能和声、つまり、長調なら♪ドミソ、ドファラ、シレソなどの調性音楽の和声による作品もある。たとえば、大正一〇年（一九二一）作曲の《せきれい》の場合、箏が伴奏、尺八がオブリガートという《秋の調》と同じ編成で、音階も都節音階が主体だが、歌の終止部で完全に短音階化することで、短音階の機能和声をもちい、さらにリズムもワルツのような三拍子、つまり強弱弱の規則的な交替による三拍子と、もろに西洋音楽的なリズムをとる。この作品は新様式による歌曲のなかでも西洋音楽的要素の強い作品である。

そして、当時人気があったのは、《せきれい》のような西洋音楽的な要素の強い作品だった。一般の人々の音楽を含む西洋へのあこがれ、ブンチャッチャ式、つまり強弱弱の西洋的な三拍子による《美しき天然》がチンドン屋などでさかんに演奏されるほど流行したのと同様の、大正モダニズム的風潮によるものかもしれない。道雄に対しても「洋楽の安易な模倣」という批判があったが、それはおもにこうした西洋音楽的作品に対するものだろう。

現代では、時代遅れな感じをもつ人もいるかもしれないが、当時はこのタイプの作品が大いにウケたのである。まさに「歌は世につれ、世は歌につれ」である。

このように、新様式の歌曲のなかには、いろいろなタイプのものがあった。それゆえに、道雄は誤解されたという面もあったわけだが、これについては第15章で述べることとする。

第8章◉童曲と愛娘よし子

❖童曲の誕生

宮城道雄の声楽曲には、子どものための歌として作曲された⑤「童曲」というジャンルがある。

道雄は韓国にいたころから子供用の箏曲の必要性を感じていた。それは満八歳で入門した道雄自身が苦労した体験にもとづくものかもしれない。

道雄は《娘道成寺《むすめどうじょうじ》》という曲の歌詞で、どうしても覚えられないところがあって、叱られるのではとビクビクしながら祖母に手を引かれて、ふたたび教えてもらうために夜道を師匠の家に向かったことを随筆に記しているが、「諸行無常《しょぎょうむじょう》」「是生滅法《ぜしょうめっぽう》」「生滅滅已《しょうめつめつい》」「寂滅為楽《じゃくめついらく》」では、一一歳の少年には、とても覚えられなかったであろう。また、三味線組歌の《青柳《あおやぎ》》の歌詞を忘れて師匠にひどく叱られ、「忘れたのを思い出すまでは家へは帰さん、ご飯も食べさせん」と、留めおきをくわされたこともあった。道雄は童曲作曲の動機を次のように記している。

その動機は在来の手ほどき物に、飽き足らなさを痛感した事に由《よ》るのであります。従来手ほどきと称せられるものは練習曲としても不完全な形式で、且《か》つその歌詞が得て卑猥《ひわい》なものが多く、子供には唄はせられない様なものさへあります。【1】

たしかに、江戸時代からの箏の手ほどき曲として有名な《岡崎》の歌詞は、近世邦楽最古の公刊譜『糸竹初心集《しちくしょしんしゅう》』（寛文四／一六六四）にも収録されている〽岡崎女郎衆《じょろしゅう》、岡崎女郎衆、岡崎女郎衆は、良い女郎衆」というもので、小さな子供に歌わせるには教育上よろしくない。こうした歌詞の問題、また、音楽的には箏曲界における手ほどき曲、つまり初心者用の練習曲がないことが童曲作曲の動機となったのである。

そして、童曲の最初の作品は上京した大正六年（一九一七）に作曲された《春の雨》［c017］である。以後、全部で一一七曲も作曲し、全作品の約三割を占め、また声楽曲のなかでいちばん多いのが、この童曲である。さらに、そのうち葛原《くずはら》しげる（一八八六〜一九六一）の作詞によるものは、じつに九八曲にのぼる。

葛原しげるは道雄より八歳年上で、前述のように道雄の後援者であり、また、道雄と出会う前から洋楽系の作曲家とともに子供向けの歌を創作していた。けれども葛原は、それら小学校や幼稚園向きのものとは別に、家庭向きの子供のための歌の必要性を感じ、その伴奏には箏を考えていたのである。当時はまだピアノよりも箏のほうが一般家庭に普及していたからであり、また葛原の家庭環境によるものでもあった。

葛原の祖父は『葛原勾当日記』を綴ったことでも有名な盲人の葛原勾当（一八一二〜一八八二）で、山陽地方の有名な地歌箏曲家であった。葛原の二人の姉も勾当の弟子に習っていた。葛原自身も七歳のときに姉から箏の手ほどきを受けたが、その歌詞がむずかしいことに違和感をおぼえたという。そこで、家庭向きの子供のための歌の必要性を痛感したのである。

葛原しげる（大正８年、33歳）
提供：葛原眞

そして大正六年（一九一七）、道雄と葛原は出会い、さっそくこの年に最初の童曲《春の雨》[c017]が生まれた。おそらく二人は出会ってまもなく意気投合し、童曲の作曲にとりかかったのであろう。

上京の年に作曲された作品は《春の雨》一曲だけである。翌年は全部で一三曲作曲しているが、そのうちの八曲が童曲、残る五曲のうちの二曲も《君のめぐみ》[c027]と《岩もる水》[c030]

という、いずれもその後、箏の教則本である『小曲集』に載せられた④「教則的意図にもとづく作品」であった。したがって、当時、いかに道雄が手ほどき曲を含む、子供のための箏曲の作曲に情熱を傾けていたかがうかがえる。

道雄はその後も童曲を作曲し続け、それをもとに昭和七年（一九三二）に『箏曲楽譜 宮城道雄小曲集』という、かなりシステマティックな教則本を発行したが、このことからも、童曲を第一義的には箏の手ほどきのための子供用の歌として作曲していたことがわかる。

さて、この「童曲」という名称だが、いまでこそ子供のための歌として「童謡」という名称が一般的となったが、当時は子供のための歌は「唱歌」と呼ばれることが多かった。「童謡」が一般化するのは童謡運動が具体的に始まってからのことである。

じつは、道雄より以前、明治三九年（一九〇六）にすでに子どものための箏曲として、薄田《すすきだ》泣菫《きゅうきん》の詞に、鈴木鼓村《こそん》が作曲した《雁《かり》と燕《つばめ》》という作品があるが、鼓村は自ら作曲した子供のための箏曲を「童曲」と名づけていて、これを道雄と葛原、そして鼓村の弟子の雨田光平が相談して踏襲《とうしゅう》したのである。こうして、道雄の子供のための箏曲は「童曲」と名づけられた。

ただし、鼓村の作曲した《雁と燕》は、歌詞の内容こそ北の国の雁と南の国の燕の対話という子ども向きのものだが、文語体で書かれ、音楽的には箏曲の古典的な手法によるものだった。さらに、一〇分程度かかる曲の長さはけっして子供にとっての歌いやすさ、聴きやすさを意識したものではなかった。

このように、鼓村の童曲が音楽的には完全に江戸時代の延長であったのに対して、道雄の童曲は西洋音楽的要素をもちこんだもので、音楽的なスタイルは鼓村のものとはまったく異なっていた。さらに、道雄は子供が歌うことを意識して作曲し、子供の声域なども考慮した。道雄の童曲は大正八年（一九一九）五月の「宮城道雄自作箏曲第一回演奏会」で《おさる》[c019]《春の雨》《文福茶釜》の三曲が発表され、一〇年一一月には目黒書店から『新作日本童曲集　全三編』として出版された【2】。

当初、道雄は子どものための手ほどき曲の必要性という邦楽界全体がもっていた現実的な事情によって童曲を作曲したのだが、やがてたんなる手ほどき曲以上の意味をもつようになる。そして、これは道雄の童曲より少し遅れてスタートした「童謡運動」とも合わせて考えるべきもので、当時の日本は子供にふさわしい歌を作ることに人々の関心が集まりつつある時代だった。さらに、道雄の童曲は音楽的にも、童謡運動で模索された音楽と深いかかわりをもっていたのである。

❖童謡運動

「童謡」という言葉じたいは、『日本書紀』を初出とする古くからの言葉で、当初は「わざうた」と読んで、風刺や社会的事件を予言する意味をもつ作者不明の歌をさした。神意が幼童の口をとおして人々に示されると考えられたことに由来するもので、それが、わらべ歌だけを集めた釈行智《しやくぎようち》編の『童謡集』（文政三／一八二〇ごろ）のように、江戸時代あたりから明治時代にかけては「どうよう」と読んで、わらべ歌、つまり、子どもたちが遊びなどの生活のなかで口伝えに歌い継いできた歌を意味するようになり、明治時代から大正初期に子供の歌の総称として使われた例もある。しかし、当時はまだあまり一般的ではなく、子供の歌の総称としては、童謡運動が始まるまでは「唱歌」のほうが普及していた。

ただ、文部省音楽取調掛編『小学唱歌集』にはじまる唱歌の教育的、国家主義的な歌詞に対する不満、そしてまた、明治三〇年代からの《キンタロウ》や《うさぎとかめ》といった言文一致唱歌の歌詞を気品に欠けるとするアンチ唱歌の動きは明治の末ごろからあった。それが、道雄の童曲《春の雨》作曲の翌年にあたる大正七年（一九一八）七月、童話童謡雑誌『赤い鳥』が創刊されることによって本格化し、童謡運動がスタートしたのである。雑誌主宰者の鈴木三《み》重吉《えきち》は宣伝のために配布した印刷物に次のように記している。

芸術として真価ある純麗な童話と童謡を創作する最初の運動を起こしたい。

三重吉も、また『赤い鳥』の童謡担当だった北原白秋も、最初は童謡に音楽を付けることは考えていなかったようで、この運動は文学的な運動として始まった。ところが、翌八年の五月号に初めて楽譜が掲載されて、それが大きな反響をよんで以来、音楽運動としての様相をみせるようになったのである。

その曲は西条八十《さいじょうやそ》作詞、成田為三《ためぞう》作曲の《かなりや》であった。音楽的な童謡運動のスタートが《かなりや》であったということは、じつは象徴的な意味をもつ。つまり、この歌は童謡運動の特徴をかなり顕著に表しているからである。

まず、歌詞からみてみよう。

一、唄を忘れた金糸雀《かなりや》は、後《うしろ》の山に棄《す》てましょか
　いえいえそれはなりませぬ
二、唄を忘れた金糸雀は、背戸《せど》の小薮《こやぶ》に埋めましょか
　いえいえそれもなりませぬ
三、唄を忘れた金糸雀は、柳の鞭《むち》でぶちましょか
　いえいえそれはかわいそう
四、唄を忘れた金糸雀は　象牙《ぞうげ》の船に銀の擢《かい》
　月夜の海に浮べれば　忘れた唄をおもいだす

これまでの唱歌と違い、ある意味文学的かもしれないが、とくに前半は暗くて、少々陰惨と

もいえる。第四節でようやく「象牙の船」「銀の擢」「月夜の海」とメルヘンの世界を感じさせるものの、それでも全体としてはかなり暗くて感傷的な歌詞である。この感傷的な歌詞が童謡運動の特徴のひとつとなっていく。

さて、その音楽だが、全体がヨナ抜き長音階で構成されている点は従来の唱歌と同じだが、さまざまに工夫をこらして歌詞の雰囲気に即した曲作りをしている点が異なる。従来の唱歌が詩の各節で同じ旋律を繰り返す有節形式だったのに対して、《かなりや》は単純な有節形式ではない。八十の詩そのものが第四節だけ異なった詩形をとっており、成田もそれにともなって異なった旋律、それもたんに旋律ばかりでなく、第三節までのモデラート（中くらいの速さで）／四分の二拍子から第四節ではアレグレット（やや快速に）／八分の三拍子とテンポも拍子も変え、さらに第四節の伴奏で短六度の和音を効果的に使って、独特の感傷的な雰囲気を作り出している。このように、唱歌に多いヨナ抜き長音階でありながら、さまざまに工夫することで唱歌よりはるかに細やかに歌詞の雰囲気を音楽化したのである。この点は童謡運動の大きな特徴といえよう。そして、人々は唱歌とは異なる詩や音楽に衝撃を受け、新鮮に感じたのであろう。童謡は大評判となった。

以来、『赤い鳥』では毎号、童謡の楽譜を載せ、さらに、大正八年（一九一九）刊行の『金の船』（のちに『金の星』と改題）、一一年の『コドモノクニ』など多くの童謡雑誌が出版されて、大人の作った子供のための芸術的な歌としての童謡運動が盛んになった。

その理由のひとつとして、音楽的な側面を挙げることができる。唱歌の西洋音楽的な旋律に、当時の大人たちが違和感を感じていたのである。三重吉は讀賣新聞紙上で、「西洋音楽の刺戟《しげき》から与えられて居る子供の歌なり音楽なりが、甚《はなは》だ貧弱な、低級なものである」と、それ以前の唱歌を痛烈に批判している。また、『赤い鳥』の童謡担当、北原白秋も「明治の唱歌教育」が「風土習慣の全然異なった泰西の歌調と児童の生活感情に対してあまりに無識な小学唱歌、或《あるい》は軍歌の歌調を以《もっ》てした」ことに怒りを感じたといって、さらに、次のようにも述べている。

新しい童謡は根本を在来の日本の童謡に置く。日本風土、伝統、童心を忘れた小学唱歌との相違は、ここにあるのである。〔略〕かの非芸術であり功利的である小学唱歌の排撃である。〔略〕更に純粋なる芸術歌謡としての創作童謡の提供である。〔略〕詩は先《ま》ず童謡に還れであった。童謡はまさしく復興した。【3】

つまり、白秋はわらべ歌の伝統の上に新しい芸術的な子供の歌、「童謡」を作ろうとした。じじつ、彼は各地のわらべ歌を収集したのである。

けれども、じっさいには『赤い鳥』に掲載された童謡の多くが従来の唱歌と同様の音楽スタイルをとり、成田為三も《かなりや》以外はほとんど唱歌スタイルで作曲していた。ただし、いまなお歌われる作品となると、伝統的要素をたくみに取り入れたものが多いのも事実である。東京音楽学校出身の草川信《しん》作曲《夕焼小焼《ゆうやけこやけ》》はヨナ抜き長音階でありながら、〽皆帰ろう」の♪ラソラソミのように、わらべ歌の旋律法をとり入れて唱歌とは違った雰囲気を出している。また、弘田龍太郎の場合は、ヨナ抜き長音階の曲が圧倒的に多いが、そのいっぽうで、《浜千鳥《はまちどり》》や《叱られて》のように、ゆるやかな三拍子や伝統的なリズムを使用したり、また日本の伝統的な音階と長音階を融合させるなど工夫をこらして、哀愁をおびた独特の雰囲気を出したものもある。とくに、〽雨がふります、雨がふる」の《雨》では、全体としてはヨナ抜き短音階、つまり、西洋の短音階から日本人がうまく音程のとれなかった第四度と第七度を抜いた短音階、階名でいうと♪ラシドミファラという音階と、伴奏の工夫で、独特の空虚で感傷的な雰囲気、あきらかに唱歌とは違った世界を作っている。

これはヨナ抜き短音階が近世邦楽、つまり江戸時代の箏や三味線の音楽でおもに使われた都節音階と音階の構成音が同じという関係の深さによるものである（譜例1）。このように、童謡の詩がかんらいもっている感傷的な雰囲気が音楽のうえにも現れるようになるのである。

雑誌『金の船』の重要な作曲家である本居長世は、大正モダニズムのなかに近世的な情緒をたたえた感傷的な音楽を作曲した。《十五夜お月さん》や《七つの子》《赤い靴》《青い目の人形》など多くの有名曲があるが、そうした作品で西洋音楽の要素と伝統的な要素を融合させている。たとえば、《十五夜お月さん》の場合、基本的には都節音階だが、最後の第三節の終止

譜例1

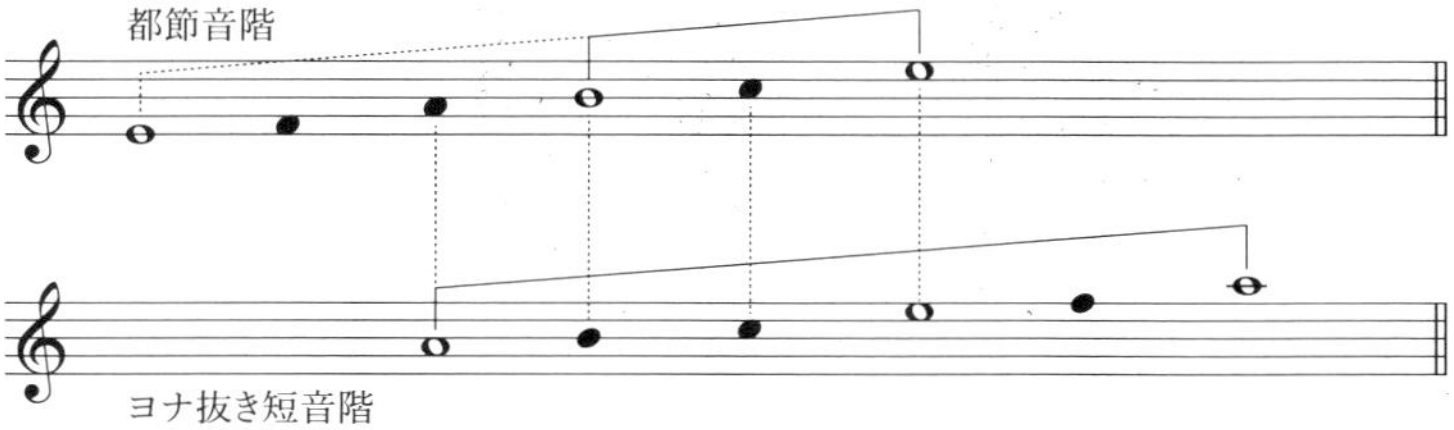

部だけ♪ラシドシラと短音階化することで、全曲を短音階の和声で伴奏している。

本居は、大正九年（一九二〇）の「新日本音楽大演奏会」で、この曲を当時まだ八歳だった長女の本居みどりに歌わせて大成功をおさめ、以後、本居の童謡はみどりという優秀な歌い手を得て、音域も広く歌の技巧も高度なステージで歌われる大人の発想をもった芸術童謡として花開いていった。

いっぽう、中山晋平（一八八七〜一九五二）の作った童謡は、ステージでの童謡ではなく子供自身が歌う歌として、よい意味でのわかりやすさ、歌いやすさ、親しみやすさがこめられていた。音域も広くなく、転調もほとんどない。それゆえに、《シャボン玉》《兎《うさぎ》のダンス》《証《しょう》誠寺《じょうじ》の狸囃子《たぬきばやし》》など、いまなお子供たちに歌われているものが多い。

晋平の作曲した童謡は、音階としては七〇パーセント以上がヨナ抜き長音階を基礎とした作品だったが【4】、それでも、有名な作品の多くは伝統音階とヨナ抜き音階の融合した旋律によるものである。たとえば、《てるてる坊主》は前半の民謡音階によるわらべ歌的な旋律から、ヨナ抜き短音階へ巧みに移行しており、《あの町この町》も《鞠《まり》と殿様》も民謡音階を基本として、♪ターンタ、ターンタという日本のわらべ歌に多いリズムを使っている。

このように、明治維新から約半世紀がたって、当初の西洋音楽崇拝、輸入物真似の音楽への反省、また洋楽系作曲家たち自身が洋楽的技法の吸収に追われていた時代を終えて、ようやく本格的な日本と西洋の音楽の融合による新しい日本の音楽を作り出そうとさまざまな工夫をする時代となって、その成果のひとつとして現れたのが童謡だったのである。

❖童曲の音楽的特徴

次に、宮城道雄の童曲を音楽的に検証してみよう。

音階は、全体として都節音階を基本として作曲されたものが多いが、これは、もともと箏や三味線の音楽は都節音階で作曲されたものが多いので、とうぜんである。ただ、基本的には都節音階でも、終始部で♪ラシドシラや♪ミドシラなど短音階化して短音階の和声を付けた曲もある（《チュンチュン雀《すずめ》》〔c129〕《春の夜《よ》の風》〔c126〕など）。また、都節音階とヨナ抜き短音階で作曲したり（《雨》〔c078〕など）、ヨナ抜き長音階と日本の伝統的な音階で作曲した曲もある（《蜂》〔c081〕など）。さらに、《二軒の雨だれ》〔c151〕では全体としては都節音階だが、途中で三部合唱になったところで、短音階の和声が響くように工夫した作品もある。つまり、前述の本居長世や中山晋平など同じように、さまざまな工夫によって、道雄も伝統的な音階とヨナ抜き音階など西洋の音階とを融合した童曲を作曲したのである。

そして、童曲のなかでも演奏会でよく演奏されたり、レコード化されたものは、もちろん都節音階による童曲もあるが、あんがいヨナ抜き音階やそれを含む音階による作品（《ワンワンニャオニャオ》［c170］《夜の大工さん》［c104］など）や、西洋の長音階から短音階へ転調しつつも都節音階の旋律法を含ませた《チョコレイト》［c130］など、童謡運動の童謡と似たタイプの作品に人気があったことがわかる。

さらに、童謡運動で音楽的にさまざまな工夫がされたものの、じっさいに当時の子供たちに人気があった童謡は、唱歌とあまり変わらないタイプのもののほうが多く、子どもの歌は明るく健康的であるべきで、それには西洋音楽のスタイルがふさわしくて、ただそれを唱歌よりも音楽的に表現力の豊かなものにすればよい、という考えが一般の人にも、童謡の作曲家自身にもあったともいえる。だからこそ、中山晋平の作品でも、唱歌スタイルのほうが圧倒的に多かった。それはとりもなおさず、唱歌教育が日本人の音楽的感覚として根づいてきたことを意味する。

そして、道雄は唱歌スタイルの作曲もした（《ささ舟》［c120］など）。こうした曲は当時としては、かなりモダンな印象を人々に与えて一般に人気があった。道雄は、童曲の作曲について都新聞【5】で次のように語っている。

明るくて、無邪気で品がよいといったもので、その上に現代の日本人としての感情を盛り込むのです。〔中略〕覚え易い曲であるといふことが最後に大切なことです。その為私は彼等が日頃接してゐる小学唱歌に近いものを狙《ねら》って居ります。

唱歌教育によって、人々の音楽的感覚が変わってきたため、道雄もそれにふさわしい音楽を作曲したものの、それが「洋楽の安易な模倣」などの批判を浴びることにもなったわけだが、この点については後述する。

❖ステージ用の童曲

宮城道雄とコンビを組んで多くの童曲を創作した葛原しげるの代表作に、《夕日》（室崎琴月《むろさききんげつ》作曲）がある。

ぎんぎんぎらぎら夕日が沈む　ぎんぎんぎらぎら日が沈む
まっかっかっか空の雲　みんなのお顔もまっかっか
ぎんぎんぎらぎら日が沈む〔第二節略〕

このように、擬音、擬声、擬態語を多く使う調子のよさと言葉遊び的なおもしろさが葛原の詩の特徴だが、道雄は葛原の歌詞にみあう描写性に富んだ曲作りをした。もともと、道雄も尺八で汽車の出るところをまねたり、箏で機関銃の音をまねたりと、擬音・擬声の達人だった。そこで、ふたりの童曲には箏で木魚をまねたり（《お宮とお寺》［c176］）、胡弓で犬や猫の鳴き声をまねるもの（《ワンワンニャオニャオ》）などがあるが、それらは大いに聴衆にウケた。昭和九年（一九三四）二月の演奏会では、初めは堅苦しかった演奏会場の雰囲気が、《ワンワンニャオニャオ》の胡弓によるとつぜんの犬の鳴き声で一変して、笑いの渦《うず》、嵐のような喝采で場内が沸《わ》いたという【6】。

道雄は手ほどき曲として童曲の作曲を始めたが、しだいにそれは手ほどき曲以上の意味をもつようになる。ステージ用童曲の作曲である。

大正になって子供の歌がこれほど人々の注目を集めた理由には、当時の時代風潮がある。日本では明治の終わりごろから都市化が進むことで誕生した都市の中産階級が、従来のように子供を労働力としてみるのではなく、未来の財産とみるようになって子供に対する価値観が変化した。この傾向は大正三年（一九一四）に始まる第一次世界大戦の好景気によって急速に進むことになる。百貨店は子どもを対象とした催し物をさかんに開き、教育に関心が寄せられるようにもなった。さらには、当時西欧でおこっていた自由主義的教育思潮、つまり従来の主知主義的な教育に反して、子どもの自由な精神作用や自主的な活動を重視し、それによって創り出される表現の喜びに着目するという考え方が、明治の後期から日本にも波及し、それは情操教育として教育界のみならず芸術界からも注目されだしたのである。

また、大正デモクラシー的世相、つまり日露戦争後あたりに端を発する民主主義的・自由主義的傾向も大きな要因となった。日露戦争後、さまざまな矛盾が噴き出し、社会運動などがおき、それが国民一般の生活にまで波及することを恐れた官僚勢力は、「精神的維新」の掛け声のもとに文学・演劇への弾圧など文化統制をおこなったが、それに対して都市民衆から自由要求の声があがったのである。文化の世界に現れたデモクラシー的傾向として、画壇では横山大観らの日本美術院や土田麦僊《ばくせん》らの国画創作協会、また洋画の二科会が、主流であった文部省展覧会（文展）に叛旗《はんき》をひるがえした。文壇では自我や人格の確立を主張する白樺《しらかば》派の隆盛である。白樺派は教育の分野でも活動し、児童文化に強い関心をもつようになった。こうした流れのなかで童謡が生まれ、そして道雄の童曲も人々から注目を浴びたのである。

道雄はステージで聴衆に聴かせることを意識した童曲も作曲するようになった。じっさい、道雄の演奏会ではプログラムのなかに童曲が含まれることが多く、前述のように、それらは大いに聴衆にウケた。子供が弾き歌いできるような簡単な箏の旋律とは別に、かなり高度な技術を要する伴奏箏や尺八、胡弓が付いたものが、そうした作品の代表である。

❖愛娘よし子——元祖童謡アイドル

本居長世の童謡が三人の娘の存在によって、ステージで歌われる芸術童謡として開花したのと同様に、道雄にもすぐれた歌い手たちがいた。妻貞子の姪たちである。

最初に入門したのは大正七年（一九一八）一二月に一四歳で上京した牧瀬喜代子（一九〇五〜一九九二）で、第一回目の演奏会に出演して、童曲《おさる》《春の雨》《文福茶釜》を歌っている。ただし、喜代子の場合はその後、箏・十七絃・三味線奏者として道雄を支えることになる。もうひとりは牧瀬数江（一九一二〜二〇〇五）で、大正一〇年（一九二一）、一〇歳のときに貞子の勧めで上京して道雄に入門した。この年におこなわれた「第三回宮城道雄作曲発表演奏会」で、さっそく童曲の《梅と鶯《うぐいす》》[c053]《おうむ》[c018]を歌って初舞台を踏み、その後も童曲の歌手として活躍した。道雄の死後は姉の喜代子とともに宮城姓を継いで宮城宗家として一門を率いることになる。

そして、昭和五年（一九三〇）に上京して、翌年、道雄の養女となったのが、牧瀬姉妹の妹よし子であった。

道雄夫妻、牧瀬姉妹、吉田晴風ほか総勢七名は、昭和五年（一九三〇）元旦、前年からの招聘に応えるかたちで韓国での演奏旅行に向かった。翌日の早朝に広島へ着いた道雄と晴風は、午後二時から《春の海》を放送初演したあと、関釜《かんぷ》連絡船で韓国へと向かい三日の夕方にプサンに上陸した。一行は当地で大勢の人の出迎えを受け、歓迎会、演奏会をこなしたあと、翌々日にはソウルへと向かったのである。そして、夜のソウル駅へ降り立った面々を向かえたのは、零下二〇度という極寒のなかを待っていた駅を埋め尽くさんばかりの人々だった。連日連夜、歓迎会、演奏会、放送と多忙をきわめた過密スケジュールの合間をぬって、道雄は喜代子、数江姉妹の両親と初めて会う。そのとき、道雄らを出迎えた牧瀬夫妻のそばに、ひとりのかわいい少女がいた。数江が上京するときに母が身ごもっていた妹のよし子である。貞子はこの少女のあどけない笑顔に魅せられ、宿に戻ってから道雄につぶやいた。

私たちも結婚してもう一一年になります。でも、まだ子どもは授かっていません。私ももう若くはないですし、思いきって、姪のよし子を養女にしませんか。

しかし、道雄は反対した。子供を生んだことも育てたこともない貞子にはたして子どもを育てられるだろうかと心配だったのである。それでも貞子は「育ててみせる」という。道雄が思い悩んでいると、当のよし子が姉たちのいる東京へ出て、お箏の勉強をしたいと言い出し、道雄もとうとう折れて、よし子を連れて帰ることにした。

韓国での演奏会をすべて大成功のうちに終わらせた一行は、帰途、松山と小倉で演奏会をおこない、別府温泉の湯につかって疲れを癒《いや》したのちに東京に戻ったが、この間に、よし子はす

笑顔で童曲《ワンワンニャオニャオ》を演奏する道雄。胡弓は３弦の宮城胡弓（昭和20年代）

っかり道雄になついていた。道雄もよし子の無邪気な笑い声、子供らしさに心をひかれていったのである。よし子が八歳、道雄が三五歳という年齢差は、自然と二人のあいだに親子の情愛をはぐくんだのであろう。翌昭和六年（一九三一）の春には正式に養子縁組を取り交わして、牧瀬よし子は宮城よし子となった。そして、その後もよし子は道雄に無心に甘えて、本当の父として慕《した》うようになり、道雄もよし子がかわいくてたまらなくなっていったのである。

道雄は戦前、昭和一三年（一九三八）ごろまでは、ほぼ毎年童曲を作曲していたが、とくに昭和六年は一三曲ともっとも多く作曲している。じつは、童謡運動じたいは昭和に入ると衰退の一途をたどって、昭和四年には、『赤い鳥』が休刊、『金の星』も終刊するなど多くの雑誌が姿を消し、このころは、もうかなり下火になっていた。道雄がこうした流れとは関係なく、この時期にもっとも多くの童曲を作曲した理由のひとつに、よし子の存在があったのではないだろうか。

よし子は早くも昭和六年三月、桐生竹友会《きりゅうちくゆうかい》主催の「作曲披露慈善演奏大会」に出演して、《赤い牛の子》[c168]《柿の種と握り飯》[c169]《ワンワンニャオニャオ》を歌っている。その一カ月後には、これら三曲のレコード録音までおこなった。

じつは、《柿の種と握り飯》も《ワンワンニャオニャオ》も胡弓が効果的に使われることで有名なために、これまで最初から胡弓入りで作曲されたものと思われていたが、桐生の初演時には胡弓はなく、レコード録音のときから入れられたものである。これも道雄がある種の童曲をステージ用、鑑賞用と考え、より聴衆を楽しませる工夫をしていたことの表れといえよう。

ところで、下火になった童謡運動だが、これはその後、山田耕筰が作った《ペチカ》や《待ちぼうけ》など、音楽的には歌曲と同質の芸術童謡と、《うれしいひなまつり》や《かもめの水兵さん》のように、当時広まりつつあったレコードという媒体で普及する子供の流行歌的なレコード童謡とに分化していった。

道雄の童曲も、昭和三年（一九二八）以降その多くがレコード化されたが、ここでもよし子は大活躍した。その歌唱力も表現力も、本居みどりと同様にすばらしく、須永克巳は次のように評している。

よし子嬢の歌はだんだんに舞台にもなれ、声の張りも出てきて、よく歌うようになった。いままでは強弱緩急よく板について手に入ったものである。曲の無邪気な滑稽味《こっけいみ》と相まっていつも大喝采を博する。

さらに、よし子の愛らしい容姿は雑誌のグラビアを飾るようになる。その後の小鳩くるみ、松島トモ子といった童謡アイドルの先駆的な存在でもあった。そんな「アイドル」よし子と「スーパースター」宮城道雄とのコンビを、レコード会社が放っておくわけがなかったのである。

しかし、童曲のわかりやすさ、また唱歌のような旋律に対する違和感からか、識者の反感をかうこともあった。内田百閒ら友人にも不評だったが、それでも道雄は童曲を作曲し続けた。道雄の絶筆となった作品は、葛原しげる作詞の童曲《葉げいとう》[c423]であった。

箏曲人口の底辺をひろげるため、あるいは、よし子というすぐれた童曲歌手がいたことなど、その理由はいろいろと考えられる。しかし、なによりも大きな理由は、道雄自身の「遊び心」にあったのではないだろうか。道雄は童心に返って音の世界に遊ぶのが楽しかったのである。そして、人々がそれを聴いて喜ぶのがうれしかったのであろう。道雄の童曲を演奏する舞台写真はどれも楽しそうに微笑《ほほえ》んだものばかりである。

❖散っていった花――「夢」と《白玉の》

よし子は、その後、舞台と学業を両立させ、昭和一三年（一九三八）四月、東京音楽学校に入学、一六年三月には優秀な成績で卒業し、邦楽科卒業生総代を務めた。さらに研究科へと進み、一八年三月に修了。そのまま同校の教員となる。そして、道雄の門人であった小野衛《まもる》と結婚したのである。

三月二五日に帝国ホテル「孔雀の間《くじやく》」で執りおこなわれた披露宴は各界名士を多数招いて、物資が不足していた戦時中とは思えないほど盛大なものだった。ところが、披露宴も終わりに近づき、いよいよ熱海《あたみ》へ新婚旅行に出発する間際になって、よし子は道雄の手を握りしめ、「お父さんのそばを離れるのはいや」と言って泣きだしたのである。道雄は「バカなことを」と叱った。その場にいた吉川英史は結婚式の涙は不吉だというのを思いだして、なにか気がかりだったというが、もちろん二人は機嫌よく熱海から帰ってきて、道雄もほっとしたのである。

それから五カ月ばかり過ぎた八月の半ばごろ、よし子がとつぜん発熱し、急遽聖路加病院《きゆうきよせいろか》に入院した。流産しかけているというのである。検査の結果、粟粒結核《ぞくりゆう》と診断され、貞子はつきっきりで看病した。道雄も少しでも長くよし子のそばにいてやりたかったが、仕事と不自由な身がそれを許さなかった。病状は一進一退を繰り返し、病院からの電話に一喜一憂した。なんでも好きなものを食べさせてやりたい一心から、戦時中の物不足のなか、必死で捜しまわり、鮎《あゆ》の塩焼を手にいれて病室に運んだこともある。道雄も祈り続けた……。

けれども、その祈りはきき届けられることはなかった。九月二九日の夜、よし子は皆の願いもむなしく、二一歳の若さで永遠の旅路へと去って行ったのである。

道雄がよし子の死後つづった随筆「白いカーネーション」[y260]は、童曲を歌うよし子から始まる。

よし子は小さいときから、童謡を歌って私と一緒に演奏会に出た。私が台の上へ箏をのせて、腰をかけて弾いていると、台のすれすれのところに、あの子の声が聞こえるので、その背が小さいかわいさを私は感じた。

その後、幼いころの思い出、結婚してわずか五カ月で入院してしまったこと、闘病中の様子、そして帰らぬ人となってしまったことを、じつに淡々とした筆致で綴っているが、よし子が道雄を誰よりも慕い、二人が血のつながった親子以上の強い絆《きずな》で結ばれていたことが切々と伝わってくる。

よし子に対する道雄の思いが記されたものは、この随筆のみであると長く思われていたが、その後筆者は道雄直筆の点字資料を調べていて、別に二点を発見した。

ひとつは、「夢」[y527] と題された随筆の点字原稿で、よし子の夢をたびたび見ることと、その夢のひとつを記したものである。点字原稿では、「耳の日記」[y470] として〈友情〉〈虫の音《ね》〉そして、この〈夢〉の三編で構成されていた。しかし、昭和二三年（一九四八）二月の『文藝春秋』第二六巻第二号での「耳の日記」発表時には、〈夢〉だけは収録されず、以後、〈夢〉は除外され続けた。筆者が責任編集を務める『宮城道雄著作全集』において初めて収載されたのである。

もう一点は、《白玉の》[c337]と題された点字楽譜で、箏と笙《しょう》、それに歌で構成された作品である。歌詞は佐佐木信綱《のぶつな》によるものだが、信綱の歌集には収録されていない。佐佐木信綱記念館に問い合わせたところ、信綱はよく歌を贈ったので、これも道雄に個人的に贈ったものだろう、ということであった。以下に、信綱の門人で晩年の秘書でもあった村田邦夫が漢字かな表記したものと口語訳を記す。

白玉の　小琴《おごと》の調べ　美《うるわ》しみ　天《あま》つ宮《みや》にし　召されましけむ
秋の雨　涙の如《ごと》も　降りそそぐ　ちちのみの父の御嘆《みなげ》き　思ふに
［あのお人のお琴のすばらしさに、神様の御殿に、（神が）お召し遊ばしたのであったろうか。／折からの晩秋の雨が、私に降りそそぎます。御父君のおなげきの涙を思いますにつけ……］

この楽譜は、『宮城道雄音楽作品目録』（宮城道雄記念館、一九九七）を作成するために道雄の点字楽譜を調査していて発見したものだが、点字を読んでいってハッとさせられた。それは楽譜の末尾に「昭和二十年　よし子三回忌に作る／みちを」と記されていたからである。作曲年月日を記したものはいくつかあるが、こうした文章と署名がある楽譜をこれまで見たことがなかったからである。

道雄はなぜそっと署名だけして発表しなかったのであろうか。自分の思いとともにひっそり

左より喜代子、数江、貞子、道雄、よし子

とそのままに——という気持ちだったのだろうか。

しかしながら、それにしては、いつになく克明に楽譜が書かれている。あまりに思いが深くて、当時は発表するのを控え、自らの死後、誰かが見つけたときに演奏できるようにとの思いが、このていねいに書かれた楽譜にこめられていたのであろうか。この作品は平成一〇年（一九九八）一〇月一日、宮城道雄記念館の「宮城道雄とよし子——まぼろしの名曲《白玉の》公開演奏」において初めて公に演奏された。

第9章◉教授法の近代化

❖口伝から楽譜へ

宮城道雄は楽譜の活用、さらには手ほどき曲としての童曲を利用した教則本の発行などによって合理的な教育法を確立し、伝承や教授法という点においても積極的に改革をおこない、その近代化をはかった。

もちろん、道雄自身が入門した明治三五年（一九〇二）ごろは、まだ江戸時代の慣習のもとにあった。じっさい、道雄もまさにそのなかで修業を積んだひとりである。たとえば、寒稽古では、寒中に戸や障子を明け放して、それまでに習ったなかでいちばんむずかしいものを百遍、千遍と繰り返し演奏し、手に感覚がなくなると水に手を付けてふたたび弾き始め、しまいには指から血が出るような稽古をおこなった。

このような日本ならではの慣習は、やがて一般におこなわれなくなっていったが、道雄の場合はもっと根本的な部分での改革をおこなった。つまり、口伝《くでん》による伝承から楽譜による教育への変革である。

伝統的な地歌箏曲では、教習の中心は曲を覚えさせることにあり、門弟は曲を覚えることに多大な時間と金銭を費やした。秘曲、秘伝などといった言葉からもわかるように、従来の伝授体系では曲が教授者、つまり師匠の財産として重要な意味をもっていたのである。道雄自身も伝授された曲をみだりに演奏したり、無断で伝授しないという内容の誓約書を入門のさいに師匠に提出している。当時の地歌箏曲界の免状はそこに記された、まだ習っていない曲を習うことを許すという意味のもので、免状料は、これから習う曲という、いわば師匠の財産に対する代金ともいえる。もちろん、ここでの財産は著作権とは異なる。したがって、とくに新しい曲や人気の高い曲などに対しては「許し物制度」として、曲のランクに応じた金額も決められていた。そして、道雄自身は時代的にも、また、盲人だったこともあって、従来の伝授体系のなかにどっぷりとつかって修業を積み、少年時代には、前述のように師匠の代稽古として毎日弟子のもとへ行って、曲の伝授、つまり弟子に曲を覚えさせることで生計を立てていたのである。

しかし、道雄は従来の口伝や秘伝というものが地歌箏曲、ひいては日本音楽の普及、国際化を阻《はば》んでいると考え、楽譜による伝授の必要性を説き、そして実践したのである。その結果、道雄の場合、曲は楽譜で覚えさせ、そこから先のテクニックや音楽作りなどの教育、すなわち作品を音楽としてどのように演奏するかという、より高次元での教育をめざした。これは近代的な西洋音楽の世界ではあたりまえのことだが、日本の伝統音楽においては革新的な教育法であった。

このことは、当時の東京音楽学校の学生が、「私達の不用意な爪のひと当りにも細かい注意をかけられ、正確な音律の会得《えとく》と、独習の便《べん》を与えられるために、ことのほか楽譜に力を注がれました」【1】と証言していることからも明らかである。道雄自身も「在来の暗記法は実に無理である」として、楽譜導入の必要性を述べている【2】。西洋音楽を点字楽譜で独習するなど、道雄自身が楽譜の利便性を熟知していたからこそ、楽譜による教育を普及させようと考えたのであろう。

もちろん、日本の音楽にも昔からさまざまなタイプの楽譜があり、その出版もおこなわれていた。しかしながら、その多くは備忘録的な意味合いのほうが強くて、西洋の楽譜とは本質的に性格が異なるものであった。とくに、地歌箏曲の場合、江戸時代の教授者といえば盲人しかありえなかったため、出版物は基本的にアマチュアが使うもので、楽譜よりも歌詞のみが記された「歌本」の類のほうが圧倒的に多かったのである。

やがて、明治四年（一八七一）の当道の廃止によって、目の見える教授者も現れるようになり、三曲界でも楽譜が出版されるようになった。尺八の中尾都山は独自に考案した記譜法による楽譜を明治三一年から出版している。また、大正二年（一九一三）創立の大日本家庭音楽会は、伝統的な記譜法をもとに考案した「家庭式」と呼ばれる楽譜を出版し、大正四年創立の博信堂は横書きの楽譜を出版したのである。大正四年ごろには、岡田卓次の十三線式、楯山登の六線式の箏譜なども考案されて、さまざまなタイプの楽譜が生み出された。現在、箏曲の大会派のひとつである正派邦楽会の創始者、中島雅楽之都は、大正七年に独自の記譜法による箏曲楽譜を公刊した。けれども、その楽譜はすべて返品されたという。雅楽之都は四畳半の部屋いっぱいに積み上げられた楽譜を前に、この楽譜を稽古に使ってくれる人たち、つまり自分の門人を作ることが先決であることを悟ったと回想している【3】。

このように、このころすでにさまざまな記譜法による楽譜が出版され始めていたが、雅楽之都の楽譜がすべて返品されたように、こうした楽譜を使う進歩的な存在はけっして主流とはいいがたく、まだまだ従来の伝授体系が続いていたのである。ちょうど大正から昭和の始めにかけては、過渡的な時期であったと考えるべきであろう。

こうした状況のなか、道雄も昭和二年(一九二七)に大日本家庭音楽会から家庭式の楽譜をもちいて楽譜を公刊し始めた。道雄自身は盲人だったため、点字の邦楽譜を作るさいには尽力した形跡があるものの、一般的な楽譜にかんしては、雅楽之都らのように新たに記譜法を考案することはなかった。けれども、それがかえって功を奏した部分もある。というのは、家庭式の楽譜は、すでにあるていど普及していたので、一般にも受け入れやすいという利点があったからである。

❖免状制度の改革

楽譜を公刊すると、誰でも楽譜で曲を覚えることができるので、もはや曲は師匠の財産ではなくなる。そこで、楽譜出版の先駆者であった中尾都山は明治四一年(一九〇八)、いちはやく従来の免状にかえて、「准《じゅん》師範」「師範」という教師の資格をもつ者であることを証明する免状制度、つまり、学校の卒業証書や教員免許状のような意味合いの制度に改め、そのうえ、その取得という技術グレードの認定には、試験制度を導入したのである。まさに和洋融合によるユニークな伝承体系を確立したことになる。こうした新しい伝承体系を可能にしたのも、明治四年に普化《ふけ》宗や当道という従来の伝承組織がいっきに崩壊したため、旧体制を維持しようとする力、過去とのしがらみも薄く、まったく新しい体制が作りやすかったことによるものである。正派邦楽会も大正一三年(一九二四)から試験制度による職格制度を開始している。

いっぽう、道雄は大正一〇年(一九二一)に「生田流箏曲伝授書」、また、翌一一年に「野川流三絃伝授書」という伝統的な免状を「当道音楽会/大検校宮城道雄」として「当道音楽会長/従一位《じゅいちい》久我《こが》通久《みちつね》」の署名と押印付きの正式なかたちで出しているものの、上京後は、ほかに免状を出した形跡がない。おそらくこの二通も弟子の求めに応じたものであろう。ただ、韓国にいたころは、大正四年に宮城姓を名乗って以後、玄人《くろうと》の弟子に「宮」の字を与えて、篠原は

「宮原」、末富は「宮富」としていたので、伝統的な免状を出していた可能性はあるが、上京してからは、こうした芸姓を与えることもなかった。

ところが、昭和に入り門人が増えだし、さらにそのまた門人、つまり孫弟子も増えだすことによって、免状や資格を求める弟子が現れ、道雄も免状制度について検討せざるをえなくなってきた。門人にしてみれば、一定の曲を修めた証《あかし》としての免状、あるいは、人に教えるときにもなんらかのかたちで資格や肩書があったほうが好都合だったのであろう。

そこで、雑誌『三曲』の主筆であった藤田俊一に相談し、藤田は都山流や正派邦楽会を参考にして制度を作り上げた。道雄は藤田の提案には賛成したものの、金銭を取って免状を与えることには断固反対した。これに対して、藤田は、

ただで教えたら覚えないし、月謝をただにするわけにはいかないのと同じで、昔から金を取ってやってきていることだ。また、それが専門家になる人たちのひとつの利益のタネにもなることで、昔からよく考えた名案である。学校のように修了証書一本で、サヨウナラというのは、整理の上では都合がよいかもしれないが、こういう芸の上では、昔のやり方にもよい所があるのだから、よい所は取った方がよい。【4】

と言って説得し、道雄もできるかぎり低廉《ていれん》な免状料でということで承諾した。こうして、昭和

八年（一九三三）に免状制度は制定されたのである。

道雄としては、より合理的な新しい制度をめざしたのかもしれない。ある雑誌のなかで、「しかしまだ、邦楽には封建的な関係が残っています。また私たちがこうした関係を打ち破ろうとしても、周囲の目がそれを容易に許さない、ということもいえましょう」と語り、さらに「名取《なとり》」という制度も、名取でないと世間の信用がないという風潮によるなどと続けている【5】。そして、道雄は生涯、自らを家元などと称することはせず、免状や修了証も「宮城道雄」名のみで発行した。さらに、弟子に芸姓を与えることもなく、各人が本名で活動することを推進したのである。

❖東京音楽学校教授から東京藝術大学講師へ

昭和五年（一九三〇）二月、宮城道雄は東京音楽学校（現・東京藝術大学音楽学部）の講師に任命された。四月から同校選科に生田流箏曲も設置されることとなったからである。東京音楽学校では、紆余曲折《うよきょくせつ》はあったものの、結果的に西洋音楽教育一辺倒となり、明治三一年（一八九八）にようやく選科として山田流箏曲だけが設置されていた。それが、昭和五年四月から生田流箏曲も開講することとなって、道雄が講師に任命されたのである。

道雄は次のように、抱負を語っている。

とにかく、箏曲としての基礎をしっかり作り上げて、教育法としては、それに出来るだけ箏の深みを知らせていくつもりでおります。〔中略〕卒業後は専門家として立ち得るように致す方針で、そこで組織だった箏教育として大いに研究致しております……。【6】

そして、昭和一一年（一九三六）に本科邦楽科がようやく設置されて、翌年、道雄も教授に就任するのであった。目が不自由だったために小学校さえ入学することもできず、つらく悔しい思いをした道雄が、三五歳にして学校の教壇に立つことになったわけであるが、初めて経験する学校や学生との関係を、道雄は楽しんだようである。

たとえば、学期末には茶話会《さわかい》を開いて、学生とお茶を飲みながら楽しく話をしたり、また、いつも手引きをしている喜代子の都合が悪くて、研究科の学生が手引きをして帰ろうとすると、タクシーを呼んできた下級生二、三人が「一緒に乗りたい」と言ってタクシーに乗りこんで、道雄の足もとにしゃがみこんでしまったときも、それを制するどころか道雄はクスクス笑って、家のそばに着くまでみんなととても楽しそうにしていたという。

ひじょうに学生思いでもあった。廊下などで西洋音楽系の教師と会うと、道雄は「生徒をよろしくお願いします」という。当時、邦楽科の学生というか、邦楽じたいを蔑視《べっし》するような教師がまだいたからである。またさらに、修了演奏のリサイタルをする学生の楽屋に来て、いろいろ楽器の調子をみてアドヴァイスをするなど気づかった。卒業後も、ある教え子がＮＨＫの新人紹介で放送をするためにスタジオでリハーサルを終えて、ふとミキサー室を見ると、道雄が喜代子とともにいて、びっくりしたという。演奏旅行から、そのまままっすぐに来ていたのである。いよいよ本番という直前にスタジオに入ってきた道雄は、調弦をちょっとみて少し弾いて、また、すっとガラスの中にもどった。初めての放送でドキドキしていたのが、ほっと落ちついたという[7]。

こうしたエピソードからも、行きたくても行けなかった学校、また学生に対する道雄の思いはひとしおだったことがうかがえる。

ところが、第二次世界大戦後に、東京藝術大学から邦楽科を排除しようとする一大事件が起こる。戦後の学制改革の構想が練られたさいに、西洋音楽重視、邦楽軽視の傾向が敗戦によっていっそう強くなり、東京音楽学校と東京美術学校が合併して東京藝術大学を設立するにさいして、音楽学部は洋楽だけにして邦楽科は併設しないという案が昭和二三年（一九四八）に文部省へ提出されたのである。これに対して、邦楽科の教官・卒業生・在校生は、「邦楽科設置実行委員会」を結成して抗議行動を起こした。もちろん、道雄もその有力メンバーであった。二度にわたって小宮豊隆《とよたか》校長との直接折衝《せっしょう》がおこなわれたが、いっこうに解決する気配がなかったため、文部省や国会にも陳情した。ただでさえ西洋音楽に圧倒され、自国の音楽に劣等感を抱く風潮に、このうえ、国立大学から邦楽科が締め出されると、その社会的影響は絶大なものになるとの危機感をつのらせたからである。また、この年一二月には邦楽科教官一同が総辞職をしたが、これは、この運動が自分たちの地位や肩書を守るためのものとの新聞や雑誌による批判や誤解を正すためであった。しかし、解決のきざしは見えず膠着状態が続いた。そこで、翌二四年春には占領軍の管轄《かんかつ》下にある米民間情報教育局（ＣＩＥ）へ陳情に行き、それからほどなく、小宮は衆議院文教委員会の喚問を受けて、この会によって邦楽科の設置が評決されたのである。

こうして、邦楽科は他科から一年遅れて二五年（一九五〇）四月に箏曲科と長唄科だけではあったがスタートした。ただし、道雄は教授から講師に降格され、一〇歳年下で二〇年四月から講師に降格されていた中能島欣一が箏曲科主任教授となるという少々不自然な人事がとられた。

邦楽科設置問題はマスコミにも大きく取り上げられ、新聞・雑誌・ラジオなどでの論戦が続いたが、道雄はその論争にも、「洋楽器と邦楽器の性能とか芸術的価値とかは、直ちに比較することはできない」【8】として加わり、また、文部大臣や文教委員の前でのデモンストレーション演奏など積極的に活動したうえに、有名人であり、マスコミもなにかというと「宮城教官ら……」と書き立てたために、反対派の急先鋒とみなされての処遇だったのかもしれない。吉川英史は、道雄が講師にも採用されないといううわさまで立ったと記している【9】。いっぽう、東京藝術大学音楽学部長の加藤成之《よしゆき》は、道雄の死の翌日、「宮城道雄氏の死を悼《いた》む」で、道雄自身が定員の関係で教授職を他者に譲ったと記した【10】。

昭和二三年（一九四八）に五四歳という若さで芸術院会員に列せられていた道雄にしてみれば、藝大教授に固執する必要はなかっただろう。それどころか、こうした藝大での処遇とは裏腹に道雄の人気はうなぎのぼりで、仕事は増えるいっぽうであった。演奏旅行から夜行で東京に戻って、その足で学校に行くこともしばしばで、喜代子に手を引かれて上野公園を走る道雄の姿が目撃されている。むしろ藝大教官はかなり負担だったはずである。それでも、道雄がふたたび学校に通うことにしたのは、自分をひたすら待ち続ける学生たちのことを思い、教えてやりたい一心からだったのであろう。当時学生だったある演奏家は、「宮城先生は『一教官でいいから、生徒には早く教えたい』ということで、戻ってきてくださったんです」と、いまも感謝している。なお、藝大は道雄の死後、昭和三一年六月二三日付で道雄を教授に任命した。

❖ラジオ講座と教則本の開発

東京音楽学校に奉職した昭和五年（一九三〇）の八月にラジオ放送による箏曲講座が開始され、道雄はその講師に就任した。かつてＮＨＫテレビで放送されていた「ピアノのおけいこ」などのようなマスメディアによる楽器講座の先駆である。また、翌六年三月からは東京盲学校講師も兼任することとなり[11]、このころ、偶然にも教育的な仕事、それも多くの初心者を含むものが急増した。がんらい、教育は地味な仕事である。作品として残るわけでもなく、演奏のようにスポットライトが当たることもない。そのうえ、なかなか効果もあがらない。それでも、道雄はむしろ進んでこの地味な仕事に力を注いだのである。

ラジオ箏曲講座は童曲を講習する三〇分番組で、八月二五日から現在のNHKラジオにあたるJOAKとJOBKから一二回にわたって放送されて好評を博し、その後も昭和七年（一九三二）、九年、一二年、一六年と内容を変えつつ放送された。毎回テキストとして楽譜も発行されたのである。

ちなみに、道雄は大正一四年（一九二五）三月一日のラジオ試験放送第一日から出演し、その後もラジオ講座、海外との交換放送などさまざまなかたちで出演した功績によって、昭和二五年（一九五〇）に第一回放送文化賞を受賞している。

さて、これらラジオ用のテキストのうち昭和七年と九年のテキストをもとに作成されたのが、『宮城道雄小曲集』という教則本である。もっとも道雄は、ラジオ講座を始める前から、練習曲を体系的に配列した教則本の必要性を感じていて、昭和五年一月に発行された著書『箏曲』のなかで、「教授法に就《つい》て」という章をもうけて、体系的な教育法と教則本の必要性を説いている。そして、昭和七年五月二〇日に最初の教則本である『箏曲楽譜　宮城道雄小曲集　第二集』を発行して以来、全部で三冊の教則本を発行した。それらはまったくの初心者がごく自然に、段階的に箏や三味線など地歌箏曲の技法を会得できるように構成されたもので、「練習」と題された歌のない楽器の手法のみを学ぶ小曲と、歌のある小曲を適度に配して、徐々に難度を上げていくという、じつにシステマティックなものであった。

道雄の『小曲集』以前に、箏曲の教則本的なものがまったくなかったわけではない。最初期の箏の入門書としては、明治二一年（一八八八）に発行された文部省音楽取調掛撰の『箏曲集』がある。この曲集は西洋の記譜法である五線譜により、弾き歌いによる曲が一四曲と箏独奏曲《六段の調《しらべ》》が収められている。四曲の新作以外はすべて江戸時代以来の既存曲の歌詞を変えたものである。ただし、江戸時代の手ほどき曲から始まってはいるものの、入門書としては難度がとつぜん高くなりすぎている感がある。そのほか、明治三四年（一九〇一）一月の序をもつ菊好秋調《きくよししゅうちょう》（一八六八〜一九一三）の『箏曲教課書　新案楽譜』など入門書の類が出版された形跡はあるものの、いずれも教則本としての完成度は高いとはいいがたく普及することはなかった。

さて、昭和七年（一九三二）五月の『箏曲楽譜　宮城道雄小曲集』は、最初に発行されたものであるにもかかわらず、「第二集」となっていて、「第一集」が発行されたのは、約二年後の九年一〇月である。

じつは、第二集が発行される四カ月ほど前の七年一月二五日に、ラジオ・テキストが日本放送出版協会から発行されており、このテキストを練り上げ充実させたものが小曲集の「第一集」で、これはまったくの初心者向けのいわば基本編である。したがって、七年五月に応用編にあたる「第二集」を発行する時点で、すでに「第一集」発行の構想ができていたため、道雄は最初に発行した『小曲集』でありながら「第二集」としたのであろう。ちなみに、「第二集」に収められた曲は、すべて昭和六年、つまり出版の前年までに作曲されたもので、既存曲をまとめるかたちで先に第二集を出版したのち、ラジオ・テキストをさらに練り上げ充実させて、二年後に第一集を出したものと思われる【12】。

道雄は、前述の著書『箏曲』のなかで、初心者向けの体系的な教則本として、ピアノの『バイエル』や『チェルニー』にあたる歌詞のない手法中心の教則本、次に歌いつつ弾くための練習曲の必要性を力説している。つまり、教則本の作成にかんしては音楽取調掛撰『箏曲集』など日本製の既存教則本ではなく、西洋の教則本からの影響が大きいと思われる。じっさい道雄の遺品には、ピアノ教則本の『バイエル』やチェルニーの練習曲集、ヴァイオリン用教則本の『カイザー』などの点字楽譜がある。これらの楽譜をいつごろ手に入れたかは定かではないものの、こうした楽譜を研究した可能性はじゅうぶんにある。しかし、西洋の教則本をただまねるのではなく、箏曲の古典的作品をも演奏できるように作り上げたところに、その苦心と古典を重視する姿勢をみて取ることができよう。

さて、『小曲集』の内容だが、基礎編にあたる第一集は、すべての曲が箏曲の基本的な調弦である平調子《ひらぢょうし》で書かれている。歌のない「練習」で楽器の手法を学び、その手法で演奏する歌のある小曲を次に学ぶが、その「練習」はごく初歩的な右手の親指の練習から始まり、その他の右手の手法、押手《おして》など左手の手法へと進み、リズムも段階的に複雑なものになっていく。またこの曲集では、楽器の演奏技巧と同時に、古典的作品に欠かすことのできない歌が重視されている。地歌箏曲の場合、弾き歌いが基本だが、その点もじゅうぶんに考慮して構成されていて、それが二三曲の小曲である。はじめは歌の旋律が簡単で、そのうえ箏と同じ旋律を歌うが、しだいに箏とは別の旋律を歌うようになっていき、第一集すべてを習得すると、古典曲にもちいられる箏の手法と歌唱法を会得できるように構成されているのである。

応用編にあたる第二集には「練習」はなく、七曲の小曲で構成されていて、曲が進むにしたがって、より古典的な曲を弾き歌うように編集されている。終わりから二曲目の《富士の高《たか》嶺《ね》》〔c155〕では、手事の後半で柱《じ》（弦を支えて音高を定める可動式ブリッジ）を動かして平調子から半雲《はんくも》井《い》調子に転調する技法が現れ、最後の《海棠《かいどう》》〔c177〕は雲井調子による手事物で、歌も含めて古典的な作品である。

このように『箏曲楽譜　宮城道雄小曲集』は、古典の演奏技法の修得を最終目的として、綿密に練り上げられた完成度の高い教則本である。昭和一三年（一九三八）に久本玄智《げんち》が出版した教則本が、チェルニーのピアノ教則本にヒントを得て作られたもので、歌もなく古典的手法も扱わない教則本であるのとは対照的である。

道雄の場合は、西洋の教則本の影響を受けたといっても、それはあくまでも教則本としての理念の部分である。西洋音楽を取り入れて新様式の作曲に情熱を注いだ道雄ではあったが、教則本にかんしては古典箏曲の基本を重視し、箏の初歩から古典の技法までを修得できるように作成しており、その意味でも、このように完成度の高い教則本は、ほかに類をみない。

　また、昭和九年（一九三四）九月三〇日には『三絃楽譜　宮城道雄小曲集　第一集』も発行した。これも『箏曲楽譜』と同様に、歌のない「練習」と歌のある小曲を段階的に集成した三味線用の教則本で、小曲一四曲のうち、前半の八曲はすべてが『箏曲楽譜』の第一集と同じ曲で、合奏練習も可能なように構成されている。また、『箏曲楽譜』第二集収載の《笛の音《ね》》[c004]も、合奏可能な曲として『三絃楽譜　第一集』にはいっている。《うぐひすの》[c224]《霞《かすみ》立つ》[c225]など残り五曲は、すべてこの小曲集のために九年に作曲されたものだが、とにかく、箏と三味線両方の『小曲集』は、ひじょうに密接な関係にあることがわかる。『箏曲楽譜　第一集』と『三絃楽譜』はわずか半月しか発行日が違わないことや、両方の『小曲集』に載せるための箏と三味線の合奏用の曲を、この年に作曲していることなどから、これらはむしろ、ほぼ同時に作られていったと考えたほうが自然である。なお、『三絃楽譜』に「第一集」と記されているが、けっきょく、「第二集」は発行されなかった。しかし、内容をよくみると、『三絃楽譜　第一集』には『箏曲楽譜』の第二集の要素がすでに含まれているのである。

昭和５～12年のラジオ・テキスト

　ところで、ラジオ箏曲講座じたいが従来の伝授体系から考えると、画期的な企画であった。というのは、いくら初心者のみを対象としているとはいえ、ラジオという不特定多数への無料教授をおこなうことになるからである。こうしたことがおこなえたのは、宮城曲という従来の伝授体系とはなんらかかわりのない作品だったからであろう。そして、道雄自身も箏曲の普及をめざして、新しい教育法を求めていたからこそ、放送局の依頼に応じたのである。このラジオ講座は、テキストとして楽譜を使用したために、楽譜による教育というセンスの普及、そして宮城曲の普及、さらには宮城道雄自身の知名度の向上にも、結果的に大きく貢献したことになる。

❖新旧教授法の妙

このように、道雄は楽譜の導入や教則本の開発をはじめ、さまざまに新しい教育法を考案し、そして実践したが、その反面、自分自身が受けてきた旧来の教育法も否定していたわけではなかった。

道雄の師匠であった二代目中島検校は大阪の芸系のなかのいわゆる「菊筋」という派に属していて、地歌箏曲の伝承としては野川流の三味線組歌と古生田流の箏組歌を伝承していたので、道雄も修業時代は、まだこうした江戸時代以来の伝承体系のなかにいた。この箏組歌と三味線組歌とは、近世箏曲の祖である八橋検校や芸術的三味線音楽の祖とされる石村検校（?～一六四二）以来の、箏・三味線の最古典曲をさし、盲人社会における箏と三味線の規範的音楽である。先述の音楽取調掛撰『箏曲集』においても、一一曲目以降がすべて箏組歌とその替え歌、また組歌に準ずる重要な曲である段物の《六段の調》であるのは、こうした伝統にもとづくものと思われる。

道雄も著書『箏曲』のなかで、これら箏組歌の重要性を再三再四語って、「箏の聖書」として、少なくとも箏の専門家はかならず習得すべきもので、アマチュアといえども形だけでも学習すべきだと語っている。じっさい、韓国時代のおさらい会のプログラムをみると、専門家をめざす門弟には、箏組歌の教習を義務づけていたことがわかる。そして東京音楽学校でも、道雄は当初、基礎教育を重視するという観点から、箏組歌を教習したようである。しかしけっきょく、教習の中心となることはなく、人によってはまったく教習しない場合もあったという。吉川英史は、これは習う側の趣味によるところも大きかったのではないかと述べている。時代の流れに押し流された部分もあったのかもしれない。

また、自らの修業中は師匠が論理的に教えるというよりも、悟らせるような教育法をとっていたが、道雄はこれも尊重すべき教育法だと語っている。

じっさい、東京音楽学校の元学生は、「芸と言うものは教わるものではなくて、悟るものだ、あるいは、信念をもって弾きなさい、味のあるように弾きなさいなどと言われたけれども、当時の自分にとっては難しくて、途方に暮れる思いがした。しかし、いまにして思えば、自分で考えて音楽を作って行くことを習慣付けられたのだと思う」と語っている【13】。

また、盲人の弟子には、ことのほか厳しく旧来の伝授法をとり、ある弟子が、なかなか思うように演奏ができなかったとき、「それで専門家になるつもりか、それなら明日から来なくてもいい」と厳しく叱責《しっせき》したり、またあるときは、弟子の箏に合わせて弾いていた道雄が、その三味線を黙って置いてしまって、取りつくしまがなかったこともあったという。

盲人に対しては、地歌箏曲の道で生活の糧《かて》をどうしても得られるように育てなければという特別の思いがあったのであろう。そのぶん愛情も深く、生活全般にわたって自分の子供のように心配し面倒をみたという【14】。

このように、道雄はひじょうに合理的な教育法を考案して革新的な教育を推し進めてゆくいっぽうで、自身が伝統的な教習を受けてきたこともあって、新しい教育法では達成することのできない旧来の教育法の良さも身をもって感じていた。それゆえに、その両立を理想としつつも、ジレンマを感じていたのではないかと推測するのである。

第10章◉演奏における変革

❖古典を現代に甦らせる演奏

宮城道雄は演奏においても新生面を切り開いた。

それは音楽の流れを重視した推進力のある演奏である。テンポが速いということではない。「ノリ」のよい演奏である。道雄は音楽に内在するデュナーミクすなわち強弱法やフレーズ感を感得し、それを自然に表現するという、従来の古典的な演奏法とは異なる演奏によって人々を魅了したのである。それも自由の演奏ばかりではない。古典作品の演奏においても、この前へと進む感覚をもった、ある意味西洋音楽的な演奏法が貫かれた。

オペラ《修善寺《しゆぜんじ》物語》の作曲家として有名な清水脩《おさむ》は、次のように評している。

ぼくは宮城道雄の古典演奏が好きである。やや、都会的な線の細さはあるが緻密《ちみつ》な表現力は、たしかに近代感覚にそうものであり、古めかしい古典でありながら、こういう名人の手にかかったときに初めて、現代人の共感をうることができるのだといえよう。そして、古典の美しさの再発見も可能であると知らされるのであった。【1】

この言葉は西洋音楽の台頭におされがちだった邦楽に、人々の目を向けさせるために腐心していた道雄にとって、なによりもうれしいものだったであろう。道雄自身、古典的な作品も演奏のしかたで現代に甦《よみがえ》ると述べている。

昔の箏曲あるいは三味線の地歌のようなもの、この演奏が昔の味を捨ててはいけませんけれども、もう少し何とか演奏法によって近代の人に聴いてもらえると思います。【2】

つまり道雄は、音楽作品ばかりでなく、演奏においても時代に則したものがあると考え、実践したのである。中能島欣一は、次のように述べている。

その音色は澄んで先鋭、一音一音に繊細な生命を与え、独特のヴィブラートを付けて、これが一層効果的であった。広い会場で演奏されるにもかかわらず、細い弦を用い「爪」を極端に薄くして、本来ならばその音は弱々しいものとなるべきなのに、かえって周囲によって透徹し、聴く人の胸に強く迫った。不思議といえる力である。研《と》ぎすました神経がいきわたっていて、フォルテとピアニッシモを適当に配分し、聴衆の共感をよくとらえる。という言い方が悪ければ、聴衆の心を巧みに自己の想念の中へ引き込んでいく。余人の企て及ばない境地であろう。【3】

この絶賛ともいえる演奏評は、自身も箏の名手で人間国宝にもなった中能島の言葉であるからこそ、なおのこと説得力がある。

中能島も指摘しているデュナーミクについて、道雄は時代に則した強弱法があるとして、次のように述べている。

　昔はなだらかに行って、そのうちに自然に強弱のついたものがいいとなっていて、それで立派に人をひきつけることが理想とせられておったようで、それはまた至極結構でそうありたいと思いますが、刺激の多い現代においては一方それに応ずるものも必要になってくることと思います。

しかし、それが「スカシビキ」であってはならないとも語っている。

スカシビキとは強弱のあるスカシ弾きで、その強弱のシャレ弾きのようなもの、それを忌んだのです。訓練の足りない者が強弱をわざとのようにつけるとスカシて聞こえるのでまずくなりますが、スカシ弾きと強弱は別物で、古いものにしても多少の強弱は必要でただそれのやり方がキザなのが排斥されたわけなのです。もし、それが自然に出たものなれば非常に感じがよく、至極うつりのいいものです。むしろこれからの音楽にはますます必要なものとされることと思います。【4】

ヴィブラートも、やはり中能島が指摘しているように道雄独特のものであるが、道雄自身はヴィブラートをむやみやたらと付けるべきではないと忠告している。

ユリ色というのは、つまり同じ音の余韻を幾度も揺って、震わせるのである。これは西洋の言葉を借りて言えば、ヴィブラートという。この手は下手にやると、ヒキ色の方はそうでもないが、ユリ色の方は非常に気障《きざ》に聞こえるので、新曲などの時にももちろんであるが、古曲を弾く時は、特に注意しなければならぬ。

さらに、「あまり小器用にしゃれて弾くよりも、一つの節を大事に弾くことが何の曲でも肝要であると思う」「個性の発揮は余程腕が確かになってからでよいと思う」と述べて、なによりも基本を大切にすべきだとしている[5]。したがって、道雄の強弱法もヴィブラートもフレーズ感も、あくまでもその音楽に内在するものを感得して、それを自然に表現した結果として表れたものである。道雄自身、「曲に内在するものを感じて演奏すべきで」「自分が曲の中に没入してしまい、自分の心持ちが、自然に箏や三味線の弦を伝って、現われるようでなければいけません」と語っている[6]。

中能島は、道雄の古典演奏について、次のように述べている。

古曲は古曲としていささかも粉飾することなく（編曲は別）、どこまでも伝統を重んじた。

【3】

道雄はあくまでも伝統のなかでの革新をめざし、それによって、古典を現代に甦らせることに成功したのである。こうした演奏は、西洋の演奏法からの影響という面もあるかもしれないが、また、彼独自の音楽性によって生み出されたものともいえよう。

いっぽう、伝統を守りとおした部分もある。それは音程のとり方、音律である。

中能島欣一をはじめとして現在多くの演奏家が、十二平均律という、一オクターヴを一二等分する西洋近代の音律で演奏するのに対して、道雄は江戸時代以来の伝統的な音律で演奏した。

そのため、十二平均律に慣れた耳には、ときとして違和感を与えることがある。しかし、それは調子が外れたのではなく、伝統的な音律をとった結果なのである。

じっさい、道雄は音律のとり方によって曲想が変わるとして、総じて半音を低めにすると地味な感じになって、高めにすると派手な感じになると記している【7】。そのため、調律楽器であるピアノの不便さを挙げて、微分音の重要性を語っている。道雄は、意識して伝統的な音程をとったのである。

ただし、これは道雄の音律のとり方が古いとか、遅れているということでもなければ、中能島のような十二平均律が間違っているということでもない。それぞれに求める音楽世界が異なるのである。

残された映像を観ると、道雄の演奏フォームはじつに端正であった。無駄な力をいっさい排して指先にすべてを集中した結果のもので、これによって、中能島の言うところの澄んで先鋭な音色、広い会場に透徹する箏の音を出すことができたのであろう。道雄は弟子に対しても、「冴えた爪音」で弾くように注意したという【8】。

❖ 演奏芸術

道雄は古典曲をも演奏家として解釈することで革新的な演奏をおこなったが、これは、同じ作品でも演奏家によって異なって演奏されることをとうぜんのこととした結果である。

音楽は演奏されることで作品として完成する芸術である。それゆえ、作品の真価はすぐれた演奏によって初めて発揮されるもので、同じ曲でも演奏家によってさまざまな解釈が可能であり、そこに演奏の芸術的価値があるわけだが、道雄は音楽がこうした再現芸術である以上、その再現手段である「演奏」にも独自性、個性を認めるべきであると、日本でいち早く気づいた音楽家であった。

その証拠に、随筆のなかで、道雄は「今度ビクターから出た『ペトルーシュカ』はまだ聴いていないが、コロムビアのものはよく聴いている」と述べているが[9]、それは、製作会社によって演奏者が異なり、とうぜん演奏も異なることを承知していたということである。そのため、「バッハなんかも変わっていますね。レコードに入れる人によって違う」とも述べている[10]。

いろいろな西洋音楽の演奏を聴いた結果、個人による曲の解釈の違いを認め、そのとうぜんの結果としての演奏の違いを楽しんだことによって生まれた考え方かもしれない。あるいは、道雄独自の音楽性によって生み出されたものかもしれないが、日本の伝統音楽に携わる者としてはむしろ特異な考え方である。

この日本と西洋での演奏に対する考え方の違いは、ひとつは日本人の伝統を重んじる、正当なる伝承を重んじる気質によるところであり、さらには、伝承方法の違いによるものと考える。

従来の地歌箏曲では、師匠が演奏する音楽そのものを真似ることで、音楽を伝承してきた。そのため、演奏家による解釈が介入しにくいのに対して、近代的な西洋音楽では作品は楽譜として存在し、演奏という媒体をとおして初めて音楽として完成されるので、演奏家の楽譜解釈、作品解釈によって多様性が生まれ、それを聴衆は楽しむという構図が生ずるのである。そして、その演奏じたいの芸術性が問われることになる。

道雄は古典曲を独自の解釈で演奏したが、自らの作品もまた、数多くの演奏家によって、高度な芸術性で新たな光を当てて演奏してほしいと考えるのであった。

このように、道雄は作曲ばかりでなく演奏面においても、邦楽の近代化を推し進めたわけだが、現在、彼の演奏を録音によって聴くことができる。

日本のレコード産業は明治の終わりごろから始まったが、道雄の演奏は上京の翌年、大正七年（一九一八）に早くも《水の変態》が収録されており、道雄はレコードで演奏を残すことができたかなり初期の演奏家だった。そのため、箏曲の古典中の古典で、もっとも有名な箏独奏曲、八橋検校作曲《六段の調》を三回レコード化している。

・大正八年から大正末ごろ録音（ニッポノホン）
・昭和五年（一九三〇）録音（ビクター）
・昭和二二年録音（ビクター）

これらは生演奏ではないため、あくまでも片鱗《へんりん》ではあるが、それでも聴きくらべると、その演奏の違いに驚かされる。テンポひとつをとっても、また、その変化のしかたも違う。デュナーミク、裏連やカキ爪などの演奏法、そしてなによりも全体の音楽作りが違うのである。

①のニッポノホンのものはゆったりとして、最近の演奏を聴きなれた耳には古雅に感じる。②の昭和五年の録音になると、かなり近代的な感じと三六歳という若さ、力強さを感じる。そして、道雄が五三歳のときの③は、②にさらなる繊細さが加わり、洗練された彼の演奏芸術を遺憾なく発揮していると筆者は感じる。いずれにせよ、音楽を言葉で表現することのむなしさを実感するが、これらはあくまでも聴く者の感性に委《ゆだ》ねられている。そして、同じ人間の演奏にも、これだけ違いがあるということは、まさに音楽は一期一会《いちごいちえ》の芸術であり、人は皆それを求めて生演奏を聴きに行く。そして、ここに演奏芸術の醍醐味があるといえよう。

❖鑑賞音楽への変貌

これまで演奏のソフト面での革新について述べてきたが、道雄はハード面でも改革をおこない、箏爪《ことづめ》、弦、そして楽器本体にも変革をもたらしたのである。それは地歌箏曲が教養・娯楽音楽から鑑賞用音楽へと変貌したことによる。

がんらい、地歌箏曲は家庭音楽、また座敷音楽として発展してきたジャンルである。つまり、家庭内の座敷で教養や楽しみとしておこなわれる音楽だった。したがって、狭い空間において、自ら演奏して楽しむ音楽だったため、楽器の音量が大きいことを必要としなかった。むしろ、あまり大きすぎるのは、好まれなかったというべきかもしれない。道雄が入門したころの地歌箏曲界でも、まだ家庭音楽・座敷音楽としての性格が強かった。

それがやがて、前述の明治二六年（一八九三）に開催された第一回国風音楽会のように、音楽じたいを純粋に鑑賞するための演奏会が登場したことで、音楽を鑑賞する、いわゆる聴衆というものが誕生して、お座敷からホールへと演奏の場も移った。演奏の場、演奏のあり方における変化である。

道雄は上京して、まずおこないたいのは自分の作品の演奏会を開くことだと語っていたので、かなり早い時期から、演奏会用の音楽という認識があったものと思われる。そして、それが彼の演奏における美意識にも反映して、冴えた爪音や音量の増大など、コンサート用の演奏法を確立していったのである。

そのため、道雄は箏爪を工夫した。普通の人が弾いたら、すぐに割れてしまうほどの薄い爪である。ところが、中能島が語るように、道雄が弾くと驚くほど芯のあるホール全体に響く研ぎ澄まされた箏の音色がした。道雄は箏爪が糸をしっかりと捕らえるように微妙な角度を付けて、自分自身で爪皮《つまかわ》を爪に付けていたのである【11】。

また、弦を細くしたのも道雄が初めてだろうと、道雄の楽器のメンテナンスを担当していた鶴川喜兵衛《きへえ》が語っている。当時一九匁《もんめ》が普通だった弦を、道雄は一七匁にした。弦は重さで表示され、数字が小さくなるほど細くなる。したがって、一七匁は当時としてはひじょうに細い弦だったため、特注したと鶴川は語る【12】。

さらに、箏本体である。

いまでこそ、生田流でも山田流の「素箏仕立て」の箏を使用するが、がんらい、山田流と生田流では、箏の長さや足の形などいろいろと違っていた。とくに、山田流が装飾をほとんど施《ほどこ》さない「素箏仕立て」の箏だったのに対して、生田箏は装飾的要素がひじょうに多い「本仕立て」の箏で、磯（側面）や頭部・尾部に象嵌《ぞうがん》や蒔絵《まきえ》などの華麗な装飾を施した豪華なものだった。したがって、山田箏のほうが道雄のいう「冴えた爪音」に適していたのである。

これまで、いつごろからどのようにして生田流でも山田流の箏を使うようになったか、はっきりとはされてこなかった。事典にも、「現代では」あるいは「近年では流派を越えて、この山田型が一般化している」などと記されているのみだが【13】、この変化も宮城道雄によるものと筆者は考えている。

大正八年（一九一九）、上京して最初の作品発表会で、道雄は山田箏を使った。当時あまり良い箏をもっていなかった道雄が、弟子であった指揮者の朝比奈隆の養家にあった山田箏を借りたのである。後年、鶴川は「まあ中位《ちゆうくらい》［の箏］でしょう。しかもちょっと軽いお箏で、普通の

東京市谷の阿部文二郎の店舗

方が弾いてはなかなか音が出ないんですけど、先生は、それをすぐ弾きこなして、良い音をお出しになるんですね」とまさに「弘法筆を選ばず」を地でいくエピソードを語っている【12】。

さらに、上京する以前から山田箏を使っていた可能性もある。道雄は韓国時代から山田流の人と親交があったうえに、早くから演奏会での演奏、つまり、従来の座敷での演奏とは異なる大きな会場での演奏をめざしていたので、音量の増大などコンサート用の演奏法を模索していたと想像できるからである。そのうえ、韓国時代から道雄を世話した箏製造業の阿部文二郎が、もともと東京の市ヶ谷田町で店を開いていたことから、阿部が製造していたのは山田箏ということになるので、道雄が韓国時代から山田箏を使っていた可能性はますます高くなる【14】。

このように、道雄はかなり早くから山田箏を使っていたと思われるが、だからといって、全国的に山田箏の普及がすぐに進んだわけではない。広島の福山邦楽器製造業協同組合理事長だった小川賢三によると、昭和二七年（一九五二）ごろは、装飾のある生田箏と山田箏を半々くらいの割合で作っていたが、だんだんと生田箏の割合が減っていったということである【15】。

また、道雄の徳島出身の弟子は、徳島で山田箏が使われ出したのは戦後で、一般化したのが昭和三〇年（一九五五）後半ごろだったため、道雄に入門した昭和一〇年（一九三五）にはまず山田箏を購入したと語る【16】。

地歌箏曲家の平井澄子は、道雄が山田箏を使って、やがて東京の他の生田流の先生方も山田風の箏で演奏されることが多くなったと雑誌『邦楽ジャーナル』に記している。

これらの証言からも、道雄が生田流でありながら山田箏を使った先駆けと考えられる。

平井は、さらに道雄から糸も細くなり締め方も強くなり、爪もだんだん薄目になって、かっきりした音色に変わってきたと書き、「こうして、今まではお座敷でポロンポロンと心静かに演奏され、弾く人自身か、ごく少ない数の人が楽しんだ箏の音楽が、広い劇場の舞台で、大勢の人達に楽しんでもらえる音楽になったのです」と続けている。

道雄が上京したころは、箏曲界でも演奏会用音楽への変革の時代で、道雄がそこで重要な役割を果たしたことは疑いない。平井の言葉は、それを裏づける重要な証拠となるものである。

なお歌についても、道雄は演奏会場でも無理なく通る新しい日本独自の発声法を開発すべきだとし、次のように述べている。

箏曲の歌ですが、これは将来はなるだけ奏者と歌手とが別になるべきだろうと思います。またその発声法にはいろいろ問題になるのですが、いままでのような発声法ですと、家庭的の場合にはよろしいが、演奏会の場合には声が通らなくて困ります。それを無理して歌われますので喉《のど》をいためてしまうという結果になります。またいままでのような発声法ですと年がよってからどうしても長つづきがしませんので、発声法はやはりまず西洋音楽のような発声法を練習すべきだと思います。と申しましてもオペラ歌手のような発声法では困りますが……。しかしやはりそれだけではまだ箏曲の歌ではないのですから、この西洋の発声法からもう一歩進んで勉強する、ということを心に置いていなければなりません。【17】

じっさい、姪で歌を得意とした高弟の数江は、東京音楽学校出身のソプラノ歌手、関種子に声楽を師事した。

しかしながら、かならずしも昔の発声法を否定していたわけではない。「昔はサビのある声がよかった」などと語っている【18】。ただ、それが演奏会など大きな会場にはかならずしも適さないので、日本独自の発声法を開発すべきだと考えたのであろう。

このように道雄は家庭音楽・座敷音楽として演奏されてきた地歌箏曲を、楽器を工夫するなどして、鑑賞音楽・演奏会音楽としての演奏法を追求し開拓したのであった。

第11章◉新楽器の開発

❖大・小の十七絃

宮城道雄の重要な業績のひとつに新楽器の開発がある。最初に開発したのは「十七絃」【1】。低い音域を出すための大型の箏である。この楽器を考案した動機について、道雄は、日本の音楽には低音がないので面白みに欠ける。そこで、どうしても低音の出る楽器を作りたかったと述べている。

道雄は、上京以来なにかと世話になっていた音楽学者で音響学者でもあった田辺尚雄に相談した。田辺は中国の瑟《しつ》という楽器をモデルに十七絃を設計したが、それは長さが八尺（約二四二センチ）と、かなり長いものであった（普通の十三弦の箏は一七〇〜一九〇センチ）。厚さも三寸（約九センチ）と厚く、現在の十七絃がピンを使って糸締めをするのに対して、普通の箏と同じように手で糸を締めるようになっていた【2】。

大正一〇年（一九二一）一〇月三〇日の「第三回宮城道雄作曲発表演奏会」で、箏三部と十七絃の《虫の小夜楽《さよがく》》［c063］（現行しない）、箏・三味線・十七絃の《落葉の踊り》［c056］、胡弓二部・箏二部・三味線二部・尺八二部・篠笛《しのぶえ》・十七絃による合奏曲《花見船》［c055］（大正一五年／一九二六に《船唄》［c387a］に改作）の三曲を初演するかたちで発表したのである。

この楽器に対しては賛否両論あったが、人々に大きなインパクトを与えたことはたしかで、その後、多くの箏曲家が低音箏を開発することになる。大正一二年（一九二三）には米川親敏が十三弦の「長箏」を発表【3】、そのほかに大正期だけでも、大阪の菊武龍壽が「十九絃」、菊白琴玉が「十八絃」、伊藤仲光が九尺の「十三絃」を低音箏として考案したという。昭和に入ってからも、一一年（一九三六）ごろに中能島欣一が「十五絃」を低音箏として考案し、同じころ、越野栄松《こしのえいしょう》も同様のものを作った。

このように、さまざまに開発された低音箏ではあったが、現在、道雄の考案した十七絃が、宮城派ばかりでなく各流・各派で広くもちいられ定着している。いまは独奏曲まで作曲されているが、道雄自身は、あくまでも伴奏用低音楽器として考えていた。

一体にこの日本楽器の内でも、ことに三曲になると多くは一騎打ちか、ないしは同じようにやるとかで、伴奏的のものはわずかに地《じ》というものがたまにあるくらいで、純然たる伴奏、またその楽器に至ってはかつてありませんでした。

つまり、この楽器はいままでの日本の音楽にはなかった、伴奏という新しい概念のもとに作られた新楽器だったのである。さらに、次のように続けている。

伴奏でなく、この十七絃で一曲を弾くことも出来ぬことはないのですが音が低いし、高い方でも音が澄まないし、金属製にすれば音もたつだろうと思われますが、箏本来の音に沿いたいと思いますし、これで一曲を弾くということについては、また別に考案するつもりです。

〔略〕

なお十七絃でも一から前迄を太い細いにして、高い音も用いて音域を広める工夫もありますが、これはまたいまいう十七絃琴の意味と別途にして考えるつもりでおります。【4】

ということで、どうやら道雄は十七絃を作ってみたものの、音色がどうも気に入らなかったようである。田辺も「音色が普通の箏とあまりに違いすぎて融和しにくい」と述べている。

そこで、別に考案したのが「小十七絃」である。現存する唯一の小十七絃は宮城家に残されているが、長さが七尺(約二一二センチ)、厚さが約六センチと、最初に作られた十七絃より全体に小型で細身である。したがって、音域は普通の箏と十七絃のあいだで、音は小さくなったものの音色は箏に近くなったという。この小十七絃の開発によって、最初に考案された十七絃は「大十七絃」と呼ばれるようになった。

小十七絃は大正一三年（一九二四）五月一一日の「第四回宮城道雄作曲発表演奏会」で発表されたが、製作時期は大正一二年以前と思われる。なぜなら、この演奏会はもともと前年、一二年の九月におこなわれる予定だったのが、九月一日の関東大震災で翌年に延期されたものだからである。そのうえ、この演奏会で小十七絃を使った曲として発表された《瀬音》《さくら変奏曲》《舞踏曲》[c082]は、いずれも大正一二年の作曲である。なお、各曲の編成が小十七絃を含む二重奏、三重奏、四重奏であることから、道雄が小十七絃をおもに重奏用の楽器として、合奏曲の低音を支える大十七絃とは別に考えていたことがわかる。

さらに著書『箏曲』のなかで、次のように述べている。

> 大十七絃は長さ八尺、幅―絃《いと》は普通の箏の四倍、最低音はセロの最低音まで達するバス・セロの役をする。小十七絃は長さ七尺、幅―音色《ねいろ》は十七絃よりやや細く、セロ・ビオラの役をするが、この方は独奏楽としても可なり役に立つ事が出来る。これ等に第一箏《ごと》第二箏《ごと》を加えて、四重奏の形にするのである。

ほかに小十七絃を含む作品として作曲された重奏曲には、昭和二年（一九二七）作曲の《君が代変奏曲》［c118］（箏二部と小十七絃）、翌三年作曲の箏と小十七弦の《今日のよろこび》［c134］、四年の箏三部と大小十七絃による《胡蝶《こちょう》》［c149］（現行しない）、六年作曲の箏二部と小十七絃による《荒城の月変奏曲》［c180］（現行しない）の四曲である。いっぽう、合奏曲としては大正一三年（一九二四）作曲の舞台音楽《訶梨帝母《かりていも》》［c092］（現行しない）、一五年作曲の《和風楽《わふうらく》》［c100］、それに《花見船》を改作した《船唄》［c087a］、さらに昭和二年の《天女舞曲》［c121］の四曲である。そして、しだいにこれらの曲も大十七絃や普通の十三弦の箏で演奏されるようになって、現在、小十七絃は使われていない。

昭和六年までは演奏会で小十七絃が使われた記録があるのだが、それ以後「小十七絃」という表記がプログラムから消えて、ふたたびたんに「十七絃」と表記されるようになった。ただし、喜代子は小十七絃をその後も使い続けた。したがって、大小どちらの十七絃を使うかは奏者にまかされていたのだろう。

じっさい、箏二部と大小十七絃による《舞踏曲》は、昭和六年以前から小十七絃を使ったり、第三箏として普通の十三弦の箏で演奏したりされていた[5]。十七絃はサイズが大きかったために当時は運ぶのにかなり苦労したようで、この運搬のむずかしさからも、小十七絃が使われていたころからすでに十三弦の箏で代用することもあったのかもしれない。また、小十七絃は最初に製作されたもの以外に製作されなかった可能性も大きい。

昭和七年（一九三二）以後は、もっぱら大編成の合奏曲で低音を支える楽器として十七絃は作曲されていて、重奏曲は二〇年後の昭和二六年に作曲された歌・箏・十七絃による《さくら》〔c372〕だけである【6】。この作品はビクターレコードの委嘱で作曲されたものだが、レコーディングで喜代子が十七絃を演奏しており、音域的にも小十七絃向きであることから、がんらいは小十七絃用であった可能性もある。いずれにせよ、道雄が十七絃を含む重奏曲の作曲に消極的だったことはたしかである。ただ、なぜ小十七絃を作っておきながら、道雄がもっぱら合奏用の低音楽器としてしか十七絃を使わなかったのかは判然としない。十七絃をおもに担当していた高弟の新谷喜恵子《あらやきえこ》は、「小十七絃というのは、音が先生のお気に入らなくて余り使われなくなりました」と語っている【7】。

戦後、十七絃があまりに持ち運びが不便なため、自動車で運ぶのに便利なように短くされて、長さとしては小十七絃と大差がなくなり、現在は小十七絃より短い十七絃もある。さらに、十七絃は柱や弦はもとより、箏じたいの胴の厚さや竜角（上面端の弦を支える駒）の高さなど、さまざまに研究、工夫がなされ、音色も性能も道雄存命中のものよりはるかに十三弦の箏と融和するようになっており、《瀬音》など小十七絃用に作曲された作品も、今日では通常の十七絃で演奏されている。

❖グランド箏の八十絃

昭和四年（一九二九）には、八〇本の弦を張ったグランド・ピアノのような形の箏「八十絃」を発表した。胴は桐《きり》材を剥《は》いで作り、箏柱は五個ほどずつ連結されていたという。現在、宮城道雄記念館に展示されている八十絃は、昭和五三年の同館開館にあたって、道雄のたくましい創造精神と並外れた演奏技巧を物語る記念碑として、製作者である鶴川喜兵衛の息子富士雄によって復元製作されたものである。設計図が残っていなかったため、写真などから復元したものだが、復元品の大きさは長さが二一三センチ、いちばん幅の広い頭部が九八センチで、厚さが九センチである。

弦は「低音の方は金属線（銀線）で、中程からは琴糸の太いのからだんだんに細くなり、手前の最高音の所は三絃の糸になっていて、琴柱にも高低の差があってネジをもって調律する」と道雄自身が語り、この八十絃が前述の十七絃製作において「別途にして考える」と語った楽器だったのかもしれない。道雄は、音色や技法などの点で箏のもつ特性を損《そこ》なうことなく、音域の拡大と半音階の自由な演奏によって、西洋音楽を含む世界各国のあらゆる音楽の演奏を可能にする楽器をめざした、と述べている【8】。

設計は田辺尚雄の紹介で、フレンチ・ホルンなど洋楽器製作の技師だった平林勇《いさむ》が担当し、じっさいに製作したのは鶴川楽器の鶴川新兵衛・喜兵衛親子であった。一年ほどかけて試作したものをさらに工夫改良して、昭和四年一一月二六日に神宮外苑の日本青年館でおこなわれた「宮城道雄作曲発表会」において発表した。演奏したのは、バッハの《プレリュード》——といってもいろいろなプレリュードがあるが、そのうちのどの曲かは特定できない。もう一曲は、前年に作曲した箏と小十七絃による《今日のよろこび》である。つまり、がんらいピアノ曲だったものと、箏と小十七絃の合奏曲として作曲されたものを八十絃一面で演奏するというもので、この楽器の性能の紹介を主とした選曲だった。

ところが、八十絃には音量が足りないという決定的な欠点があった。そこで、吉田晴風がアメリカからマイクロフォンやスピーカーなどの拡声装置を取り寄せたが、到着が遅れたうえに、横浜の税関での手続きに手間取り、けっきょく、演奏会の直前に受け取ることになった。さらに、本番でいざ使おうとスイッチを入れると、こんどは電流が通じない。そこで、八十絃はプログラム最後の《越天楽変奏曲》のあとに演奏することにした。

そして、いよいよ八十絃の演奏である。道雄は舞台に出て箏爪もはめているのに、まだ拡声装置が作動しない。会場からは催促の拍手も聞こえ、たまりかねた道雄が「うまく通じませんか」と細い声で語り掛ける。そうこうするうちにやっと作動し、いちおう演奏を終えたものの、その評判は芳《かんば》しくなかった。評論家の伊庭孝は八十絃を「怪物」と称して、「ああいう試みは、結局、日本楽器の短所を、明るみにさらけ出すことよりほかにないものである」と批判した【9】。

道雄は初演後、「まず形は出来上がったのでありますから、今後これを改良していって完全なものにするには、大いに皆さんの御後援を得たいと思うのであります」と述べている。この言葉は道雄自身が現実にできあがった八十絃に満足していなかったことを物語っている。というより、この演奏会のプログラムに、完成したものとして発表するのではなく、人々の批評、指導のもと改良したい旨がすでに述べられていたのである。しかしじっさいは、初演後、いちども公の場で演奏されることも、改良が試みられることもなく、昭和二〇年（一九四五）五月二五日の空襲で焼失してしまった。

八十絃（左より平林勇、宮城道雄、鶴川喜兵衛、新兵衛）

じつは、道雄自身、この楽器に対して懐疑的であった。八十絃発表のひと月ほど前に、道雄は帝劇でアンドレス・セゴビアのギター独奏会を聴くのだが、そこで、セゴビアがわずか六弦のギターでバッハの曲を自由に演奏するのを目のあたりにして、たじたじとなったと語り、「時あたかも私が十三絃にあきたらず、八十絃の創作に腐心していた際であったので、私の大それた創作の効果に、いたく心細さを感じて帰った」と語っている[10]。八十絃製作中から、すでに不安を感じていたけれども、もう動き出してしまったプロジェクトを止めるわけにはいかなかったのかもしれない。さらに、現実にできあがった八十絃についても、「以前、八十絃のような洋楽的な楽器を作ったが、どうもうまくなかった」と戦争中に疎開先で弟子に語っている【11】。

箏は胴を共鳴盤とする楽器である。したがって、楽器の構造上から考えても、この狭い桐の共鳴盤に八〇本の弦を、それも半音階で並べては音量的にも音色的にもよいわけがない。つまり、最初から音響学的に無理があったのである。

ところで、これまでは道雄自身が最初から八十絃を構想して作ったものとされてきたが、近年、新たに設計者の平林勇の書簡と道雄の談話「箏曲家　宮城道雄師　創作八十絃と新年初頭の感想」【12】が見つかり、少々事情が異なることがわかってきた。

平林は書簡のなかで、道雄は当初、十七絃を改良したいということと、あと一〇弦ほど増やしたいと語ったのであって、八〇本もの弦をもつ壮大な箏を発案したのは、平林自身だと主張している。この書簡から、道雄は小十七絃を作ってはみたものの気に入らなくて、十七絃のさらなる改良を望んでいたことと、最初は現実的に二七弦ぐらいをイメージしていたことが推測できる。それが二人で話し合ううちに、弦数はともかく、箏のもつ特性を損なうことなく、世界のあらゆる音楽を演奏できる夢の箏を作ることになったのだろう。

また、道雄の談話からは、最初に試作箏として作ったのは四七弦だったが、それでは演奏があまりに困難なために、半音の弦を加えて八〇本としたものの、それでも半音の弦が下から出ているので、手の位置を変えて下にもっていかなければならないので、かなり演奏が困難だったということがわかる。
道雄はあらゆる音楽を演奏できる夢の箏の実現を望むものの、演奏者としては、むしろ八〇本の弦は現実的でないと考えていたのではないだろうか。さらに続けて次のようにも語っている。

私の十七絃も、これを伴奏用のみではなしに、普通のお箏のように主奏用にも使用出来るよう、或《あるい》は之《これ》を二十五絃にする工夫もたてて居ります。

このコンセプトは現代の多弦箏（十三本以上の弦を張った箏）によって実現されている。
東京盲学校で宮城に学んだ初世宮下秀冽《しゅうれつ》が、昭和二八年（一九五三）の試作を経て、三〇年ごろに「三十絃」を完成させたのである。四四年には野坂恵子（現・操寿《そうじゅ》）が三木稔《みのる》の協力のもとに「二十絃箏」を完成させた。さらに、野坂は平成三年（一九九一）に「二十五絃箏」を、また低音用の「二十五絃箏」も完成させている。これらは普通の一三弦の箏の音域と音量の拡充をはかったものである。

三十絃　提供：２世宮下秀冽

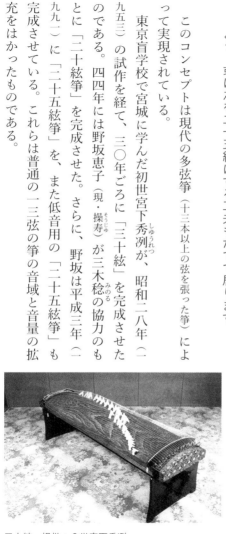

道雄は現代の多弦箏の構想がありながら、当時の箏製作技術では十七絃の音色をいまのように良くすることもできず、ましてや二五弦の箏も作れなかったのである。それが、いまは製作技術の向上によって、宮城の構想が実現した。野坂は二十絃箏、二十五絃箏の開発で、従来の十三弦の箏の音色を保持しようと努力したという[13]。その音色へのこだわりは、道雄の望んだ多弦箏に合致することになる。

ところで、平林の書簡を見ると、どうも道雄と平林のあいだに心の行き違いがあったようで、これが多弦箏への試みに道雄が消極的になった一因だったのかもしれない。

❖宮城胡弓の不思議

道雄は胡弓も新たに開発した。前述のように、持続音を奏でることのできる胡弓が、旋律楽器として新しい音楽を創作するうえで有効であると考えたからである。ちなみに、三味線は洋楽的な曲には不向きであると語っている[14]。

道雄は従来の胡弓を大型化し、音量の増大と低音域への拡大をはかった。全長は従来の胡弓が約七〇センチであるのに対して、宮城胡弓は約九二センチ。胴の大きさは、従来のものが縦約一三強×横約一二センチに対して、約一八×一七・五センチである。また、従来の胡弓には中子先《なかごさき》（胴から出ている棹《さお》の先端部分）が七、八センチ伸びているのに対して、宮城胡弓は伸びていない。したがって、やや小ぶりの三味線といった感じである。なお、弓は従来の胡弓より握りの部分が細くて短めになっている。これは、宮城曲での胡弓は細かい動きが多いので、小まわりがきくようにとの配慮からであろう。

いまは「宮城胡弓」などと呼ばれることもあるこの大型の胡弓、当時は「大胡弓」「新胡弓」と一般には呼ばれていたようだが、道雄自身はたんに「胡弓」と呼んでいた。プログラムもすべて「胡弓」とだけ書かれている。そのため、プログラムからでは、どの演奏会で、この大型胡弓が初めて使われたのか、つまり発表されたのかがわからない。そばにいた家族もいつごろ、道雄の胡弓が大きくなったのか定かにはわからないという。大正一〇年（一九二一）に十七絃が発表されるなど、箏については発表の時期がはっきりしているのだが、胡弓の改造時期はじつは判然としないのである。

ただ、大正一四年（一九二五）一一月号の『都山流楽報』には、一〇月二六日の「京都の新日本音楽演奏会」報告として、「ひぐらし　先ず大きな胡弓がヴァイオリンとは異なった音色で神韻《しんいん》を閃《ひらめ》かせる」とあるので、文献資料としては、大正一四年一〇月二六日までさかのぼることができる。

そこで、胡弓の写っている写真を調べてみると、一四年三月には宮城胡弓が完成していたことになる。というのは、一四年三月二二日のラジオ仮放送第一日で《薤露調《かいろちょう》》［c076］が演奏されたが、その練習写真で道雄が演奏していたのが、大きさからみてまさに宮城胡弓だからである。いっぽう、大正一〇年一〇月三〇日の「第三回宮城道雄作品発表会」の記念写真は、プログラム最後の《花見船》を演奏したときの楽器を持って写したものだが、この曲には胡弓が二部あって、道雄は従来の小さな胡弓を持ち、もうひとりがひざの上に立てているのは三味線である。ということは、大正一〇年には、まだ宮城胡弓は完成していなかったものと思われる。したがって、写真判定にもとづけば、大正一〇年一一月以降、一四年三月以前に宮城胡弓は完成したと考えるのが妥当となる。

ただし、《花見船》の写真から、三味線を弓で弾いて低音胡弓の代わりにしていた様子がうかがえるので、大型低音胡弓の構想がすでにあったことはたしかである。さらに、最初の胡弓曲である大正八年(一九一九)作曲の《ひぐらし》は、少なくとも現在出版されている楽譜の胡弓パートが宮城胡弓の音域になっているので、その時点で、もう低音胡弓の構想があった可能性が大きい。また、大正年間に発売されたニッポノホン・レコードの《ひぐらし》の録音も宮城胡弓の音域である。このレコードは番号から大正一二年以前の録音なので、この年には宮城胡弓ができていた可能性もあるが、音だけの判断なので確証はない。《花見船》のように、三味線を弓で弾いた可能性もある。《ひぐらし》は最初から宮城胡弓の音域で作曲されていて、初めは三味線で演奏していたものの、複雑な旋律が弾きにくいので、新たに胡弓を改良して宮城胡弓を作ったのかもしれない。

道雄は胡弓について、著書『箏曲』のなかで次のように記している。

「第三回宮城道雄作曲発表演奏会」。前列左端に十七絃。前列左から４人目に伝統的な胡弓を持つ宮城道雄、その右では三味線を縦に構えている。

《薤露調》の練習風景。左端に３弦の宮城胡弓を演奏する道雄

胡弓は在来のものは調子が高すぎてギーギー言うのみで、どうも面白くないし、音域の狭いために少し混み入ったものを弾くには頗《すこぶ》る不便を感じるので、四絃の胡弓で（関東のものは四絃ではあるが三と四が同音である）而《しか》も四絃別々の音色を出すもの、（即ヴァイオリンに近きもの）を用いて居る。

従来の四弦の胡弓は山田流箏曲とともに発展し、三弦胡弓のもっとも細い弦をもう一本増やして同音に調律したもので、藤植《ふじうえ》検校（一七三六登官）の改良と伝えられている。道雄はこれを改良して、より音域の広い胡弓を作ったと記しているが、しかし、現実に現在もちいられている宮城胡弓も前述の一四年三月の練習写真も三弦だったため、四弦の宮城胡弓については、今後解明すべき問題点のひとつとしてきた。

ところが、このたび四弦の宮城胡弓を作っていた証拠を発見した。大正一五年（一九二六）一一月二四日の讀賣新聞に掲載された「宮城道雄が創案した新しい胡弓」と題された記事の写真である。記事本文には弦数についてはなにも記されていないが、同年一一月二七日の「宮城道雄作曲演奏会」（報知講堂）で発表するとある。当日、胡弓入りの曲としては、《和風楽》《船唄》《湖辺の夕《ゆうべ》》［c094］が演奏されたが、曲目解説にも新胡弓についてはなにも記されていない。ただ、昭和二年（一九二七）一月号の『音楽グラフ』にも、「新胡弓を発明す」と題して、次のように記されている。

天才作曲家宮城道雄氏は日本楽器が洋楽器に比して音域が狭いので是《これ》を改良中であったが、今度新胡弓を発明した。音調音色は在来のものより柔く、丁度ヴァイオリンに対するビオラの如く合奏上の都合が宜《よろし》いさうである。

宮城道雄氏が創案した
新しい胡弓
廿七日の作品發表會で披露

寄席今昔（四）

新映畫

讀賣新聞 大正15年11月24日

ところで、吉川英史は『日本音楽の歴史』（創元社、一九六五）のなかで、宮城胡弓について「従来の音量の貧弱なことを改良するために、文字通り型を大きくしたものにすぎない」と述べている。伝統的な四弦胡弓もあるので、たしかにそうともいえる。また、設計者がいたわけではなく、おそらく楽器店と相談しながら作っていったものであろう。そのため、十七絃や八十絃ほど華々しいデビューをしなかったのかもしれない。

なお、後年の写真では、ふたたび三弦の宮城胡弓を道雄は弾いており、四弦の宮城胡弓は現存しない。四弦を作ってみたものの気に入らなかったのか、けっきょく、三弦の宮城胡弓が定着した。

しかし、弦数はともかく、宮城胡弓によって奏でられる音楽は、従来のものとはまったく異なり、持続音という楽器の特性を活かした新しいスタイルの音楽だった。奏法もポルタメントやピッツィカートなどが新しく開発され、ときにはそれらをもちいて、《ワンワンニャオニャオ》での犬や猫の鳴き声のような擬声的効果をもたらすこともあった。さらには、大編成の合奏曲でも、胡弓が重要な役割をもつ場合もあるが、この点については次章で述べる。

❖簡便な箏の開発——短琴

これまで述べてきた新楽器とはまったく異なるコンセプトで開発されたのが「短琴《たんごと》」である。長さが四尺（一二〇センチ強）、つまり従来の箏の三分の二程度と短いだけではなく、素人でも簡単に糸を締められるように糸締めにネジを採用し、椅子に座って演奏することもできるよう、高さの調節が可能な折り畳《たた》み式の脚を取り付けた台が付いていた。

道雄は短琴を作った動機について次のように述べている。


箏は楽器として多数で弾奏されることがだんだんに多くなってきたのと、また学校などにおいても楽器の取り扱いにとうてい三味線のように簡便にはいかぬので、これは軽便ということも重要素であると思ったからです。じっさい、多数の箏を用いる舞台や、学校でも生徒が取り扱ううえでいちいち持ち運ぶのに困る場合が多いのです。【15】

短琴は東京音楽学校への出仕が契機となって考案されたもので、価格も稽古用に低く抑えて、箏の簡便化と大衆化をねらったものである。したがって、芸術的欲求によって開発されたこれまでの楽器とは異なり、音楽外の要因によって作られたものといえる。

昭和六年（一九三一）の一月ごろから開発を始めて、翌年早々から鶴川楽器の製作で発売されたが、音量が足らないなど、あくまでも稽古用の楽器だったためか、一般にはあまり普及しなかった。ところが近年、ふたたび簡便な箏として、長さ一二〇センチのヤマハの「NEO-KOTO」や八六センチのゼンオンの「文化箏」などが発売されている。ここでも道雄は先鞭《せんべん》をつけたことになる。

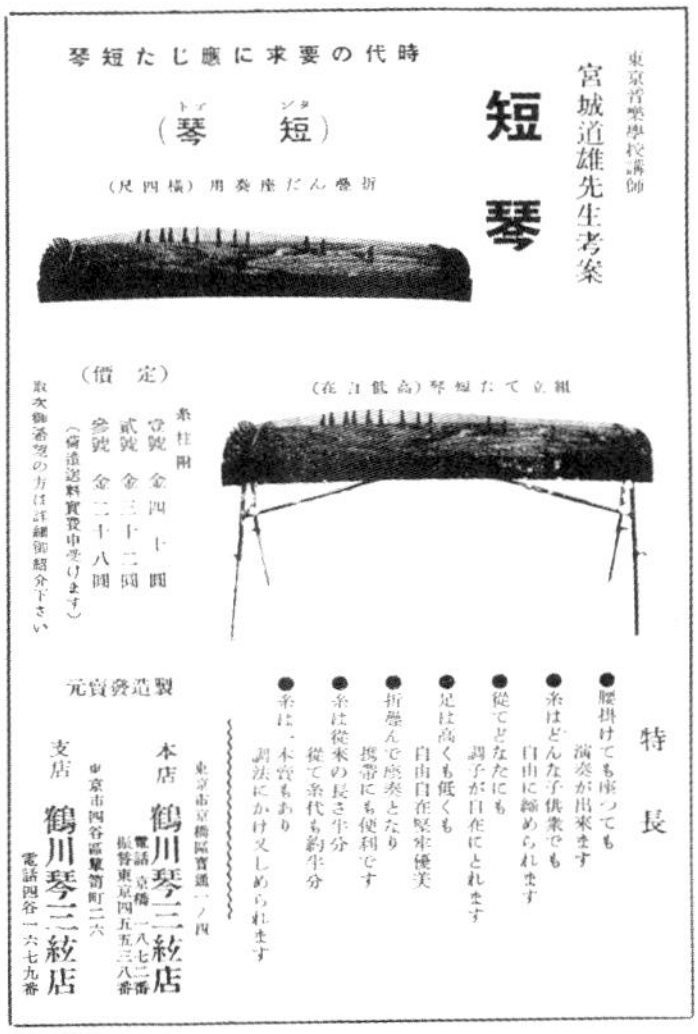

短琴の広告（『三曲』昭和７年３月号）

道雄は短琴を製作して以後、楽器の開発をおこなっていない。それでも、八十絃製作時に理想とした箏の完成を待ち望んでいたようで、「やはり外国の楽器で、自由にたくさんの音で外国の曲などやられると、何とかやりたくなります」と述べている。

箏の音色を捨てるわけにはいかないが、音域をひろげるために弦数を増やしたり、なんらかの装置を付けると、箏の命である音色が損なわれてしまう。道雄はジレンマを感じていたのかもしれない。やがて、新楽器の開発は自分の手に余る仕事で、むしろ専門家に任せるべきであって、自分はいままでの箏で、まだやるべきことがあると考えるようになる。

徳川夢声との対談（『問答有用』〔y510〕）や吉田晴風、柳沢健《たけし》との鼎談《ていだん》（『琴と尺八』〔y186〕）でも、いまの箏はいまのままで飛躍する道があって、言葉少なで多くを語る俳句同様に、箏も弦が少なく制約が多いからこそ、日本的深みが出せるのではないかと語っている。

そして、晩年には《中空砧《なかぞらぎぬた》》〔c398〕や《ロンドンの夜の雨》〔c399〕などの箏独奏による名曲を残したのである。

❖生き残った十七絃

ところで、道雄の新楽器の開発以外にもさまざまな新楽器が開発されてきたが、ここでは大正以後の新楽器について述べ、道雄の開発した新楽器の歴史的な意味を考えることにする。

大正九年（一九二〇）一〇月、道雄が十七絃を発表するちょうど一年前に、四世杵屋左吉は低音三味線として「セロ三味線」を三絃主奏楽の《潯陽江《じんようこう》》で発表した。さらに一三年一二月には、全長約一八〇センチ、重量約三〇キロで、皮には特別に大きな土佐犬の皮を張った「豪絃」という巨大な三味線を、三絃主奏楽の《山風》で発表したのである。そして、第二次世界大戦後も長唄の山田抄太郎《しょうたろう》や菊岡裕晃《ひろあき》が低音三味線を開発している。

また、田辺尚雄が大正一一年ごろに考案したモンゴルの馬頭琴《ばとうきん》のような胴をもつ「玲琴《れいきん》」という楽器もある。これは宮城胡弓と同様に低音用の胡弓だが、道雄のものよりさらに低い音域だったため、玲琴に対して、道雄の胡弓は中音域用の「中音胡弓」と呼ばれることもあった。

このように、大正期の新楽器開発の特徴のひとつとして低音域への拡大があるが、これは西洋音楽の影響である。がんらい、日本人はあまり低音を好まなかった。それゆえに、大陸から移入した雅楽を日本人の好みに合わせて整理統合した平安時代の、いわゆる楽制改革では、大篳篥《ひちりき》（低音域の大型の篳篥）や、竽《う》（低音域の大型の笙《しょう》）などの低音楽器を淘汰《とうた》したのである。ところが、昭和一〇年（一九三五）ころには宮内省楽部で、ふたたび通常の笙より一オクターヴ低い「大笙」、さらにもう一オクターヴ低い笙を作成していると、当時の楽長、山井基清《やまのいもときよ》は語っている[16]。そして、前述のように道雄の十七絃をはじめ、さまざまな低音箏が開発されたのである。

尺八も、やはり低音尺八として昭和七年に「鶴の笛」が発売されたりした。また、大正から昭和にかけては、従来の尺八の指孔を多くした多孔《たこう》尺八がいろいろと開発されたのである。伝統的な尺八は指孔が五孔なのに対し、大正七年（一九一八）ごろに神如道《じんにょどう》が九孔尺八を考案し、九年には上田芳憧《ほうどう》が七孔尺八を発表した。このほか昭和四年（一九二九）の渡辺浩志による六孔尺八などがある。従来の五孔の尺八では、半音を出すのに指孔を半分ふさいだり、メリ・カリの技法を使うなど奏法がむずかしく、音程が不安定で音色が均一でないのを改良するために考案されたものである。昭和六年には町田嘉章がエボナイト製の「隆笛《りゅうてき》」を発売したが、これも従来の篠笛を音程が安定するように改良したものであった。本居長世も正確な音程と均質な音色が得られるように日本の楽器、とくに尺八、篠笛を改良すべきだと語っている【17】。

これら均質な音色と音程の安定という発想は、西洋音楽のものである。江戸時代には笛が他の楽器と音程を合わせる必要はなかった。篠笛は長唄の囃子《はやし》で使われるが、「囃子」はまさにその語源どおりに音楽を「栄《は》やす」、つまり、賑やかな雰囲気を作って相手を引き立て栄《は》える状態にするためのもので、音程を合わせるという発想はなかった。げんに能楽囃子の能管はいまでも、謡《うたい》の音高に合わせることはないし、楽器の構造上もできないが、日本人はそれになんの違和感もおぼえない。また尺八の場合、江戸時代は「本曲」と呼ばれる宗教的な独奏曲をもっぱら吹いていて音程を合わせる必要がなかった。それが、明治四年（一八七一）の普化宗廃止以後、箏や三味線と合わせる三曲合奏が主となったため、初めて音程を合わせるというセンスが生まれたのである。社会システムの変化が音楽じたいにまで変革をもたらしたわけだが、そのために、明治以後、従来の尺八の指孔の位置や大きさを調節して、正確な音程を得やすいように改良してきた。さらに、その方向を推し進めて開発されたのが多孔尺八である。

そして、その究極の姿が「オークラウロ」であった。これは大倉財閥《ざいばつ》の第二代当主、大倉喜七郎男爵の創案による尺八式の歌口にベーム式フルートのキー・システムを付けた金属製の縦笛で、半音階の正確な音程と均質な音色、高音域の拡大でフルートと同じ音域を確保した尺八の改良楽器である。古代ギリシアの縦笛「アウロス」と「大倉」を合わせて「オークラウロ」と名づけられ、大正一二年(一九二三)四月の「大倉式尺八披露会」で発表された。しかし、関東大震災の影響で発売は大幅に遅れ、昭和一一年(一九三六)八月になった。

大倉はその普及にも熱心だったが、けっきょく廃《すた》れてしまった——というより、そもそも発売当初からはたしてどのていど普及したか、はなはだ疑問である。まず定価四〇円から一〇〇円というのはかなり高価である。また、わざわざ指づかいを覚えるのも面倒で、そんな苦労までして尺八もどきを吹くよりも、本物の尺八を演奏したほうがよいという意識もあったかもしれない。けれどもそれ以上に問題だったのは、その均質な音色にあった。つまり、それは西洋音楽においては重要な要素だが、しかし、それはとりもなおさず、尺八ががんらいもっている音色の特性をなくしてしまうことになり、その結果、それはもはや尺八ではなくなってしまった。昭和一六年(一九四一)の雑誌『音楽世界』で、道雄と菅原明朗という当時の人気作曲家二人がこの楽器について、能率はよくなったが、尺八の魅力は減退したと語りあっている【18】。尺八の欠点だと思っていたものが、じつは尺八の持ち味だったわけで、そのうえその持ち味こそ、さまざまな音色を楽しむという日本人の伝統的な美意識によるものだったのである【19】。

西洋音楽の影響で、日本の伝統的な楽器を改良するといっても、その楽器のアイデンティティまで失ってしまったらなんの意味もない。音色を変えてしまえば、その楽器のアイデンティティを失うこととなって、定着しないのはとうぜんである。こんな点からも、道雄は箏の音色にこだわったのであろう。

ただ、正確な音程というセンスは、ジャンルによっては根づくことになる。それも、わざわざ新楽器としてではなく、従来の尺八の指孔を調節したり、五世福原百之助らによっておこなわれた、従来の篠笛の吹口《ふきくち》の大きさや指孔の位置や大きさを調節することでもじゅうぶんにできき、また、がんらいの楽器の音色を尊重するためにも、さらには新しい音楽に興味のない伝統的な音楽をもっぱら演奏していた人々にも受け入れやすかったため、指孔などを細工した従来どおりの楽器の形で定着したのである。

その点、低音域への拡大の場合、新楽器を作らざるをえなかった。だから、これら低音楽器に共通しているのは、杵屋佐吉の低音三味線の場合も、道雄の十七絃や宮城胡弓の場合も、これらの楽器のための新曲が作曲され、それとともに発表されたということである。つまり、これらは新しい音楽の創作をめざした結果、作らざるをえなかったもので、いままでの日本の音楽にはなかった概念のもとに作られた新楽器だったのである。むしろ、新曲がまず作曲、あるいはイメージされて、それを実現するために作られた楽器だったということになる。

ただ、道雄の八十絃やオークラウロは、これらともコンセプトが異なる。

前述のように、道雄は当初、八〇本もの弦を有する箏ではなく、もっと現実的な楽器の改良を考えていた。それが八十絃へと結実したのは、むしろ設計者の平林勇が主導したものと推測する。じつは、十七絃を作るときも、設計者の田辺尚雄がモデルとした中国の瑟《しつ》が二五弦だったため、田辺が二五弦を提案したのに対して、道雄のほうがそんなにいらないということで十七本の弦にしたといういきさつがあったからである。そして、八十絃も、道雄は自分の音楽をイメージした結果、二七弦程度を考えていたのに対して、平林のほうがグランド・ピアノを意識して、結果的に八十絃にした可能性が大きい。そのため八十絃の場合は、十七絃と違って、それが奏でる音楽のイメージが前もってなかったのではないだろうか。八十絃は、十七絃のような最初に音楽ありきではなく、最初に楽器ありきというもので、箏とピアノという和洋の楽器を合体した新楽器の開発をめざしたものだったという可能性が大きい。それゆえに、発表のときも八十絃のための作品を作曲していないのだろう。

　オークラウロも同様に、尺八とフルートという和洋楽器の合体をめざした新楽器で、この楽器の特性を活かした新しい音楽様式

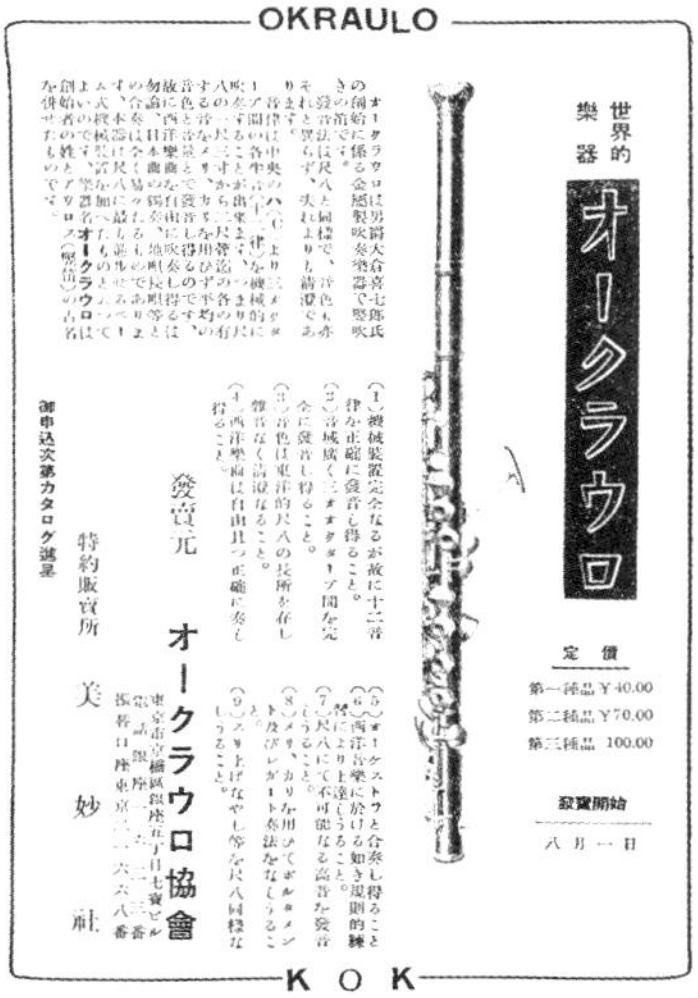

オークラウロの広告（『三曲』昭和11年7月号）

のイメージがなかったことも普及しなかった理由のひとつかもしれない。

じつは、明治期にも新楽器が製作されたが、こちらは、もっぱらすでにある音楽を演奏するための新楽器で、根本的にコンセプトが違う。この点については第13章であらためて記す。

そのほか、昭和になっても、鈴木バイオリン工場でマンドレーラやヤマトピアノなどという新楽器が製作された。宣伝文句には、「日本音楽の世界的向上」と銘打って、「マンドレーラは三味線、ヤマトピアノはお箏と同様の奏き方にて新形式の邦楽にはことに優れた演奏ができます」と記されているが、こうしたタイプの新楽器、またチェンバロをもとにした「金剛琴」や、昭和六年（一九三一）ごろの月琴《げっきん》をもとにした「ムーンライト」などの新楽器が生まれたが、すべて淘汰された。

このように、大正から昭和の初期にかけて生まれた新楽器のほとんどが、歴史の淘汰にあって消えていったが、道雄の十七絃だけは、いまなお使われているどころか、新しい展開をみせたのである。

十七絃が生き残った最大の理由は、道雄が《瀬音》などのように、この楽器でなければ演奏できない作品を作曲し、それがいまも多くの人々に支持され、演奏され続けていることにほかならない。宮城胡弓も同様である。

ところが十七絃の場合、それだけではなかった。道雄自身が予想だにしなかった事態がおこったのである。一九六〇年代に入って、洋楽系を含む作曲家たちがこの楽器に着目しだし、やがて独奏楽器として使われだしたのである。当時、世界的に音楽に対する概念、音色に対する価値観の転換がおきて、前衛音楽家たちの欲した音色に、道雄の気に入らなかった十七絃の音色が合致したからである。

昭和三二年（一九五七）に黛敏郎《まゆずみとしろう》、柴田南雄《みなお》、諸井誠《もろいまこと》らが結成した「20世紀音楽研究所」での演奏会は、前衛的な作曲に大きな刺激を与えた。いっぽう邦楽界でも、一九五〇年代中ごろから「邦楽4人の会」などが、洋楽系作曲家に邦楽器のための作曲を委嘱するようになったが、こうした状況のもとで、十七絃の独特の音色が、当時の前衛的な時代精神にとっては「魅力的な音」として捉えられたのである。

また、十七絃はたしかに一三弦の箏という伝統的な楽器の延長線上に創作された楽器ではあったが、道雄は過去の様式からはまったくかけ離れた新しい楽器として十七絃を創作し、曲作りをおこなった。それゆえに先行楽器である一三弦の箏とは「似て非なる」音楽的特性を備えた楽器として、独自の領域を開拓する可能性を秘めていたのかもしれない。

昭和三五年（一九六〇）に唯是震一《ゆいぜしんいち》が十七絃を主奏楽器とする曲として《十七絃と箏群のための協奏曲》を作曲し、昭和四〇年には菊地悌子《ていこ》の委嘱、牧野由多可《ゆたか》の作曲で《十七絃独奏のための主題と変容〝凪〟》が初めての独奏曲として生まれた。そして、十七絃はいまや流派を超えて、日本の楽器として完全に市民権を得るにいたったのである。

第12章◉大編成の作品群

❖新様式の合奏曲と合唱合奏曲

和楽器による合奏曲や合唱合奏曲など大編成の作品も、宮城道雄が開拓した新様式の音楽である。

道雄が属していた地歌箏曲の古典的な編成では、歌と箏・三味線・尺八または胡弓による三曲合奏がいちばん大きな編成だが、道雄はさらに大きな編成の作曲をした。つまり、第6章で分類した器楽曲④の合奏曲である。そして、このタイプの作品で、十七絃は低音部を支える楽器として、また宮城胡弓はメロディを奏でる楽器として重要な役割を果たしたのである。

最初の合奏曲は、大正一〇年（一九二一）一〇月三〇日の「第三回宮城道雄作曲発表演奏会」で演奏された《花見船》で、プログラムにも「管絃合奏」と記されている。初演時は、尺八二部、三味線二部、箏二部をおのおの二名ずつで演奏し、十七絃、それに三味線で代用した低音胡弓を各一名、そして道雄が従来の胡弓を演奏し、さらに、地歌箏曲では使わない篠笛を吉田晴風が担当するという大編成の意欲的な作品であった。しかし、不評だったうえになにより道雄自身が気に入らず、五年後に《船唄》に改作している。

表1　現行する合奏曲（＊は胡弓付き）

大正12年（1923）	《薤露調》（＊）	c076
大正15年（1926）	《船唄》（＊）	c087a
	《和風楽》（＊）	c100
昭和８年（1933）	《春陽楽》（＊）	c201
昭和11年（1936）	《満州調》（＊）	c263
昭和13年（1938）	《輝く大地》	c282
昭和16年（1941）	《村の春》（＊）	c310
	《大空の歌》	c313

その後も一七曲の合奏曲を作曲したが、表1のように、現行する八曲のうちの六曲で胡弓が主要旋律を担当している。前述のように、箏や三味線が弦をはじいて音を出す撥弦楽器のために音が減衰するいっぽうであるのに対して、胡弓は伝統的な弦楽器のなかでは唯一の持続音を出せる弓による擦弦《さつげん》楽器なので、尺八と同様に旋律を演奏するのに適していたうえに、道雄自身が演奏する楽器であったため、歌のない合奏曲で主要旋律を奏でるのに尺八以上に好都合だったのである。胡弓は、従来の三曲合奏では三味線とほとんど同じ旋律を演奏する楽器だったが、道雄は独立した旋律を奏でる主奏楽器としてもちい、それゆえに、弓も含めて宮城胡弓として開発する必要があったのであろう。

さらに、道雄は合唱を含む大編成の合唱合奏曲も作曲した。第6章での声楽曲⑤である。

最初の作品は、昭和二年（一九二七）に作曲された《天女舞曲》［c121］で、この作品は昭和天皇即位の奉祝曲として、天皇の即位のさいに舞われる雅楽《五節舞《ごせちのまい》》を題材として作曲されたものである。箏三部、十七絃二部、笙、尺八、胡弓、玲琴、楽太鼓、トライアングルによる合奏に、女声二部合唱が加わる。《五節舞》ががんらい、公卿《くぎょう》など高貴な家系の令嬢による舞であることを意識して女声合唱を加えたのかもしれない。

そして合唱合奏曲の第二作が、現在もよく演奏される《秋韻《あきのひびき》》［c173］である。東京音楽学校の教官と学生のために作曲されたもので、六年（一九三一）一一月一四日に日比谷公会堂で開催された同校の邦楽演奏会で初演された。歌詞は同校教授の高野辰之による。編成は箏二部、十七絃、三味線、楽太鼓、カスタネット、タンブリン、鐘、そして道雄の弾く胡弓と女声二部合唱である。女声合唱について道雄は次のように述べている。

ある日音楽学校で、私の作曲したものを箏曲科の学生に歌わせたことがあった。何《いず》れも女学校を卒業した者か、またはそれくらいの年頃の者であったが、その声の良しあしは別として、それが非常に純粋な響きで私の胸を打つものがあった。歌が朗詠風のものであったので、私は歌わせていながら、何だか自分が天国に行って、天女のコーラスを聴いているような、何ともいいがたい感じがした。私はあるレコードで、バッハのカンタータを聴いたことがあるが、そのカンタータのコーラスが、わざわざ少女を集めて、コーリングしたので、曲もそうであるが、普通のコーラスとは別の感じがして、私はその演奏に打たれたことがあった。私はそのとき、これから少女たちの声を入れたものを作曲してみたいと思った。【1】

音楽学校の演奏会では、いちどに多くの学生を舞台に乗せなければならない。そうした状況にふさわしい音楽として作曲したのであろう。じっさい、《秋韻》以後も東京音楽学校の演奏会用に合唱合奏曲を作曲し、また、《大和《やまと》の春》[c296]や《松》[c419]などは、三曲名流大会や自らの社中の大規模な演奏会のために作曲したものである。このタイプの作品には、道雄が合唱や合奏をバックに独奏箏を弾いて、その技巧を発揮するというスタイルもある。

そのひとつが《日蓮》[c401]で、道雄の作品のなかでもとくに規模が大きい。日蓮宗および日蓮上人《しょうにん》銅像建設五〇年慶鑽会《けいさんかい》の委嘱で作曲されたもので、昭和二八年（一九五三）一一月二日に、同会主催の「日蓮上人鑽仰《さんぎょう》の集い」（神田共立講堂）で初演された。箏と尺八が二部、十七絃、胡弓、笙、打楽器、それに初演のときはもちろん道雄自身が演奏した独奏箏、さらに、混声四部合唱と男性の独唱が付くというもので、「交声曲」と題されていた。交声曲とはカンタータの訳語で、一貫した内容をもつ歌詞をいくつかの楽章に分けて作曲した声楽曲のことである。日蓮上人の生涯と事跡を、「胎動《たいどう》」「黎明《れいめい》」「予言」「受難」「旋風」「自覚」「静寂」と題する七部に分け、それに前奏を加えた八部分から構成されている。

このほかにも、昭和一一年（一九三六）に東京市主催の太田道灌《どうかん》公四五〇年祭の記念会のために作曲した《道灌》［c252］や、一五年に日本文化中央聯盟《れんめい》主催の皇紀二六〇〇年奉祝芸能祭のために作曲した《寄桜祝《さくらによせるいわい》》［c303］など、このタイプの作品には委嘱作が多い。委嘱作品が多いということは、規模の大きな合唱合奏曲が当時好まれたことを意味するといえよう。

第二次世界大戦後には、声楽曲⑥にあたる地歌箏曲の古典曲を大編成の合唱合奏曲に編曲した作品も二曲ある。

昭和二七年（一九五二）八月に作曲して新日本放送の一周年記念として放送初演された《編曲八千代獅子《やちよじし》》［c387］が最初の作品で、おそらくこれも委嘱作であろう。地歌の古典曲《八千代獅子》を、歌と箏二部、十七絃、三味線、胡弓、尺八、篠笛、小鼓《こつづみ》という大編成にしたもので、第二作目の《編曲松竹梅《しょうちくばい》》［c414］（昭和二九）では、三橋勾当《みつはしこうとう》作曲《松竹梅》を、歌と箏二部、十七絃、三味線、胡弓、尺八、ピッコロ、フルート、小鼓という大編成にしている。

このように、道雄は自身が属する三曲界の楽器ばかりでなく、小鼓、羯鼓《かっこ》、笙、さらにはフルートなど、必要な音色を得るために洋の東西を問わず、あらゆる楽器を自由に使って大編成の合奏曲や合唱合奏曲を作曲したのである。

がんらい、日本の伝統的な音楽では雅楽、長唄、能など、それぞれのジャンルによって使う楽器が異なっていた。笙や篳篥は雅楽でしか使わないし、三味線は能では使わない。しかし、道雄はこうした垣根を取り払い、さまざまな楽器を自由に使うことによって、それまでの日本の音楽にはなかった新しい編成による新しい音楽を創り出した。作曲にさいして、道雄はすでに音楽のイメージがあって、それを具現化する音色を得るために、楽器を自由に使ったのである。

丹羽《にわ》正明は、「日本音楽集団は、その壁を取り払い、自由な発想による現代の演奏家グループとして全く新しい道を歩みだした。そして、元来が、雅楽を例外として、独奏乃至《ないし》は小編成の室内楽を主体として来た邦楽の世界に、大編成のオーケストラに匹敵するような邦楽アンサンブルを創り出した点でも、全くユニークな発想であった」【2】と、昭和三九年（一九六四）創立の日本音楽集団を高く評価したが、その先鞭をつけたのも道雄だった。

道雄はこうした合唱合奏曲をよりよく演奏できるように、合奏技術の向上をめざして、昭和八年（一九三三）に「宮城社研究部会」を創設して定期的に合奏曲の練習をおこない、二年後には「宮城合奏団」と称して対外的にも活動した。これを母体として四四年に新たに結成されたのが現在の「宮城合奏団」である。もちろん門人による演奏集団のため、箏と三味線、胡弓のみで、他の楽器は賛助出演を依頼するかたちではあったが、それでも当時としては先進的な合奏集団であった。

いま、あたりまえにおこなわれていることの大半が、道雄に端を発しており、その後世への影響ははかりしれない。それゆえに、吉川英史が宮城に贈った「現代邦楽の父」という尊称もうなずけよう。

❖雅楽の研究

道雄は、自身も述べるように、西洋音楽の要素を導入することで新しい音楽世界を切り拓いたが、じつは雅楽の影響もある。とくに、(合唱)合奏曲に、その跡をみることができる。

最初の合奏曲である《花見船》を道雄は失敗作だったと語り、それを契機に大正一一年(一九二二)ごろから宮内庁楽部の薗兼明《そのかねきよ》のもとで本格的に笙および雅楽を研究したという。道雄を田辺の音楽講義に連れていくなど、なにかと世話していた彫刻家で箏やハープ奏者でもあった雨田光平に雅楽のレコードを聴かせてもらって、「ぜひとも雅楽を研究しなければならないと思った」というのである[3]。

日本の伝統音楽のほとんどが小編成であるのに対して、雅楽のなかでもとくに管絃といわれる曲種は、篳篥、竜笛《りゅうてき》、笙の三管と、箏と琵琶の二弦、そして、鞨鼓、太鼓、鉦鼓《しょうこ》の打物《うちもの》という比較的大きな編成であることから、新しい日本の合奏音楽を創造するうえで参考になると考えたのであろう。

その成果は大正一二年(一九二三)作曲の第二作目の合奏曲《薤露調《かいろちょう》》[c076]にさっそく現れた。編成は胡弓、箏、十七絃、尺八、笙、楽太鼓、チャッパで、笙と楽太鼓という雅楽器をとり入れ、その音楽にも雅楽の影響をみることができる。

雅楽の管絃で使われる笙・篳篥・竜笛の役割を、笙・胡弓・尺八が担当し、琵琶的な要素は十七絃が受けもった。箏は雅楽の箏、つまり楽箏と普通のいわゆる俗箏では楽器も演奏法も異なるが、《薤露調》では俗箏でありながら、雅楽特有の「閑掻《しずがき》」といわれる旋律パターンを適宜挿入することで、雅楽の雰囲気を出した。しかし、たんに胡弓や尺八など三曲系の楽器を使って、伝統的な雅楽のスタイルを模倣したものではない。伝統的な雅楽をもととしながらも、道雄らしい新様式の合奏曲を創作したのである。

また、笙を使用しているが、これは笙の音色、それに「合竹《あいたけ》」という五、六音を同時に鳴らす和音奏法がある点に注目した結果であろう。《むら竹》[c064]や《観音様》[c356]など、新様式の歌曲にも笙を使って、独特の雰囲気を醸し出している。

いずれにせよ、道雄が既存の枠にとらわれない自由な発想の持ち主であったことはまちがいない。すでにさまざまな音楽で笙が使用されている現代においては、こうした笙の使用に驚くことはないが、笙を雅楽の楽器としてのみとらえていた当時の人々にとっては大いなる発想の転換だったのである。

なお、《薤露調》の冒頭にある笙の長い独奏は、田辺尚雄が作曲したものである。道雄が初演のときに笙を吹いてもらうために田辺のもとを訪れると、作品の概要を聞いた田辺が、「雅楽風の曲ならば、笙だけの前奏を付けたらどうか」と提案し、自らその手付を申し出たのである。手付するにさいして主要旋律を利用したいので、旋律を聴かせるようにと田辺が言うと、道雄はかたわらの尺八をとって、「そうですね……。私は吉田さんより尺八がうまいんですよ」と冗談を言って吹いたという微笑ましいエピソードもある。

道雄は西洋音楽ばかりではなく、幅広く日本の伝統的な音楽を研究、反映して、新しい音楽を作り出したのである。

さらに、器楽曲③の箏と西洋のオーケストラによる協奏曲も作曲したが、その最初でもっとも有名な作品が、昭和三年（一九二八）一一月三日の「御大典奉祝大音楽会」（日比谷公園新音楽堂）で、近衛《このえ》秀麿《ひでまろ》指揮による新交響楽団と道雄の箏によって初演された《越天楽変奏曲》［c137］である。

道雄は以前から箏の協奏曲を作曲したいと考えていたが、そこへちょうど昭和天皇の即位の大典に奉祝曲を作曲するようにとの委嘱があった。当初は三楽章構成で作曲する予定だったということが、西洋古典派以降の協奏曲の多くが三楽章であるのを意識しての構想であろう。新聞のインタヴュー記事に、第一楽章は軽快な賑やかなもの、第二楽章は雅楽の《越天楽》の変奏曲、第三楽章は終曲とする予定で、西洋の和声にとらわれることなく作曲したいと語っている【4】。しかし、じっさいに作品化されたのは第二楽章にする予定だった雅楽の《越天楽》を主題とした変奏曲だけで、これを箏のカデンツァを含む単独の作品として《越天楽変奏曲》としたのである。

オーケストラ部分は、原曲の雅楽を西洋の楽器に置き換えた感じである。原曲では琵琶で演奏するところをファゴットで演奏し、笙をヴァイオリンとヴィオラで演奏するというオーケス

《盤渉調箏協奏曲》。箏独奏：宮城道雄、指揮：山田和男（一雄）、東京フィルハーモニー交響楽団（昭和29年５月28日、日比谷公会堂）

トレーションだが、この部分は近衛秀麿、直《なお》麿《まろ》兄弟が担当した。とくに直麿は、この話がもちあがる前から《越天楽》の音の模倣を主体としたオーケストレーションを試みており、したがってこの作品は道雄と近衛兄弟による共作といえる。道雄が箏の独奏部と各ヴァリエーションなど曲全体の骨格を作り、近衛秀麿、直麿兄弟が道雄の意向を聞きながらオーケストラ部分を作曲した[5]。現在、残されている点字楽譜にも、オーケストラ部分のフルートやヴァイオリン、ときには、「主旋律」などと記してきっかけとなるフレーズの譜が書かれ、それに続いて、「ここのところより箏の和声おこる」といった指示や独奏箏のパート譜が記されている。

なお、この作品では変奏曲の常套《じょうとう》手段ともいえる転調の効果を出すために、平調《ひょうぢょう》と盤渉《ばんしき》調《ちょう》の《越天楽》を応用しているが、これは、雅楽の調が西洋音楽の調性とは違って、旋律じたいが調によって変わることを巧みに利用したもので、道雄の雅楽研究はこうしたところにも活かされているのである。ちなみに、従来はこの《越天楽変奏曲》が伝統楽器とオーケストラによる協奏曲の最初とされてきたが、前年に町田嘉章作曲の《三味線協奏曲》がある【6】。

その後、道雄は昭和八年（一九三三）に菅原明朗との共作で《神仙調《しんせんちょう》箏協奏曲》[c204]、一二年に下総皖一《しもふさかんいち》との共作で《壱越調《いちこつちょう》箏協奏曲》[c267]、二八年に松平頼則《よりつね》との共作で《盤渉調箏協奏曲》[c157]と、全部で四曲の独奏箏とオーケストラのための協奏曲を作曲した。《壱越調》は東京音楽学校、《盤渉調》はＮＨＫの委嘱によって作曲された協奏曲である。

一一年（一九三六）には、箏と尺八を独奏楽器とした邦楽器の合奏による協奏曲として《平調協奏曲》[c250]（現行しない）、一五年には日本文化中央聯盟の委嘱による独奏箏と邦楽器の合奏のための《祝典箏協奏曲》[c304]といった邦楽器群との協奏曲も作曲した。さらに一九年には、ドイツ向け海外放送用に《越天楽変奏曲》を独奏箏と邦楽器合奏のための協奏曲に編曲したのである【7】。

こうした大編成の作品は、その新しさがわかりやすく、話題性があったため新聞などでもよく取り上げられ、日本音楽集団をはじめとして後世への影響も大きかった。発表当時の評判は賛否両論であったが、この点にかんしては第16章で述べることにする。

第13章 ◉ 新舞踊と新歌舞伎——付随音楽

宮城道雄は舞踊や歌舞伎のための舞台音楽をはじめとして、映画、ラジオなどの付随音楽も作曲しているが（表1）、ここではとくに舞台音楽に焦点を当てることにする。このジャンルはこれまで音楽的に論じられることがなかったばかりか、その全体像も把握されていなかったことに加えて、新舞踊や新歌舞伎など道雄が生きた時代を考えるうえで重要な問題が含まれているからである。

❖ 新舞踊と宮城曲

音楽における近代化の運動であった新日本音楽とほぼ同時期に、舞踊界におこった近代化の動きが「新舞踊」である。この運動の旗手となったのは、本居長世が主宰していた如月社にも顔を出していた藤間静枝（のちの藤蔭静樹《ふじかげせいじゅ》）であった。静枝は大正六年（一九一七）、三六歳のときに、古典の探究と新しい舞踊の創造をめざして、女性として初めて独立した研究団体「藤蔭会《とういんかい》」を組織したのである。

彼女を触発したのは、坪内逍遥《つぼうちしょうよう》の『新楽劇論』（明治三七／一九〇四）で、そのなかで、逍遥は、「諸種の西洋楽劇を参酌《さんしゃく》し、而《しこう》して振事《ふりごと》本位に立脚してどこまでも国劇固有の特質を発展し醇化《じゅんか》することを努めるのが国劇改良の真の方針であろうと信じます」と述べている。

藤蔭会が注目されたのは大正六年九月の第二回公演で、このとき上演された《出雲於国《いづものおくに》》は、六世尾上《おのえ》菊五郎と女流劇作家の長谷川時雨《しぐれ》によって結成された狂言座が三年に発表した《歌舞伎草子》（長谷川時雨作、五世杵屋巳太郎《きねやみたろう》作曲、二世藤間勘右衛門《かんえもん》振付）の再演ではあったが、装置を洋画家の和田英作に依頼することで、従来の古典舞踊とは趣《おもむき》の異なる作品としたのである。翌七年四月の第三回公演では《保名《やすな》》が注目を集めた。これは文政元年（一八一八）の初演のあと、絶えていたものを九世市川團十郎《だんじゅうろう》が復活して、それを静枝が和田の弟子であった田中良《りょう》の装置で踊ったのである。この装置を踏襲するかたちで一一年に菊五郎が踊って以来、現在もよく上演される演目となった。このように、新舞踊は舞台美術の改革から始まったのである。

初めて「新舞踊」という名称が使われたのは、花柳《はなやぎ》徳次（のちの五條珠実《ごじょうたまみ》）が発表した四世杵屋左吉作曲の《惜しむ春》（香取仙之助作詞）で、振付は表向きには徳太郎となっていたが、じっさいは徳次であった。この作品は大正八年一一月の花柳徳太郎主催「柳桜会《りゅうおうかい》」で発表されており、日本の音楽の近代化元年と奇しくも一致する。

静枝も翌九年一一月の第八回公演で杵屋左吉作曲の新作《浅茅《あさじ》ケ《が》宿《やど》》（香取仙之助作詞）を「新舞踊」と銘うって発表し、その後も和田英作、福地《ふくち》桜痴《おうち》の五男福地信世《のぶよ》、町田嘉章、田中良をブレーンとして活動を続け、一〇年五月の第九回公演で発表した《思《し》凡《ぼん》》で脚光を浴びることになる。この作品は福地が中国の古典劇である崑《こん》曲《きょく》の《思凡》を翻案《ほんあん》したもので、作曲は町田嘉章の指示で、山田流箏曲と一中節《いっちゅうぶし》という、これまでの舞踊の地《じ》（伴奏）には使われることのなかったジャンルが受けもった。

がんらい、江戸時代

表１　舞台音楽、付随音楽など

（作曲年、タイトル五十音順）

作曲年	タイトル
大正13	訶梨帝母（舞台音楽）　C092
昭和８	落葉（映画音楽）　C202
昭和10	かぐや姫（映画音楽）　C240
昭和14	闇を開く（ラジオ音楽）　C292
	日本創造（ラジオ音楽）　C293
昭和15	想星湖（舞台音楽）　C306
昭和17	すみだ川（映画音楽）　C322
昭和18	皎噹吧文（舞台音楽）　C327
昭和21	滝口入道の恋（舞台音楽）　C338
	新説牡丹灯籠（舞台音楽）　C339
	千姫と坂崎（舞台音楽）　C340
	松風村雨（舞台音楽）　C424
昭和22	芦刈（舞台音楽）　C343
	静（舞台音楽）　C347
昭和25	火の鳥（映画音楽）　C362
昭和26	源氏物語（舞台音楽）　C373
昭和27	源氏物語（ラジオ音楽）　C382
	湖上（舞台音楽）　C383
	狐と笛吹き（舞台音楽）　C384
昭和29	春琴物語（映画音楽）　C407
	玉虫の舞（舞台音楽）　C410
	大和物語（舞台音楽）　C416
昭和30	薔薇いくたびか（映画音楽）　C417

の舞踊は歌舞伎の一部としておもに展開してきたため、踊り手は歌舞伎役者、そして音楽も長唄、常磐津節《ときわづぶし》、清元節《きよもとぶし》など三味線音楽によるものだったのである。

ただし、前月の中座《なかざ》で上演された新舞踊《和歌の浦》（坪内逍遥作）では、長唄、常磐津節、そして、当時宝塚歌劇の座付き作曲家であった三善和気《みよしかずおき》による洋楽が地を勤めた。じつは、雌《め》鶴《づる》役を演じたのは、プロデューサー的立場だった坪内士行《しこう》の妻でタカラジェンヌの雲井浪子《なみこ》であり、その関係での三善の起用とも考えられる。坪内士行は「新しい振りといっても、振りは作曲にともなうものである。三味線を主としていたら、いくら新しがっても昔の振りの繰り返し。まず思い切って、無鉄砲であるのが一番いい」【1】、と述べており、新しい舞踊を模索した人々のなかに積極的に音楽に着目した人がいたことになる。ただ、宝塚歌劇の創始者、小林一《いち》三《ぞう》は、この試みを「実に効果のない無駄な試み」として酷評している【2】。

さて、ふたたび《思凡》に話を戻すと、装置は田中良、照明として遠山静雄が参加し、そして振付を静枝自身がおこなった。家元以外がその公認のもとに実名で振付をした最初の作品で、その意味でも画期的であった。その評価は賛否両論ではあったが、菊五郎のほか七世松本幸四郎、六世尾上梅幸《ばいこう》、二世市川猿之助《えんのすけ》、五世中村福助や作家、音楽家など多くの人々がこの作品に注目した。そして、菊五郎の「静枝の芸がうまいかまずいかは別にして、何が何でもやったものが偉い」という言葉に、革新をめざす当時の時代精神が表れているといえよう。

この《思凡》を始めとする静枝の作品は、舞踊の世界に新生面を切り開いて、それが大きな刺激となって、歌舞伎役者の若手たちも続々と新作の舞踊を発表したのである。

大正一〇年（一九二一）一一月には、猿之助が第二回春秋会公演で自ら構成・振付を担当して新作《虫》を初演したが、この作品は猿之助が前年の外遊中に観たディアギレフ率いるバレエ・リュス（ロシア・バレエ団）に影響を受けて創作したもので、地が歌のない音楽というのは、がんらい、歌詞の言葉に当てて振付をする「当振《あてぶ》り」が主流の日本舞踊においては野心的で大きな話題となった。この音楽は、今儀修山（謹次郎）作曲・指揮による尺八を主体とした器楽曲に鳴物《なりもの》（望月太左衛門《もちづきたざえもん》手付）、三味線（前田露友《ろゆう》手付）、胡弓（鶴沢才三郎手付）、箏（矢野恵美子手付）、二弦琴《きん》、春秋弦弓（義太夫三味線の棹を短くして、チェロの糸をかけ、弓で弾く楽器）が付く総勢三八名による和楽器合奏であった。しかし、『演芸画報』の勝本清一郎や町田嘉章の評は厳しく、町田は、ひとりで作曲したものでないので「百姓一揆《いっき》のような音楽」と述べている【3】。

いっぽう、静枝も翌一一年九月におこなわれた第一一回公演（有楽座）では、歌詞のない音楽を地に踊っており、その音楽に選んだのが道雄作曲の《落葉の踊り》であった。大正一〇年一〇月の「第三回宮城道雄作曲発表演奏会」に町田に誘われてやってきた静枝は、箏・三味線・十七絃による器楽曲《落葉の踊り》の独創的な新鮮さに衝撃を受け、そくざに舞踊化を決心したという。同会では、道雄の《落葉の踊り》と《秋の調》のほか、本居長世の童謡《お馬》《十五夜お月さん》《四丁目の犬》《青い目の人形》に振り付けた童謡舞踊と本居の民謡《別後《べつご》》による舞踊も発表された。とくに道雄の《落葉の踊り》と《秋の調》が大きな反響を呼び、演劇評論家の宇野四郎は『三田文学』一一年一一月号で酷評したが、同じ雑誌で勝本清一郎は絶賛したのである。

その後も、《さくら変奏曲》《瀬音》《春の海》や、童謡舞踊として《春の雨》《夜の大工さん》など多くの宮城曲が舞踊化された。ただし、これらはいずれも既存曲に振り付けたもので、静枝は他に弘田竜太郎、山田耕筰など当時活躍していた洋楽系作曲家の作品にも振り付けている。

やがて、静枝は新作として規模の大きな舞踊劇も発表するようになるが、その最初の作品が、大正一三年（一九二四）五月に上演された竹内勝太郎作の舞踊詩を勝本清一郎が演出・構成した《蛇身厭離《じゃしんおんり》》で、音楽は小松平五郎作曲の洋楽である。ワグネル・ソサィエティー（慶応義塾大学の音楽団体）の二〇人ほどのオーケストラで演奏して、注目を集め話題を呼んだものの、洋楽と舞踊の不調和を指摘するものもあって、かなり批判的なものが多かった。

そして、翌一四年六月の公演で上演されたのが、作曲を道雄が担当した勝本清一郎作・構成・演出の《訶梨帝母《かりていも》》[c092]であり、道雄にとっては初めての舞踊音楽である。編成はソプラノ独唱、アルト独唱、混声合唱、竜笛、フルート、尺八、篳篥、大篳篥、笙、胡弓、ヴァイオリン、ヴィオラ、チェロ、コントラバス、箏、大小十七絃、ティンパニー、楽太鼓、鞨鼓、鉦鼓、銅鑼《どら》、鐘、シロフォン、トライアングルなど五〇人あまりによる壮大な和洋混合管弦楽曲で、指揮は三宅延齢であった。

《蛇身厭離》での洋楽の不評もあって、新日本音楽の旗手、道雄に依頼したのかもしれない。士行が「新」の追求として洋楽に着目したのと同様の意味で、新日本音楽に着目したのだろう。新舞踊と新日本音楽の結びつきはごく自然ともいえる。それは「新○○」に共通する日本の伝統に西洋文化の要素を加えて伝統を再生するというコンセプトによるもので、この点については後述する。

ただし、《訶梨帝母》も評判はあまりよくなかったようである。楽譜もなにも残されていないいまとなっては、どのような音楽だったかはわからない。その後も、静枝は精力的に活動を続けて、新舞踊の旗手となるが、昭和一八年（一九四三）五月二七日におこなわれた「藤蔭静枝舞踊生活五十年記念」（東宝劇場）の公演でも、佐佐木信綱作の舞踊劇《皎瑠吧文《じゃがたらぶみ》》[c327]を発表し、道雄が作曲を担当したが、「音楽でつまずき」と評され【4】、不評であった。

こうした新舞踊の運動は大きな流れとなって、昭和の新舞踊の隆盛をまねき、昭和五年（一九三〇）には、花柳寿美《すみ》の「曙会《あけぼのかい》」、花柳（五條）珠実の「珠実会」、藤間春枝（吾《あ》妻徳穂《づまとくほ》）の「春藤会《しゅんとうかい》」、西崎緑の「若葉会」などが結成されて、まさに百花繚乱《りょうらん》といった趣を呈した。道雄は静枝のほか、西崎緑のためにも、昭和一五年に、舞踊劇《想星湖《そうせいこ》》[c306]の音楽を担当したが、この作品を含めて舞踊音楽はいずれも残っていない。

第二次世界大戦後は、昭和二二年（一九四七）六月一日に舞踊劇《芦刈《あしかり》》[c343]の音楽を地歌箏曲家の富崎春昇《しゅんしょう》とともに担当し（主催者、会場は不明）、二三年七月三日から二二日までは有楽座で上演された《舞踊詩劇　静物語《しずかものがたり》》〔c347〕の音楽を担当した。この作品は三幕一五抄《しょう》で、静と義経を演ずる吾妻徳穂・藤間万三哉《まさや》夫妻が舞踊を、頼朝役の中村吉衛門が演劇を、洋画家の藤田嗣治《つぐはる》が装置を担当し、朗読は元宝塚スターの小夜《さよ》福子、のちに人間国宝となった六世中村歌右衛門や松本白鸚《はくおう》も参加し、音楽にはショパン国際ピアノ・コンクールに日本人として初参加して特別聴衆賞を受賞した原智恵子も加わる豪華なものであった。これは「光輪会」という高松宮《たかまつのみや》殿下の名のもとに音楽、美術、舞踊、演劇など各界のエキスパートが集まって、「東洋と西洋の総合、古典と未来との諧調《かいちょう》」による新しい総合芸術をめざして組織された会が制作した最初の作品である【5】。音楽全体は道雄が担当したが、そこには原の演奏するショパンの《二四のプレリュード》やその六番を道雄が箏にアレンジして原のピアノとコラボレーションするという、近年でもおこなわれそうなユニークな試みも含むものであったが、評判は芳しくなかった【6】。

また、昭和二七年（一九五二）五月一九日の「花柳徳兵衛舞踊会」のために《湖上》〔c383〕を作曲している【7】。

このように、道雄は新舞踊にもごく初期からかかわっていたのである。

❖昭和二一年の歌舞伎音楽群

いっぽう、道雄が歌舞伎にかかわるのは戦後である。前述のように、歌舞伎音楽はがんらい、長唄、義太夫節、清元節、常磐津節などの三味線音楽と鳴物を含む下座音楽で、江戸時代は箏曲地歌のプロが歌舞伎音楽を担当することはほとんどなかった。それが明治以後、西洋文化の影響を受けて歌舞伎における近代化である「新歌舞伎」がおこり、そこで演奏される音楽にも新しい風が吹き込まれたのである。したがって、新歌舞伎も新日本音楽や新舞踊など「新」のつく芸能として、日本文化の近代化のひとつだったわけだが、この点については後述することとして、まずは道雄の歌舞伎音楽について述べる。

道雄が初めて担当したのは、戦災をまぬがれた東京劇場で終戦からわずか半年後の昭和二一年（一九四六）二月五日から上演された「市川猿之助劇団　水谷八重子《やえこ》特別加入」での舟橋聖一作《滝口入道の恋》［c338］である。封建的古典の上演を許可する条件として非封建的な新作の抱き合わせ上演が、占領政策によって義務づけられたため、こうした新作歌舞伎が多く生み出された。配役は二世市川猿之助の滝口、守田勘彌《もりたかんや》の維盛《これもり》、そして横笛は水谷八重子であった。

音楽は筋書に「作曲宮城道雄」と掲載されているが、道雄自身は随筆「舞台裏」［y415］に、「猿之助さんが『滝口入道の恋』をやるというので、わたしと佐吉さんとで伴奏することになりました」と記している。当時、松竹の音楽部長だった杵屋佐吉が一緒に音楽を担当するのはむしろとうぜんだが、じっさいにどんな音楽であったかは、箏と歌の楽譜の断片が残されているだけなのでわからない。ただ、筋書には「詠唱杵屋弥十郎／宮城道雄社中／日本合唱団／松竹交響楽団」と記されており、洋楽も含まれていたことが想像できる。「編曲宮城衛」ということなので、衛が洋楽編曲にあたったのかもしれない。この作品は好評だったようで、四月七日からの東京劇場での「市川猿之助劇団　水谷八重子特別加入」の第一部で再演された。

同公演の第二部で上演された舟橋聖一作《新舞曲　松風村雨《まつかぜむらさめ》》[c424]の音楽も道雄が担当した。これは、須磨に流罪《るざい》となった在原行平《ありわらのゆきひら》の寵愛《ちょうあい》を受けた海女《あま》の松風・村雨姉妹が、行平の去ったのち、昔をしのび恋い慕《した》ったという伝説にもとづく作品で、この題材は、これまでにも常磐津節、富本節、長唄、清元節など、さまざまな音楽で舞踊劇として取り上げられてきた。そして戦後初の作品として新しく作られたのが、道雄作曲による《新舞踊　松風村雨》だったわけである。ただ、これも楽譜の断片すらなく、その音楽をうかがい知ることはできない。

この年の八月八日から東京劇場で上演された川村花菱《かりょう》作・演出の《新説牡丹灯籠《ぼたんどうろう》》[c339]の音楽も道雄が担当した。出演は市川猿之助劇団、市川寿美蔵《すみぞう》劇団に三世中村時蔵ほかで、現在、箏譜・三味線譜・五線譜の草稿らしきものと点字譜が残されており、点字譜には、歌二部、箏二部、十七絃、三味線、尺八、フルートの楽譜が記されている。

また、この公演の第二部で上演された三宅大輔作《千姫と坂崎》[c340]の音楽も道雄が担当した。点字譜による三味線の断片が残されているだけだが、いずれの作品も筋書には「宮城道雄作曲／箏曲宮城社中」となっている。

　ほかにも新作歌舞伎が当時いろいろと作られたが、それらの音楽は長唄、常磐津節、清元節などの旧来のジャンルが主流であった。ただし、舞踊劇と歌舞伎の線引きはむずかしく、前述のように歌舞伎役者による舞踊会では、ごく初期から箏や尺八を含む三曲楽が使われていた。《和歌の浦》も昭和二年（一九二七）三月の「中村鴈治郎《がんじろう》上京出演東西合同大歌舞伎」（歌舞伎座）での上演の折には、常磐津連中《れんじゅう》、長唄連中、それに中島雅楽之都社中および小西君山による三曲合奏も地を勤めたものと思われる[8]。また、四年六月の「六月興業大歌舞伎」（歌舞伎座）では、山田検校作曲の《那須野》が舞踊化され、今井慶松社中が演奏している。この作品はもともと歌舞伎劇を山田検校が箏曲化したものゆえの歌舞伎舞踊化かもしれない。

前列左から３世市川段四郎、中島雅楽之都、２世市川猿之助。《黒塚》（昭和16年12月、京都南座）
提供：（公財）正派邦楽会

　昭和一一年（一九三六）八月の「吉例納涼八月興業」（歌舞伎座）

では、《虹物語》（池田鏁子《こうこ》・岡田八千代・木村富子作）が上演され、音楽は「常磐津―松尾太夫・箏及《および》楽―中島雅楽之都・尺八―中尾都山・長唄―杵屋佐吉・竹本連中」であった。一四年一一月の「十一月興行大歌舞伎」（東京劇場）では、《黒塚》（木村富子作、花柳寿輔《じゅすけ》振付、二世市川猿之助ほか）が上演され、杵屋佐吉作曲、中島雅楽之都箏手付による音楽で【9】、翌一五年一月の「初春大歌舞伎」（東京劇場）では、《綾《あや》の鼓《つづみ》》（木村富子作、花柳寿輔振付、二世市川猿之助ほか）が上演され、音楽は杵屋佐吉作曲、中島雅楽之都箏手付であった。このように、似たタイプの作品が続けて創作されたが、そのうち《黒塚》は猿之助の生涯の当たり役となり、「猿翁十種《えんおうじっしゅ》」として現在もよく上演される歌舞伎の重要演目として定着している。終戦後わずか半月の九月二日に、猿之助が戦災を免《まぬか》れた東京劇場で上演したのも《黒塚》であった。電報を打ったり、檄《げき》を飛ばしたりして役者を集め、自宅を合宿所のようにして公演にこぎつけたという。

❖《源氏物語》の音楽

昭和二〇年（一九四五）五月二五日の空襲で焼け落ちた歌舞伎座は、総工費二億八一三八万八六〇六円、総工事期間四五七日をかけてようやく復興し、二六年一月三日に開場式がおこなわれた。そして、この年の三月に尾上菊五郎劇団によっておこなわれた「歌舞伎座三月興行」で、谷崎潤一郎監修・舟橋聖一脚色の《源氏物語》[c373]が六幕で上演され、その音楽を道雄が担当したのである。戦前では『源氏物語』の歌舞伎化など、とても許されるものではなかった。じっさい、昭和一〇年に六世坂東簑助《ばんどうみのすけ》の企画、番匠谷英一《ばんしょうやえいいち》の脚本で上演を試みたが禁止されている。戦後ゆえに上演できたわけである。そのうえ、当時は谷崎潤一郎訳『源氏物語』の第二回目（新訳）の出版が始まり、一大ベストセラーとなって一種の「源氏物語ブーム」が起きていた。

筋書には作曲者として宮城道雄と清元栄次郎の名が記されているが、第五幕紅葉賀《もみじのが》の巻の一部分だけが清元栄次郎の作曲であるという。『源氏物語』に出てくる和歌を歌詞とした歌を作曲するなど道雄の音楽は好評で、劇評家の秋山安三郎は「開幕中絶えず典雅な音楽が聞え、まことに快い見物である」と評している[10]。歌はソプラノの長門《ながと》美保と栗本尊子《たかこ》、合唱は長門美保歌劇団、演奏は宮城道雄社中と弦楽四重奏ヴァイオレットアンサンブルであった。作品全体としても大成功をおさめ、「この成功によって、歌舞伎は復興を遂げた」と書くものもあり、同年一〇月の「歌舞伎座十月興行」では、改訂増補《源氏物語》が上演されたほどである。三月の公演では《勧進帳》との抱き合わせ上演だったが、改訂増補版では、さらに須磨、明石《あかし》の巻を加えて七幕の単独上演で、音楽も作曲者として道雄を筆頭に團伊玖磨《だんいくま》、杵屋栄蔵、柏伊三《かしわいさ》之助《のすけ》が加わり、弦楽四重奏ではなく東京フィルハーモニーが演奏を担当した。これも好評だったようで、翌月には「大阪新歌舞伎座十一月興行」で改訂増補版を再演している。

以上を《源氏物語　第一部》とし、第二部は翌昭和二七年（一九五二）五月に歌舞伎座で「五月興行大歌舞伎」として八幕で尾上菊五郎劇団、市川猿之助劇団によって初演され、作曲は道雄と清元栄次郎、歌は長門美保ら西洋音楽の歌手も含んだものの、演奏は宮城道雄社中のみで、編成は箏、十七絃、胡弓、尺八、打物であった。これも好評だったようで翌月に再演されている。そしてさらに、二九年五月に《源氏物語　第三部》が六幕構成で尾上菊五郎劇団によって歌舞伎座で初演された。道雄の作曲、宮城社中の演奏、そして、西洋音楽の歌手という構成は前回と同じで、これも翌月に再演されている。

大山功《いさお》は、「随所に唄と踊りをちりばめて舞踊劇的な要素も豊富にとりいれ、広大典雅な舞台装置と華麗豪奢《ごうしゃ》な衣裳とがあいまって、いわば、一種のスペクタクルないしコスチューム・プレイとして観衆の目を奪うにたる作品であった」と評している【11】。この評は戦前の和洋混合音楽の不評とは対照的だ。作曲の手法が進化したという面もあるかもしれないが、聴く側がこうした音楽に抵抗感がなくなってきたという面もあるだろう。

光源氏は九世市川海老蔵《えびぞう》が一貫して演じ、彼の生涯を飾る当たり役となった。道雄没後も、昭和三二年（一九五七）五月と六月に第一部改訂増補版、三九年三月に第一部が再演された。そして、息子の一〇世海老蔵にこの当たり役は引き継がれ、四五年二月に《源氏物語》の第一部に手を加えて上演されたが、そのときの音楽は山田流箏曲の中能島欣一と荻江《おぎえ》節《ぶし》の荻江露友ほか作曲のものであった。四九年四月の舟橋聖一作《朧月夜《おぼろづきよ》かんの君》は「宮城道雄／荻江露友音楽」で上演され、五〇年五月の円地《えんち》文子《ふみこ》作《葵《あおい》の巻》は地歌箏曲家の「平井澄子作曲」で、平成にはいってからも、元年（一九八九）二月の《源氏物語絵巻》（田中青磁《せいじ》作）では、山田流箏曲の山勢松韻《やませしょういん》が箏の手付をし、七年九月の《夕顔の巻》は、清元節の清元栄三郎と地歌箏曲の富崎富美代作曲という具合に、いずれも音楽は箏曲中心、あるいはなんらかのかたちで箏が入る音楽であった。しかし、本来ならば「源氏物語」の音楽は雅楽のはずである。そんな時代考証よりも、道雄の音楽のほうが聴きやすく典雅な印象で、歌舞伎の《源氏物語》の音楽スタイルとして踏襲されたのかもしれない。

《源氏物語》録音風景（文化放送第５スタジオ）。前列右から２人目より宮城道雄、山本安英

またさらに、ラジオ放送の《源氏物語》[c382] の音楽も道雄は担当しており、《源氏物語》の付随音楽のイメージを創るうえで大きな役割を果たしたといえよう。

文化放送は昭和二七年（一九五二）、開局記念番組として、山本安英《やすえ》の朗読と宮城道雄の音楽で《源氏物語》を放送した。第一期は三月三一日から六月二三日の一三回で、この放送が好評だったために第二期が企画され、この年の一〇月四日から翌二八年の一月三日まで、やはり一三回放送された。いずれも土曜日の夜八時から三〇分間というゴールデンアワーであった。

この放送では、音楽はたんなる伴奏ではなく、音楽と朗読が一体化して『源氏物語』の世界を作り上げるというもので、収録が終わるたびに道雄と安英は次回の相談をし、構想を練り作曲したという。朗読される内容をもとにイメージをふくらませ、音楽的に表現するという道雄独特のイメージ描写で作曲されたのである。またさらに、登場人物のテーマを作って、ワーグナーの楽劇におけるライトモティーフ（示導動機）のように、それらを効果的に使った音楽作りをしたので、たんなる付随音楽の域をはるかに超えるものであった。そして、箏を中心とした音楽、とくに、フレーズ感、拍節感が明確な道雄の音楽は、いまのわれわれと似た音楽的感覚をもった戦後の日本人には受け入れやすく、彼の流麗な旋律はなにか雅《みやび》さを感じさせたであろう。当時は一般の人々にとって雅楽はあまりなじみがなく、また、清少納言《せいしょうなごん》が篳篥の音色をクツワムシのように騒々しいと言ったように、日本人は篳篥の音色に雅さを感じられなかったのかもしれない。そのうえ、道雄の合奏音楽は、前述のようにかなり雅楽を参考にしたところもあるので、マイルドな雅楽風の要素もあってちょうどよかったという面もあるだろう。

現在は、孫の一一世海老蔵の代になって、平成一二年（二〇〇〇）五月に瀬戸内寂聴《じゃくちょう》訳《源氏物語》が上演され、以後、雅楽師の東儀《とうぎ》秀樹が音楽を担当している。もっとも、二回目の瀬戸内《源氏》のときは、地歌箏曲家の川瀬白秋も作曲者として名を連ねていたので、当時はまだ箏の音が必要とされていたのかもしれない。しかし、それ以後は東儀秀樹単独で作曲にあたっている。観客もさることながら、舞台の作り手側も世代交代した結果かもしれない。

さて、この間、道雄は源氏物語以外の歌舞伎音楽も担当している。昭和二七年（一九五二）七月の歌舞伎座では、北条秀司《ほうじょうひでじ》作・演出の《狐《きつね》と笛吹き》[c384]が上演され、道雄が音楽を担当した。この作品は北条秀司の代表作のひとつで、その後もたびたび再演されている。音楽は歌、箏二部、十七絃、胡弓、横笛、笙、フルート、打物という編成で、ソプラノや男声・女声合唱も含むものであった。

昭和二九年七月には、歌舞伎座で上演された岡本綺堂《きどう》作《平家蟹《がに》》[c410]の音楽を担当したが、この作品の初演は明治四五年（一九一二）二月で、その後もたびたび再演された人気作である。かつて岡鬼太郎《おにたろう》が、「この芝居に三味線を合方《あいかた》に使ふのは、どう云ふ了見であろう」と批判したが、この昭和二九年の上演では演出家の久保田万太郎の要請で、道雄の音楽、奥村土牛《どぎゅう》の美術となった【12】。壇《だん》ノ浦《うら》の浜辺で平家の官女の生き残り玉虫が、那須与一の弟に神にそなえる酒と偽って毒の酒を飲ませ、玉虫が舞う舞のテンポがとつぜん速くなったところで与一の弟が苦しみ出すという、道雄の音楽が重要な役割を演じてクライマックスを作り上げる演出である。この作品が道雄の歌舞伎音楽としては最後のものとなった。

このように、道雄は付随音楽の場でも活躍し、総合芸術の一翼を担ったのである。

第14章◉「新」による伝統の再生

新舞踊、新日本音楽といった「新〇〇」の動きは、現代の日本文化へと直接つながる伝統芸能の近代化運動である。そして、それは明治期にさかんに提唱された「改良」という、劣等感に由来する伝統文化の否定とは根本的に異なる。道雄は音楽面において現代への道筋をつけた人物だが、その点を明確にするために、明治期の「改良」という考え方と、その後に起こる「新〇〇」との違いについて、まずは歌舞伎の近代化を例にみていくことにする。

❖ 新歌舞伎とは

歌舞伎は江戸時代に庶民の遊芸として花開き、儒教《じゅきょう》的な禁欲を旨としていた為政者《いせいしゃ》からは、必要悪として認められていた。そのため、明治になって、猥雑低級でなんらの価値なしとする論まで出て、改良をせまられたのである。

そこで、「芝居町は悪所」という従来のイメージを払拭《ふっしょく》するために、九世市川團十郎は歌舞伎を高尚な演劇に改革することをめざして、史実と時代考証を重んじた英雄尊重志向の「活歴」といわれる歴史劇を上演したものの、一般の支持を得ることはできなかった。むしろ、五世尾上菊五郎が熱心に上演した「散切物《ざんぎりもの》」、つまり、演技や演出法、さらに戯曲のコンセプトも従来の歌舞伎そのままを踏襲しながら、文明開化の新風俗を取り入れた世話物のほうが、その目新しさもあって人気を博したのである。それは、ほとんどの日本人の感覚が、音楽と同様に江戸時代の延長線上にあったことを意味する。

しかしながら、明治政府の欧米化政策、とくに鹿鳴館《ろくめいかん》時代の改良論議のなかで、政府の御用機関的性格をもつ「演劇改良会」が明治一九年（一八八六）に設立され、演劇、つまり歌舞伎の改良がさかんに論議された。それは江戸時代以来、演劇に匹敵するものといえば歌舞伎だったからである。

演劇改良会のメンバーは、伊藤博文首相の娘婿《むすめむこ》で英国帰りの末松謙澄《のりずみ》を主唱者に、井上馨《かおる》、森有礼《ありのり》、渋沢栄一、戸山正一、福地桜痴ら政界・財界・言論界の人々が中心であった。彼らは西洋演劇を手本として花道・竹本（歌舞伎専門の義太夫節演奏者）・黒衣《くろこ》の廃止や女形《おんながた》から女優への転換、台詞《せりふ》づかいや衣装その他を写実的にすべきなど急進的な改革をめざしたのである。

戸山は『演劇改良私論』で「チョボ〔竹本〕で狂言の最中音楽を奏して狂言の妨げを為《な》さしむることを廃して」と述べ、また、末松は『演劇改良意見』で、「三味線、鼓《つづみ》でドンチャンポンくやられては困り者であります。西洋の音楽なら極めてよろしい」として、「西洋音楽は高級で邦楽は低級」という概念にもとづく音楽論を展開した。

しかし、こうした歌舞伎のアイデンティティを真っ向から否定し、日本文化の否定から始まった改良論議は実を結ぶことはなかった。けっきょく、この会は明治二〇年（一八八七）四月の天覧劇によって高尚化の第一段階を果たしただけで、発会からわずか二年足らずで幕を閉じたのである。では、なぜ天覧劇が重要かといえば、歌舞伎役者は当時、まだ江戸時代の名残で人気があっても河原者などと軽視されてきたが、そうした人々の劇を天皇がご覧になるということは、歌舞伎界にとっては大きな権威づけになったからである。明治五年に相撲《すもう》、九年に能楽が天覧に供され、歌舞伎界からも再三、天覧を願い出たもののなかなか実現せず、明治二〇年になってようやく実現したのである。いかに歌舞伎の社会的地位が低かったかがわかる。ちなみに陛下の感想は「近ごろ珍しきものみたり」「能よりは分かりよく」というものだった。

さて、明治二一年（一八八八）七月に、こんどは歌舞伎作者の河竹黙阿弥《もくあみ》、長唄の松永和風、そのほか歌舞伎役者、さらには落語家らをメンバーとして、元老院議官の田辺太一を会長に「日本演芸矯風会《きょうふうかい》」が発会した。しかし、あいかわらずの「矯風」、すなわち悪い風習を改め直すという発想ではさしたる成果もなく、それに業を煮やした坪内逍遥、岡倉天心、高田早苗ら若手会員が中心となって、二二年九月に「国劇の長所を保持しつゝ而《しか》も時代に副《そ》って向上せしめよう」という主旨のもとに、「日本演芸協会」へと改組したのである。この自国の文化を尊重しつつ近代化しようという考え方は、新舞踊、新歌舞伎、そして新日本音楽など明治末から大正にかけておこった「新○○」の共通コンセプトといえる。それは文明開化の極端な西洋崇拝の思潮が一段落して、日本の伝統を再認識する機運が芽生えてきたことによるものであった。

坪内逍遥は当初から、戯曲の改革がまず重要であると考えて、従来の歌舞伎の作劇法を活かした新しい史劇の樹立を提唱し、明治二七年（一八九四）に『早稲田文学』に《桐一葉《きりひとは》》を発表したが、この作品は現在「新歌舞伎」の嚆矢《こうし》とされている。早くからシェイクスピア劇の翻訳を手がけていた逍遥は、歌舞伎にもシェイクスピア劇の作法を導入して、筋がよく通り、個性的な人物を描くべきと考えて、旧歌舞伎の荒唐無《こうとうむ》稽《けい》な内容を否定した。そしてむしろ、歌舞伎の演出様式、作劇法は利用すべきだと考えたのである。つまり、演劇改良会の論議した黒衣の廃止などとは逆に、作劇法などは伝統を保ち、戯曲の内容じたいの近代化をめざした。これは新日本音楽がとった楽器は伝統のもので、音楽じたいを近代化するという方向性と共通するものであった。こうした経緯のもと、「新歌舞伎」は旧来の座付き狂言作者ではなく、文学者が演劇界の外から戯曲を提供した新作で、近代的思想や人間像を歌舞伎の手法で歌舞伎俳優のために書いた戯曲をさす。

さて、《桐一葉》だが、発表当時、文学界はおおむね歓迎したものの、演劇界は黙殺した。

そのため、この作品がじっさいに上演されたのは一〇年後の明治三七年(一九〇四)ではあったが、河竹登志夫《としお》は、この作品の上演以後を近代歌舞伎とみなしている。

その後、岡本綺堂と二世市川左團次《さだんじ》の名コンビによる明治四四年(一九一一)初演の《修善寺物語》をはじめとして、《鳥辺山心中》《番町皿屋敷》など、現在もなお上演される新歌舞伎の人気作品が続々と生み出され、さらには、一三世守田勘彌、六世尾上菊五郎、二世市川猿之助らが精力的に新作を上演し、菊池寛、谷崎潤一郎、真山青果、宇野信夫らが作品を提供したのである。

このように、歌舞伎界において明治初期は「演劇改良」という、がんらいの日本の文化は改良すべきものという視点で論議されていたものが、明治末から伝統をベースに時代に即した新しいものを生み出すという、「改良」から「新」への発想の転換によって近代化の道を歩み出し、大正期には多くの名優にも恵まれて、近代化の気運はますます醸成《じょうせい》された。そして、そこで生まれた新歌舞伎のすぐれたものは歌舞伎演目として定着し、現在も古典作品とともに上演されているのである。

ところで、新歌舞伎の音楽だが、その嚆矢である《桐一葉》では義太夫節入りで、従来の歌舞伎の音楽にもとづいたものではあったが、やがて義太夫節や下座音楽という従来の音楽から離れて西洋音楽を取り入れたもの、あるいは、三曲合奏や箏を使用した作品も現れるようになって、前章で述べたように、戦後は道雄も歌舞伎音楽の分野で活躍したのである。

このように、新日本音楽、新舞踊、新歌舞伎と、それぞれの分野がほぼ同時期に、関連しながら近代化へと進んでいった。

❖「俗曲改良」から「新」へ

音楽の場合は、「演劇改良会」のメンバーが「西洋音楽は高級で邦楽は低級」という概念にもとづく音楽論を展開したように、俗曲は卑俗だから撲滅《ぼくめつ》しようという考え方が、とくに為政者やいわやる文化人、知識人のあいだで主流であった。ちなみに、「俗曲」の定義は時代とともに変化するが、このころは雅楽など宮中に関係する音楽に対して、三味線音楽や箏曲など庶民の音楽をさしていた。

明治政府が西洋に追いつけ追い越せの精神で、ひたすら欧米化政策をとったため、西洋とはまったく異なる日本独自の美意識など精神的伝統、また文化的型を否定したのである。興福寺の五重の塔が二〇円、姫路城が一〇〇円で売り出されたり、萩城《はぎじょう》が明治七年（一八七四）に壊されるなど、城郭《じょうかく》や美術工芸品を壊したり、売ったりしてしまったものもある。

とくに、日本の知識人は西洋に対して強烈なまでの劣等感をもった。西洋の文献を載せなければ学術論文として形にならないような風潮が、学会にはつい最近まであった。つまり、日本は知的植民地になったのである。

それでも、美術はフェノロサや岡倉天心らの努力もあって再認識されるが、音楽は妄信的西洋音楽至上主義となってしまう。そして、多くの知識人が感覚的な本音はどうであれ、西洋音楽を崇拝し、邦楽を蔑視した。そのうえ、日本における音楽、とくに直前の江戸時代に開花し、当時もっとも流布していた三味線音楽を中心とする近世邦楽は「遊芸」であった。いっぽう、西洋で音楽は「芸術」である。西洋中世のムシカ（musica）は「学」であり、近代になって、音楽は美術的技術、つまり「芸術」として位置づけられた。そのために、西洋音楽は「芸術」であり、三味線音楽は「遊芸」であって、とくに為政者のあいだでは文化としての音楽は西洋音楽という構図ができあがったのである。

とりわけ三味線音楽は蔑視され、三味線音楽廃止論などというものまであった。それは三味線音楽が江戸時代の庶民の娯楽音楽として、また、風俗悪化の元凶とされた歌舞伎と結びついて発展したために、遊里や遊女を題材とした歌詞が多く、ある種のいかがわしさをもっていたからである。色っぽい、艶《つや》っぽいがアダとなったわけだが、この感覚は江戸時代からのもので、儒学者の太宰春台《しゅんだい》は「三線〔三味線のこと〕は甚《はなはだ》しき淫声《いんせい》なり〔中略〕其《そ》の害云ふばかりなし」とし、歌詞が卑猥《ひわい》で、淫楽《いんらく》で、淫奔《いんぽん》、姦通《かんつう》の根源だとまで『独語』に記している。そして、なおいっそう、洋楽は高級で、邦楽は低級というイメージが作られていったのである。

こうした風潮のなか、音楽取調掛、とくに伊澤修二は、俗曲を撲滅するのではなく、改良して普及させようと考えた。「俗曲改良」である。明治一三年（一八八〇）六月から山田流箏曲の大御所である三世山勢松韻、英語に堪能《たんのう》で長唄にも通じていた内田彌一《やいち》、それに国文学者の稲垣千頴《ちかい》が邦楽の調査・研究・改良のための取調掛員として出仕した。

この「俗曲改良」事業のうち、目に見えるかたちでの成果が、明治二一年（一八八八）発行、音楽取調掛撰『箏曲集』（文部省編集局）である。これは、前述のように、五線譜による箏曲楽譜集として、また箏の入門書としても最初期のものであった。一五曲掲載されているうちの四曲が新作で、あとは江戸時代以来の既存曲だか、歌詞を替えたものが多い。最初の《姫松》も、第8章でも触れた《岡崎》の替え歌で、〽岡崎女郎衆……」を〽姫松小松……」と替えたものである。

また、日本人なら誰でも知っている《さくらさくら》も、この曲集に《桜》という曲名で収載されている。よく「日本古謡」といわれるが、収載文献としては、この『箏曲集』が最初である。しかし新作ではなく、《咲《さい》た桜》の替え歌なのだが、その《咲た桜》にかんする江戸時代の資料がない。とにかく歌詞は明治のもので、《咲た桜》の歌詞は〽咲いた桜　花見て戻る吉野は桜　竜田《たつた》は紅葉　唐崎《からさき》の松　常盤《ときわ》常盤　深緑」であった。

ところで、『箏曲集』の緒言には歌詞ばかりでなく、旋律も一部改良したように記されているが、じっさいにどこをどう改良したのか判然としない。少なくとも新作を含めて、そこに西洋音楽の影響をみることはできないし、それまでの伝統的な箏曲と様式的な違いもない。ただ、《桜》の最後、〽ミニユカン」の旋律が『箏曲集』と大正三年（一九一四）に東京音楽学校編として若干記譜法を変えてあらためて出版された『箏曲集』第一編では異なる（譜例1）。山田流各派による伝承の違いを統一したことを意味したのか、あるいは、十二平均律とは異なる微妙な音程やリズムを五線譜にあわせたことを意味したのかもしれない。

とにかく歌詞は明らかに改良された。音楽体系のまったく異なる西洋音楽を真似るだけでも難航したわけで、その影響のもとに伝統音楽の音楽じたいを変えるなどということはまだとうてい無理だった。しかし、《岡崎》でもわかるように、まず歌詞の下品さを改めるだけでも俗楽撲滅派を黙らせるには有効だったのである。

もうひとつ、長唄もかなり早い時期から改良がおこなわれていた。明治一五年（一八八二）一月三一日の音楽取調掛の演奏会で披露された長唄《村雲》は、長唄の古典曲《明《あけ》の鐘》の歌詞を替えたものである。《明の鐘》は短く旋律が単調なため、古くから子供の手ほどき曲としてもちいられていたが、宵《よい》を待ち、後朝《きぬぎぬ》の別れを惜しむ女心、男女の情痴を歌う内容のため、改良されたのであろう。演奏会では三味線、ピアノ、箏、歌で演奏された。蒲生郷昭《がもうさとあき》が指摘するように「改良俗曲ハ、其《ソノ》固有ノ国賓《コクヒン》ヲ失ハシメザル以上ハ、西楽ノ理ヲ斟酌《シンシャク》シ、以《モッ》テ之《コレ》ニ和声ヲ付シ、欧州各国普通ノ歌曲ト対峙《タイジ》セシメ、以テ愈《イヨイヨ》其妙趣ヲ発達シ、音楽ノ音楽タル所以《ユエン》ノ真利正用ヲ大成セシメントス」という音楽取調掛の主張を実践しようとしたものであろう【1】。現在、歌と三味線の五線譜が残されているだけで、箏とピアノにかんしてはわからないため、音楽じたいとしては不明である。とにかく、その後も長唄の歌詞の改良作業は続けられ、清元、

譜例1　『箏曲集』《桜》より

『箏曲集』第1編《さくら》より

常磐津などの歌詞の改良予定もあったが、けっきょく、一八年度からは俗曲改良の経費も認められず、伝統音楽部門は縮小されていった。

　こうして、伝統音楽軽視の傾向はしだいに顕著となる。これはちょうど明治一〇年代末から二〇年代初頭の鹿鳴館時代に呼応する。西洋人による東洋人劣等論を跳ね返し、自らの劣等感を払拭し、そして、不平等条約の改正を急ぐ政府は、西洋諸国からの条約改正の同意と賛意を得るために、日本人が西洋人と同じ様式の生活をし、それを海外に知らせる必要があると考え、極端なまでに制度、風俗、習慣の欧米化政策を進めた結果かもしれない。

　なお、「演劇改良会」や「俗曲改良」にみられる改良運動は文明開化期の一種の流行であった。小説改良、脚本改良、方言改良、体格改良などの文字が新聞紙上に踊り、明治一九年（一八八六）一一月九日の絵入朝野新聞《えいりちょうや》には「改良流行の世の中、何でも蚊でも改良するがよろしい」という記事まである。和服を筒袖《つつそで》・スカート式にし、袖口をいせて絞り口にした改良服も作られたが、着る人はほとんどいなかったという。このように、ほとんどの改良運動が実を結ばなかった。改良運動は伝統的な日本の文化は改良すべきもの、つまり自国の文化に対する劣等感から出発した発想で、当時はこうした視点でのみ論議されていた。その結果、邦楽は改良すべきものという発想となり、洋楽は高級、邦楽は低級という概念が生まれ、さらにさまざまな要因が重層的に積み重なることによって、一般の人々の音楽的感覚も含めて確実に西洋音楽へと移行しだし、日本の伝統音楽が危機にさらされるなか登場したのが宮城道雄であった。そして、彼の生み出した新しいスタイルの音楽によって新日本音楽運動などの日本音楽の近代化の流れが起こったことは、これまで述べてきたとおりである。

❖ 楽器にみる改良から新へ

ところで、音楽における近代化の機運がもっとも端的にわかりやすく目に見えるかたちで現れたのが、新たに生み出された多くの新楽器だが、そこにも「改良」から「新」へのコンセプトの変化をみることができる。

大正から昭和初期に多くの新楽器が開発されたことは、すでに述べたが、じつは、明治期にもじつに多くの楽器が生み出されてきた（表1）。そのなかには、現在ではその実態さえわからないような短期間で消滅した「新」楽器も多い。おそらく、ここに挙げた以外にもさまざまな楽器が生まれては消えていったであろう。いま、わかる範囲でこれら明治期に開発された楽器についてみてみると、そこに共通の特徴がみえてくる。

たとえば、明治二五年（一八九二）に発売された、木の板に金属板を並べただけのおもちゃのような「鉄琴」や、三一年発売の竹や金属製の円筒管に息を吹き込み、指孔に付いたリードが鳴るしくみの「吹風琴《すいふうきん》」、また、三七年に発売されたリコーダー系の金属製管楽器「銀笛《ぎんてき》」などのように、明治期の大半の楽器が洋楽器をもとに、安くて演奏の簡単なことを第一義に考案された楽器であった。

これらは、明治期に邦楽を蔑視し、洋楽器を推進する機運がおこった結果のものである。明治期の邦楽に対する劣等感は、とうぜん、邦楽器に対する劣等感をも生み出した。宮内省楽師で、のちにオペラ《常闇《とこやみ》》や早稲田大学校歌《都の西北》の作曲でも知られる東儀鉄笛《てつてき》は、三味線に代わるべき楽器としてヴァイオリンを挙げ、その理由として次のように記している。

三味線は邦楽器中の花とも言ふべきものであるが、その形状の雅ならざるとその音色卑《いや》しきと、それから断言《ママ》のみて続音の具《そな》はらぬところから遺憾《いかん》ながらヴァイオリンに比して数等劣ってゐるといはねばならぬ[ぬ]。[2]

また、教育家で山脇女学校の創始者、山脇房子はもっとも完備した楽器としてピアノを挙げている[3]。

こうした洋楽器推進の機運のもとで、明治一三年(一八八〇)の西川寅吉《とらきち》によるオルガン製作をはじめ、二〇年の鈴木政吉によるヴァイオリンの試作など、着々と洋楽器の製造が始まったが、じっさいには洋楽器は高価で、あまりに演奏がむずかしすぎた。かといって、劣等な邦楽器ではダメである。そこで、とりあえず考案されたのが、洋楽器を真似した、いわば洋楽器もどきの楽器だった。しかし、これらはあくまでも「もどき」で、まがいものである。西洋音楽が浸透するにしたがい、とうぜんの結果として消滅したのである。

ただ、文政三年(一八二〇)に創案された「八雲琴《やくもごと》」に始まる二弦琴は、明治になって、東《あずま》流《りゅう》二絃琴と竹琴《ちくきん》を生み出し流行したが、この二弦琴にタイプライター状のキーを付けることで、さらに演奏を簡単にして、大正元年(一九一二)に「菊琴」という名で売り出されたのが、名古屋の森田吾郎が考案した大正琴である。

おもちゃ屋で販売され、安くて簡単ということで流行し、昭和一〇年代初めにかけ爆発的に流行った。戦争で下火となったが、古賀政男が三四年(一九五九)に《人生劇場》のイントロで自ら大正琴を弾いてレコーディングしたのをきっかけにふたたび注目されたのである。

表１　明治以後の楽器製作史

明治初期	東流二弦琴の考案
明治13	＊西川寅吉、オルガンを試作 ＊松永定次郎、ヴァイオリンを試作
14	音楽取調掛で箏を「二十一絃琴」に改造 ＊音楽取調掛でオルガンを試作
15	音楽取調掛で胡弓を改造
17	「紙腔琴」発売
19	「竹琴」専売特許取得
20	＊鈴木政吉、ヴァイオリンを試作。33年、名古屋にヴァイオリン工場を設立 西川寅吉、ピアノを完成
21	＊山葉風琴製造所（現ヤマハ）創立
25	＊山野楽器創立 「鉄琴」発売 四竃訥治、「遷華琴」発売
31	「吹風琴」発売
33	森田吾郎、「陽琴」発売
35	＊鈴木政吉、マンドリン、ギターを発売
37	「銀笛」発売
40	＊鈴木政吉、ヴィオラ、チェロ、ダブル・ベースを発売
40頃	＊吉永信之輔、ハーモニカを発売
42	四竃訥治、「天爵」発売 ＊ハーモニカ製造所、小林鶯声社開業
44	鈴木政吉、「鈴琴」を発売
大正１	森田吾郎、「大正琴」を発売
この頃	森田吾郎、「金剛琴」を製作
3	*日本楽器（現ヤマハ）、ハーモニカの製造開始
6	＊ハーモニカ製造所、トンボ楽器製作所開業
7頃	神如道、九孔尺八考案
大正９	４世杵屋佐吉、低音三味線「セロ三味線」発表 上田芳憧、七孔尺八を発表
10	宮城道雄、低音箏「十七絃」を発表 ＊岡村雅雄、ベーム式フルートの本格的奏法を紹介 宮内省楽部で低音笙「大笙」作成
10頃	「春秋弦弓」発表
11頃	田辺尚雄、低音胡弓「玲琴」考案
12	米川琴翁、低音箏「長箏」発表 大倉喜七郎、「オークラウロ」発表 ＊村松孝一、ベーム式フルートの試作を開始
13	宮城道雄、「小十七絃」発表 ４世杵屋佐吉、「豪絃」を発表
この頃	宮城道雄、低音胡弓「宮城胡弓」考案
昭和初期	鈴木バイオリン工場においてマンドレーラ、ヤマトピアノを製作
昭和２	＊河合楽器研究所（現河合楽器製作所）創立
4	宮城道雄、「八十絃」発表 渡辺浩志、六孔尺八考案
6	電気三味線、「咸絃」発表
6頃	森田吾郎、「ムーンライト」考案
7	宮城道雄、「短琴」発表 低音尺八「鶴の笛」発売
11頃	中能島欣一、低音箏「十五絃」発表
30頃	初世宮下秀冽、「三十絃」完成
44	野坂恵子、「二十絃箏」発表
46	「二十絃箏」を二十一絃箏とする
平成３	野坂恵子、「二十五絃箏」発表

さて、こうした日本の伝統的な楽器をもとに、さらに西洋的要素を導入して新楽器を開発するという発想が、大正から昭和初期における楽器開発で、これが第10章の「新楽器の開発」で述べた低音箏や多孔尺八などである。したがって、この時期の新楽器は明治のものと異なり、新日本音楽と同様のコンセプトによって作られた楽器だった。つまり、明治期の日本の文化を否定することで、邦楽器をも否定することから出発した洋楽器もどきの新楽器の量産に対して、大正に入ると西洋音楽あるいは西洋的美意識に触発されて、邦楽器の改造や邦楽器をもとにした新しい楽器の開発という方向転換がおこったのである。

それは、明治期にはまだ導入されたばかりで稚拙《ちせつ》なものにすぎなかった西洋音楽の存在を、邦楽家自身が意識する必要がなかったのに対して、もはや西洋音楽の浸透を邦楽界も無視できなくなりだした結果ともいえる。だからこそ、明治期はもっぱら楽器製作者や楽器発明家のような人々が新楽器を考案したのに対して、大正以後は邦楽家自身が考案するようになった。四世杵屋佐吉のセロ三味線や、宮城道雄の十七絃などである。

新しい音楽の創作のためには、低音域への拡大が必要で、そのためには、こうした新楽器を開発せざるをえなかった。したがって、佐吉の低音三味線の場合も道雄の十七絃や宮城胡弓の場合も、前にも述べたように、その楽器のための新曲が作曲されたりイメージされて、それを実現するために作られた楽器だったのに対して、明治期に続出した新楽器は、すでにある曲を演奏するための楽器で、根本的にコンセプトが異なるものだったのである。

けっきょく、これら新楽器の続出とその淘汰から見えてくるのは、明治期の「改良」という邦楽否定の発想から「新」への転換であり、さらには、西洋音楽によってもたらされた低音域への拡大などの音楽的感性が、大正のころから日本人の感性として根づきだしたということである。そして、それは邦楽における音楽じたいの変化へとつながるものであった。

❖ 価値観の変容

日本人は明治になって、西洋の圧倒的な物質文明の力に驚き、西洋の文化に憧れ、そして、自国の文化に大いなる劣等感をもった。その結果、「改良」という名のもとに、やみくもに「西洋化」することで、自らを「近代化」しようとしたのである。けれども、こうした西洋というあまりに異質な文化の極端なまでの摂取《せっしゅ》を強いられることで、逆に日本という民族の自我意識に目覚め、そして、自らのアイデンティティに目覚めざるをえなかった。西洋文化をとにかく高いものとして輸入し猿真似してきたことへの違和感、疑問、反省である。洋楽界でそれに気づいた山田耕筰や小松耕輔、本居長世らは、西洋音楽に日本人の伝統的な感覚を導入することで解決への道を探りだした。童謡運動もこうした枠組みのなかで捉えることができる。

いっぽう道雄らのように、自国の文化の再生を真剣に考えた人々も現れだした。それはたんなる懐古趣味でも、時代の逆行でもない。「新」という発想、つまり日本の伝統をもとに西洋的要素を加えて、伝統の復活、起死回生をねらったものである。また、それと同時に、西洋文化の消化吸収によって、西洋文化と日本の伝統とをなんらかのかたちで融合させる手立ても育ってきたからこそのものであった。それが、新歌舞伎であり、新舞踊であり、そして新日本音楽だったのである。つまり、これら「新」は「改良」という西洋化への邁進《まいしん》、明治以来の日本の伝統文化を否定してきたことに対する伝統側の逆襲ともいえる。

ところが、じつは「新」という発想じたいが西洋的な発想であった。音楽においても、西洋では昔から一四世紀の「アルス・ノヴァ（新芸術）」や一六〇〇年ごろの「ヌオーヴェ・ムジケ（新音楽）」など新しいことはいいことだという進化論的な考え方である。

いっぽう、日本人はがんらい「伝統」や「伝承」といったものを重んじてきた。道雄が「新発見、新発明」といって「新」をきらったように、日本人は「新」に対してなにか正統でない胡散臭《うさんくさ》さを感じ、まがいもの的な感じがして、抵抗感をもっていた。それゆえに、新楽器としての多孔尺八よりも、指孔を調節しただけの従来の尺八が好まれたのであろう。琵琶や箏は中国から伝来した楽器でありながら、日本のほうが古体を留めているが、これも日本人のそんな精神構造によるものかもしれない。われわれがお饅頭《まんじゅう》でもおせんべいでも「元祖」や「老舗《しにせ》」といわれるとつい買ってしまう、そんな感覚である。

もちろん、日本の伝統的な芸能でも、伝統を重んじつつも、じつはつねに変革があった。しかし、それを「新」として前面に押し出すことはなかった。「新派」「新劇」など、「新」を標《ひょう》謗《ぼう》するものは明治以後で、それ以前には少なくとも音楽、芸能の世界ではなかったのではないだろうか。

たとえば、義太夫節が貞享二年（一六八五）に近松門左衛門の《出世景清》で新時代の浄瑠璃《じょうるり》として人気を博したときも、当時は「新」ではなくて、「当流」、つまり「いまふう」ということで、もてはやされた。「新」を「善し」とする考え方じたいが、西洋的価値観によるもので、つまり、伝統を重んじてきた邦楽人にも意識改革がおこったことになる。

西洋文化を必死で消化吸収した結果、日本人の思考経路、価値体系じたいが、音楽的感覚と同じように西洋化していたのである。このような根本的な部分での転換が起こったからこそ、「新」という発想が生まれ、そしてもちろん「新」は伝統側にしかありえないわけである。

けれどもそれは、見方を変えれば、そうせざるをえないほど一般にまで西洋文化が浸透したということでもある。とくに音楽の場合、西洋音楽の台頭はめざましく、人々の伝統的な音感覚、音楽的感性までをも脅《おびや》かした。こうした事態に危機感をもった邦楽界の人々がおしすすめたのが新日本音楽であり、新楽器の開発である。じっさいに、いまの日本人の多くが、日本の伝統音楽の代表とする音楽も道雄の《春の海》という西洋音楽の要素を導入して再生した新日本音楽なのである。

大正のころはちょうど日本の伝統への再評価の時代で、そこに西洋文化の要素を加えた伝統の再生の時代だったが、こうした「新」の発想は芸能以外の分野でもおこった。たとえば、

「新版画運動」である。これは、江戸時代に盛んだった浮世絵版画が明治に衰退し、その後、大正になって、こんどは橋口五葉や伊東深水など各絵師の創造性を尊重した個性豊かな浮世絵版画として復活してきたものである。

この作者の「個性」を尊重するという発想は邦楽の近代化においても重要な要素であった。すでに述べたように、道雄の処女作《水の変態》が邦楽近代化の嚆矢とされるのも、従来の日本の伝統的な型を尊重した音楽とは異なる個性豊かな作品だったからである。

新日本音楽の音楽的特徴といっても、各作曲家によってそれぞれスタイルが異なるが、そのことじたい、つまり、この「個性」を尊重した曲作りじたいが新日本音楽の特徴であって、前述のように、道雄も作曲における個性の重要性を強調している。

この個性の重視は、日本の伝統的な作曲法とは根本的に異なるもので、作曲という音楽におけるもっとも根幹の部分で、西洋音楽の影響のもとに変革がおきていたことになる。そして、それを最初におこなったのが、とりもなおさず宮城道雄であり、その流れはいまへと続いているのである。

第15章◉マルチ作曲家の悲劇

宮城道雄は誰よりも早くから広範に、さまざまな試みをして、日本の音楽の近代化をはかり、新しい日本の音楽を模索してきたが、こうした時代を切り開く者の常として、多くの批判を浴びた。それればかりか、没後には、時代遅れであるといった生前とは対照的な批判を受けるようになる。なぜそのような批判を受けることになったのか、また、こうした批判から見えてくるものについて述べることにする。

❖「古典を知らぬ宮城」——古典曲への箏手付

道雄の東京デビューである第一回目の作品発表会の直後、「古典を知らぬ宮城」という批判がさっそくおこった。このとき演奏された作品が、いずれも従来の箏曲の概念からは大きく逸脱した個性あふれる作品だったために、とくに保守的な邦楽人からは、「新しがって、ピアノの真似をしている。あれは古曲を知らないからだ」と批判されたのである【1】。

しかし、これまで述べてきたように、道雄は伝統的な地歌箏曲の修業を積み、菊筋の正統な伝承を受け継ぎ、じっさいに伝統的な免状も出していた。したがって、古典的な地歌箏曲を熟知していたのである。つまり、道雄の革新性は伝統を知らなかったゆえの「形無し」ではなく、伝統をふまえたうえでの「型破り」なものであった。

こうした道雄の古典に対する真摯《しんし》さを知っていた吉田晴風は悔しがり、古典的な作品の作曲を勧めた。その結果生まれたのが、「声楽曲⑦」の古典曲への箏手付、つまり箏パートの作曲である。

道雄は第二回目の作品発表会で、作者不詳の地歌《尾上の松》に箏の手を付けて[c039]、地歌の名手、川瀬里子の三味線と道雄の箏で発表した。前歌の三分の一くらいは、「古典を知る宮城」の面目どおり、古典的な手付をしたが、やがてその個性を発揮して、技巧的で華麗な道雄ならではの箏手付としたのである。この手付によって、いままであまり演奏されることのなかった《尾上の松》は、現在は演奏会用の重要なレパートリーとなっている。

次の第三回目の発表会では、岸野次郎三《じろさ》作曲《吼噦》《こんかい》に箏手付をして[c050]、同じく川瀬の三味線と道雄の箏で初演したが、道雄の若さあふれる技巧的な箏手付によって、がんらい語り物的な性格の強い地味な部類に属する作品だった《吼嘰》が、演奏会用の華麗な作品に変貌した。この作品には、道雄の手付以外にもさまざまな箏手付があるが、現在は道雄のものがよく演奏されている。

現行する道雄の古典曲への箏手付は、この二曲だけである。

じつは、大正一五年（一九二六）の「宮城道雄作曲演奏会」において菊岡検校作曲《園の秋》の箏手付［c105］を、やはり川瀬の三味線と道雄の箏で初演しているが、楽譜も音源も残っていない。のちに、萩原正吟《はぎわらせいぎん》から京都に伝承されていた八重崎検校の箏手付を伝授されて以後、道雄は自らの手付を演奏しなかったようである【2】。道雄は八重崎検校をはじめとして古典箏曲の作曲家を心から尊敬し、また古典箏曲そのものを完成した作品として捉えていた。だからこそ、《園の秋》も八重崎検校の箏手付を演奏し、自らの手付を残さなかったのであろう。ちなみに、上京して最初の演奏会で、地歌の重鎮、加藤柔子《じゅうこ》の三味線、吉田晴風の尺八、道雄の箏で古典の《八重衣《やえごろも》》を演奏したときは、道雄の手付［c016］で、吉田は「じつに素晴らしいもの」と回想しているが【3】、やはり現行しない。こうした事実から、むしろ道雄が古典を重視し、また、古典の作曲家たちを尊敬していたことがうかがえる。

なお、古典曲への尺八手付は昭和二七年（一九五二）八月のラジオ放送のさいに《園の秋》、また、同年九月のレコーディングのさいに《尾上の松》におこなっているが、いずれも従来のベタ付とは異なる歌・三味線・箏を活かすものであった。

❖「西洋音楽の安易な模倣」

いっぽう、洋楽界からは「西洋音楽の安易な模倣」という批判を受けた。たしかに、かなり西洋音楽的要素の強い、ときには、西洋音楽の要素をそのまま採用したような作品があるのも事実である。

大正一三年（一九二四）五月の「第四回宮城道雄作曲発表演奏会」で発表された《舞踏曲》[L082]が、その例である。箏二部と大小十二絃の四重奏という楽器編成も楽曲構成も音階も和声構造も、すべて西洋音楽の語法をそのまま導入した作品だが、これは道雄の作品のなかでは例外的な存在である。一種の試作、実験的作品ととらえるべきであろう。じっさい、道雄自身もプログラムに「洋楽風に作曲した一つの試みであります」と記している。道雄は試作してけっきょく、日本の楽器に西洋音楽の語法をそのまま持ち込むのは、自分の求めていた音楽とは異なると再認識し、以後この手の作品はほとんど作曲しなかった。

宮城作品における革新的な部分は、たしかに西洋音楽の影響によるものが多いが、しかし、道雄は「安易な融合」をきらった。それは次のような言葉からもわかる。

充分に消化さして自分のものにして、それを初めて応用するのが大事なことと思う。ただ

いたずらに並べただけでは、意味をなさないことになる。【4】

さらに道雄は古典的手法についても、「よく消化し摂取して自分のものになりきった上で自分の楽想の上に乗せて必要な場合に顔を出すことがあり得るのです」と語っている。道雄の古典曲への箏手付がひじょうに独創的だったのも、こうした考えによるものであろう。そして、作曲とは自分の個性をいかに表現するかであり、独創性の重要なことを説いている【5】。

西洋音楽の手法であれ、伝統的な手法であれ、たんなる模倣や応用ではなく、それらを完全に自分のものとし、同化したうえで生まれ出てくる自分らしさにあふれた独創的で個性的な作品を創作することこそが、道雄の考える「作曲」なのである。じっさい、道雄の作品を数多く聴いて、特徴を把握すると、知らない曲でも道雄の作品とすぐわかるくらいに、その個性は際立っている。

そして、この作曲に対する考え方じたいが、西洋の近代的作曲態度といえるもので、日本の伝統的な作曲法とは根本的に異なる。日本ではむしろ、あまり作曲者の個性が前面に出ることを好まない。ましてやそのジャンル、長唄なら長唄の様式から逸脱すると、「あれで長唄かい！」と批判の対象となってしまう。道雄が上京まもないころに「ピアノの真似」と批判されたのは、このような作曲に対する概念そのものの違いからくる面もあったのであろう。

ただし、前述の《舞踏曲》以外にも西洋音楽的要素の強い作品もあり、当時はそれが大好評だった。

たとえば、昭和三年（一九二八）作曲の《花園》［c131］は、歌二部・箏二部による新様式の歌曲だが、とくに後半が西洋音楽的である。しかし、音階的には前半は短音階で、後半がヨナ抜き長音階なので、単純に音階だけからみると、前半のほうが西洋音楽的要素の強い印象を受けるはずだが、じっさいに聴いてみると、後半のほうが圧倒的に西洋音楽的である。それは、前半が四分の四拍子で、箏の伴奏が《唐砧》で模索したような日本的和声と、伝統的な音階である律音階の上行下行を箏特有の手法で演奏しているのに対して、後半がいきなり長調の主和音、それも強弱弱の西洋的三拍子で、さらに、歌は三度と六度という西洋音楽的な和声を中心とした二部合唱である。歌のない部分で箏による律音階の上行下行もあるが、もはやこれは箏的な手法の味付けにしか聞こえない。

時代を経たいまのわれわれが聴くと、前半の工夫にもかかわらず、後半のあまりに単純な西洋音楽的書法が気になって、「西洋音楽の安易な模倣」という批判もむべなるかなと思ってしまうかもしれないが、むしろ当時はこの西洋音楽的なところが好まれたようで、《花園》は大好評だった。それは、姉妹曲にあたる《喜悦《よろこび》の波と花と》［c189］が昭和七年（一九三二）にも作曲されたほどの人気である。この作品はいわば流行歌、いまのＪ－ポップのような感覚で人々に人気があったのではないだろうか。つまり流行性の強い、流行りすたりのあるタイプの音楽だったのである。道雄は芸術音楽ばかりでなく、こうした大衆性の強い音楽も作曲した。

道雄の朋友である吉田晴風一行がアメリカ公演で《花園》を演奏したときも、一般聴衆はアンコールをしたものの、専門家には評判が悪かったという。サンフランシスコ・エグザミナー紙は、「《花園》はあまりに西洋風であった」と評している。

ここには西洋の悪しき影響によって当該文化、つまり日本本来の文化の純粋性が汚されたという感覚もあるかもしれない。日本でも、こうした西洋化した文化に対してなにか胡散臭さを感じたり、「まがいもの」とする風潮があった。そして、この視点から道雄の作品を批判する人もじっさいいた。

道雄もこうした批判を知っていたであろう。それでも、このタイプの作品を作曲したのには、人々が日本の伝統的な音楽から離れていくことへの危機感があったと推測する。前述のように、明治以後のさまざまな事情によって生まれた日本の伝統的な音楽を苦手とする人々にも受け入れやすい音楽で、とにかくまず箏曲に親しみをもたせようとしたのである。道雄は自らを古典箏曲への水先案内人であろうと考えていた。

まず時代心理に触れて箏の道へ人を吸い寄せたいと思います。〔中略〕或《ある》いは私を新しい方ばかりのもののように誤解している人もあるようですが、実は新しいものを通して古いものへの理解を与える仕事も大いにやっているので……。【6】

と語り、「はじめは人に分かる程度のものから入っていかぬと結局縁なき衆生になってしまいます、それからだんだん古いものに理解をもたせるのです」【7】と述べている。

ところが、皮肉なことには、新日本音楽の作曲家といわれる人々、また、それに続く人々のなかには、おもに、このタイプの作品を作曲した人がいたのである。当時は洋楽的色彩の濃い作品が、その目新しさや大正モダニズムの風潮から一般の人々に喜ばれたからであろう。洋楽のリズム感や機能和声にもとづいた邦楽器または和洋両楽器のための作品をおもに創作した人もいて、こうした洋楽的色彩の濃い創作活動も含めて「新日本音楽」と呼ばれ、むしろこれら洋楽的音楽こそ新日本音楽の特徴とするばかりか、ときには道雄もこうした音楽ばかり作曲していたと誤解された。そのためか、道雄の没後に、こうした批判がとくに多くなる。それも音楽研究者や評論家といった音楽の専門家にそうした傾向が強く、たとえば、音楽評論家の野村光一は、「変テコリンな西洋音楽まがいの和洋合奏」と酷評している【8】。また、「大正時代の洋服のような、流行遅れの雰囲気をただよわす」という批判もある【9】。しかし、この種の音楽は、何度も述べてきたように、道雄の作品のなかでは、むしろ例外的である。

なにごとによらず、創始者、創り出した最初の人というものは、その作り出したものの長所も短所も、表も裏もよくわかっているが、その追随者は表しか見ないで、往々にして極端に走りやすい。それを「亜流」というのかもしれない。道雄は洋楽導入のむずかしさと限界を認識していたからこそ、悩みつつ自らの進むべき道を模索しつづけたのである。

道雄の作品には、じつにさまざまなタイプのものがあって、どのタイプの作品を聴くかで、かなりその評価が分かれる。箏曲の専門家が演奏するような芸術的作品と一般愛好家用と二つのタイプを分けて作曲していたという[10]。純粋に芸術的な作品ばかりでなく、子どものための童曲、初心者に喜ばれる作品、教育的作品、時代の要求に応じた、いわば消費音楽的な色彩の濃い作品など、さまざまな必要にせまられて作曲した「実用的」な作品もあり、それぞれのタイプの音楽を意識して書き分けていた、いわば「マルチ作曲家」だったのである。それゆえに、すべての作品を同じ次元で評価することはできない。宮城作品の多様さが誤解をまねいたという面もあった。

そのうえ、大正モダニズム的な作品ほど当時はもてはやされ、宮城道雄といえば、そうした音楽ばかり作曲していたと誤解している人が多いのも事実である。そのため、道雄自身にとっては、芸術的な作品だけを作曲していたほうが誤解をまねくこともなく、よかったのかもしれない。それでも、道雄はいずれのタイプの作品も、あの時代には必要と考え、作曲し続けたのである。むしろ、それぞれのタイプの作品が、それぞれの目的に応じて作曲されているところに並々ならぬ才能をみることができる。

道雄が活躍した時代は、ちょうど西洋音楽の台頭によって、邦楽が人々の支持を失いつつある時代だった。そうしたなかで、道雄は人々の目をもういちど邦楽に向けさせるために腐心し、そのためにはどのタイプの作品も必要と考えたのである。

じっさい、あの《春の海》も、当時のとくに音楽関係者にはあんがい不評だった。シュメーとの橋渡しをした須永克己は、「小曲に過ぎず、又格別傑作であるとも言へない」と記し【11】、町田嘉章も宮城への追悼《ついとう》文で「『春の海』というのは、私はどちらかというと通俗的だとおもいます」として、むしろ《せきれい》〔c067〕《秋の夜》〔c032〕などを高く評価した【12】。そのわかりやすさが音楽の専門家たちには不評だったのかもしれない。

いっぽう、彼らよりのちの世代の音楽学者である小島美子は、《春の海》を芸術的な作品とし、「《さくら変奏曲》などは願い下げにしたい」と記している【13】。時代や個人的な感性などさまざまな要因で評価が分かれる。

したがって、作品としての是非《ぜひ》は軽々に問えないが、少なくとも《春の海》をはじめとする彼の作品は、日本中の人々の心を魅了し、箏曲の素晴らしさを再認識させたことは事実である。その意味で、水野好子邦楽プロデューサーの「箏曲中興の祖」という道雄への尊称もうなずけよう。

❖世代を超えた真の芸術

宮城道雄の没後には、彼の革新性が西洋音楽の影響によることじたいを批判するものも現れてきた。それは、道雄の次世代、ポスト宮城的な作曲家のなかに、中能島欣一のようにインドや沖縄音楽に影響を受けた音楽作りをする作曲家が現れてきて、それを道雄の西洋音楽の影響と対置して、より高度なものとし、あたかも道雄が西洋音楽を意識して作曲したことより進んでいるとするものである【14】。

これは、当時「現代音楽」あるいは「コンテンポラリー・ミュージック」などといわれた、いわゆる「二〇世紀音楽」が進歩と革新、独創性をめざす「モダニズム」の精神によるものだったため、伝統からの決別、「新しさ」の追求が重視されたことによる。そしてこの時代、「新しさ」の追求のため、西洋音楽にはないものが求められ、それゆえに、日本を含むアジアやアフリカなど非西洋圏の音楽への関心が急速に高まった。こうした時代の価値観のもと、道雄は批判されたのである。

もっとも、道雄の作品にも中国をイメージした《満州調》[c263]などの作品がある【15】。ただ、《満州調》は昭和一一年（一九三六）に作曲されたもので、むしろ時局的な作品としてあまり演奏されることもなく、知名度は低い。

さらには、この西洋のモダニズム的傾向にも道雄はかなり早くから気づいていて、昭和九年（一九三四）の朝日新聞に「音楽の世界的大勢と日本音楽の将来」[y099]と題して、次のように記している。

今ざっと世界音楽の大勢を眺めて見るに、洋楽はすでに幅において行き詰まりの形であるが、しかし彼らは行き詰まりのままでじっとしてはいない。どこかへ流れるか、伸びるかしなければすまないのである。そこで、彼らは素早く、東洋音楽に目を付けて、明らかに今日までの形式を破ろうとしている。フランスのドビュッシーやモーリス・ラヴェルのごときは、その著しい例であると思う。

このあまりに早く的確な洞察力に驚くばかりである。そして、西洋の作曲家たちが東洋音楽に触発され、あるいは融合することによって新たな展開を示したように、道雄は日本音楽の作曲家として西洋音楽に触発され、融合することで新たな展開をなしとげ、次世代につながる音楽を創り出したのである。

これは前述の西洋音楽の悪しき影響とも関係してくる。日本ばかりでなくて非西洋諸国において、伝統音楽の西洋化は多かれ少なかれ避けて通ることはできないが、それはかならずしも否定的なことばかりではない。

だいたい日本の伝統音楽と思っているものも、中国などの近隣諸国の音楽の要素や楽器を取り入れつつできあがってきた音楽である。お箏も中国からの渡来楽器であることはすでに述べた。このように異なる文化が接触することによって新たなものが生まれ、これもまたひとつの重要な文化である。そして、こうした異文化接触が活発であればあるほど、豊かな文化が生まれる。昔からどの民族でも、音楽は近隣諸国のさまざまな文化の刺激を受けて変容し、豊かな音楽文化を形成してきた。そして、この異文化のひとつに、とうぜん西洋音楽も入るのである。

さらには、道雄の流麗な旋律を主体とした音楽も批判された。

これは、当時全盛だったいわゆる前衛音楽が求めた音楽世界において、抽象的・非旋律的な作風が革新的であるとされ、聴き手の情感に訴える要素を極度に否定した音楽がよいとされたため、道雄の抒情的なイメージ描写の世界が否定、あるいは、近代化において本格的なものではなかったとされたのである【16】。つまり、昭和三〇年代に始まる現代邦楽との価値観の違いから批判されたというわけである。

とはいうものの、前衛音楽も過去のものとなったいまでは、当時最先端の音楽としてもてはやされたもののなかにも、時代遅れの感じがする作品があるのも事実である。つまりこうした批判は、その当時の価値観による評価にすぎなかったということである。当時の価値観、音楽傾向の反映によるものであり、こうした宮城作品への批判から逆に、時代の風潮、音楽観が見えてくる。

道雄の作品には、たしかに大正時代の服のような雰囲気をただよわせている作品もあるが、作曲当時は前衛といわれていた現代邦楽のなかにも、いまとなっては、ひと昔前という雰囲気を感じさせるものもある。

単純にいまの尺度を押し当てるのは意味がない。バッハの音楽を、ドビュッシーの時代の音楽観で評価することはありえないし、それによって、バッハの作品よりもドビュッシーの作品のほうがすぐれているなどというのは、愚の骨頂である。バッハもベートーヴェンもドビュッシーも、その音楽は、それぞれの時代のスタイルによる音楽で、そのうち時代を超えて生き残った作品こそが「芸術音楽」であり「古典」であり、永遠のスタンダード・ナンバーとなる。音楽はけっして進化論で語ることはできないのである。

それぞれの時代のなかで、それぞれの作品に意義があったわけで、時代を経て、自然淘汰の結果、流行とは無縁の本物のみが古典として生き続けていく。道雄は「何年たってもいいものはやはりいい、そこに曲は価値づけられるのです」と述べているが、まさにそのとおりである。

現代人が道雄の作品をさまざまに批判するのは簡単だが、しかし、彼の生きた時代のなかで、その作品を捉えなおすことも重要である。道雄の作品すべてを成功作というつもりはないが、しかし、すべてを否定する必要もない。冷静に客観的に見直すべきであって、それは、時代を経たいまだからこそできることであり、すべきものと考える。

そして、真の独創性と革新性をもつ圧倒的な本物のみが時代を超えること、つまり作曲者のことや、あるいはその生きた時代を知らない世代にも支持され続けるのであり、こうした世代を超えた音楽こそ、真の芸術作品といえるのである。

第16章◉作曲におけるジレンマ

❖伝統と革新、芸術性と大衆性のはざまで

宮城道雄はさまざまな革新的な試みをおこなったが、その反面、箏曲の古典的作品をこよなく愛していた。現在一般におこなわれている、いわゆる近世箏曲の祖である八橋検校の作曲による「箏組歌」を「箏の聖書」、形式も手法も近世箏曲の基礎をなすものとして重視し、また峰崎勾当《みねざきこうとう》や菊岡、八重崎、光崎、吉沢などの各検校についても、心から尊敬していたのである【1】。

ところが、このようにこよなく愛した古典箏曲が、やがて西洋音楽の台頭によって、しだいに人々から見捨てられていくような強い危機感を抱くようになり、古典箏曲に西洋音楽の要素を導入することによって、旧来の箏曲を活性化しようと考えた。そして、それを箏曲史の必然

的な流れの一環として捉えていたのである。つまり、雅楽から派生したとされる筑紫流《つくしりゅう》箏曲を一般化した八橋検校、それを地歌と融合してより一般化した生田流、さらには、より江戸の人に適した音楽に変容させた山田検校などのように、自らもいままでの箏曲を現代人に合うものにしようと考えたわけである【2】。

たしかに、八橋検校も山田検校も従来の箏曲に、当時人々に支持されていた音楽の要素を導入して時代にあった箏曲を生み出したが、しかし、それらはあくまでも日本の伝統的な音楽のなかでの導入・融合であった。いっぽう、道雄のそれは、西洋音楽という、音階、リズムをはじめとしてあらゆる点において、あまりに異なるものから構成された音楽との融合であって、導入のハードルははるかに高く、前述のように多くの批判を浴び、それ以上に、道雄自身がつねに自問自答しながら模索し続けたのである。

さらに、西洋音楽台頭の危機感はひとり道雄に限ったものではなく、邦楽界全体がもっていた。そして、そのうち一部の人々は新しい方向性を求めて模索し、混沌とした状況であった。そのなかにあって道雄は、現状打破のためにさまざまな新しい試みを続けたのである。次のような言葉に彼のなみなみならぬ意気ごみがうかがえる。

すべて新しい試みには短所も長所もある。是非はとにかくとらわれてはならない。【3】

ストラヴィンスキーのものを聴くと、自分が作曲の上で自由なことをするのに、大胆にやれるような気がする。【4】

こうして、道雄は新しい音楽、新しい芸術を模索していったが、そのさい、つねに大衆から離れてはならないと自らに課していた。それは大衆が日本音楽から離れていくという危機感に由来するものであり、また、新しく作り出した音楽も、一般の人々が支持する音楽でなければ根づかないと考えたからである。けれども、そのこともまた批判の対象となった。

道雄は人々にアピールする作品を創り出し、当時の日本人なら誰もが知る、いわばスーパースターともいえるような圧倒的な人気を誇った。幕が上がり、箏を前にした道雄が現れただけで、「オー」というようななんともいえない一種独特の雰囲気が流れたという。しかし、大衆の支持が多ければ多いほど、とくに音楽の専門家から大衆的、通俗的と批判された。道雄自身もジレンマを感じていたようである。

尺八家の吉田鈴珂《れいか》（正一）は昭和六年（一九三一）に、道雄が大衆に迎合していると厳しく批判した【5】。しかし、道雄はあくまで大衆から離れようとはしなかった。むしろ、大衆から離れて自己満足に陥ることを恐れていたのではないだろうか。そして、前述のように、箏曲史の流れもけっして大衆から離れたものではなかったと捉えていた。

いったい芸術の通俗化は本来の精神を忘れて俗悪低級とならない以上、ある程度までは結構なことである。古典は古典として大切に保存しなければならないが、同時にまた時勢が生む人間の新しい要求にも意義があり生命があることを常に作曲の上に考慮してゆかなければならない。【6】

この道雄の通俗性にかんする論述が載っている『箏曲』が出版されたのは昭和五年（一九三〇）で、吉田の批判より前に書かれたものである。つまり、道雄は吉田に指摘されるまでもなく、芸術性と大衆性にジレンマを感じていたのである。道雄は芸術性と大衆性、伝統と革新の兼ね合いのむずかしさを痛感していたからこそ、それらをバランスよく保つことの重要性を語っている。

ひっきょう古典にとらわれまた新規に媚《こ》びるいずれにも箏曲を限定して小さくすることは不賛成で、〔略〕無理にふんばって新しくやるというのもよくないし、時世にともなうといってもそれに媚びては間違います。時世という言葉はその時世が過ぎればもうともなわぬことになるので、八重衣《やえごろも》の如く何年たってもいいものはやはりいい、そこに曲は価値づけられるのです。【7】

以上のような考えから打ち出されたのが、前述の作曲における基本方針である。

一つは古楽を復活させて、これに現代的な色彩を加えることと、今一つは、洋楽の形式においてどこまでも、邦楽発展の境地を作り出すこと。

この基本方針は彼の著作に散見されるが、それは彼が首尾一貫してこの精神を貫き通そうとしていたことの表れであり、それと同時に日本音楽の伝統に立脚して作曲していたことを物語るものである。「新しい日本音楽の立場」[y034]という文章のなかでも、「私は日本の芸術に立脚して、洋楽の長所も咀嚼《そしやく》し消化して、純日本化のものをもって、問うてみるつもりである」と語り、自らの立場を明らかにしている。そして、日本の音楽は旋律主導で、その旋律が美しいことが日本人に好まれ、楽器の特性から考えても、たんに複雑なのはよくないと考えていた[8]。

とはいえ、道雄はリズムに興味がなかったわけではない。前述のように、ストラヴィンスキーの《春の祭典》などの作品について、リズムが面白く、打楽器の使い方がすぐれていると高く評価していた。また、韓国の複雑なリズムにも関心を示していた[9]。しかし、道雄はそれらを自らの音楽に積極的には取り入れようとしなかった。道雄があえてそれらを取り入れなかったのは、日本音楽には複雑なリズムは不向きだと考え、かつ平易で覚えやすい旋律でなければ大衆から離れてしまうと考えたからではないだろうか。

昭和三〇年代に入っても、道雄が複雑なリズムによらない、いわば「流麗な」旋律主体の作風で通したのは、彼の音楽的能力の限界によるものではなく、その音楽理念にもとづくものだったのである。あれだけ新しい試みを続けながら、その作風があくまで旋律主体であったのは、あえて「限界」という言葉を使うならば、それは彼の音楽的理念の限界によるものであった。

❖ 宮城道雄の生きた時代

道雄は以上のような理念をもって作曲していったが、その結果はどうであったか。

教育者として作曲したものなど、さまざまな必要にせまられて作曲した「実用的」な作品もあるので、前述のように、宮城曲すべてを同じ次元で評価することはできない。またさらに、道雄ができあがった作品すべてに満足していたわけでもない。

たとえば、大編成による合奏曲や合唱合奏曲のなかにもそうした音楽があったようで、亡くなる一四日前に書いた最後の著作のなかで、「合奏の妙味の出るのは未だこれからで、みんなが指揮者の棒を見ることが上手になるのと、また、理解ある指揮者を得ることである。いまの段階では聴衆に聴いてもらうより、どちらかというと、合奏している自分たちが楽しいのである」と述べ【10】、じっさいに鳴り響いた自分の作品に満足していないことがうかがえる。ここでは演奏の不備を問題にしているが、問題はそれだけだったのであろうか。

合奏曲ももちろん初期には純粋に音楽的欲求から作曲されたものが多かったが、晩年になると、宮城会の全国演奏会のためや、委嘱によって書かれた作品が圧倒的に多くなる。全国演奏会ではできるだけ多くの人を、それも演奏技術においてさまざまなレヴェルの人々をいちどに舞台へ乗せなければならないという制約をもったうえで作曲したものが多かった。また、そうした作品が演奏する人々には好まれたようで、道雄も「ボリュームの関係なんかでかえって大勢でやった方が、無論素人にですけれども、受けることがあるんですね」と語っている【11】。

さらに、委嘱作品が多いということは、それだけ当時の聴衆も合奏曲を好んだ証であり、それが時代の要請だったともいえよう。音楽評論家の牛山充は日本がこれから国際社会の仲間入りをするにあたって、「越天楽の変奏曲のような箏のコンチェルト風のものを、多く作曲しなければいかん」と道雄に忠告している【12】。いっぽう、小松耕輔【13】、湯浅永年《えいねん》【14】、須永克巳【15】、伊庭孝らは彼の協奏曲など大合奏曲を痛烈に批判したが、それでも道雄が大合奏曲を作曲し続けたのは、前述のような時代の要請に応えなければ、という一種の使命感もあったのではないだろうか。

伊庭孝は「私の気に入らないのは、日本楽器を数多くならべて、大組織の合奏作曲をするということである。〔略〕小規模で深い感銘を与えるという特色を、本来生まれながらにして持っている日本音楽が、わざわざ西洋音楽の持病をうつしてもらいにでかけるところはないではないか」【16】と語って、道雄を批判している。しかし伊庭に批判される七年ほど前に、日本の音楽は広がるのではなくて、墨絵《すみえ》のような深みの音楽であり、その方向を進めたいと道雄自身語っているのである【17】。

それでも道雄が大規模な作品を作曲し続けたのは、日本の音楽の新しい可能性を探求し続けたからであり、また時代の要求に応えようとして、それに押し流されたという面もあったのではないだろうか。そんな使命感から解き放たれた作品が箏独奏曲だったのかもしれない。彼自身ジレンマを感じていたのであろう。

その当時は邦楽界ばかりではなく、洋楽界もたんに西洋の真似にあきたらず、なにか新しい世界を求めて模索していた時代であった。この風潮はこと音楽に限ったものではなく、舞踊や文学などあらゆる分野で、いままでの日本の文化をどうにかせねば、そのために新しいなにかをみいだそうという思想に満ちあふれていた。道雄は音楽の世界でこうした思潮に応えていったひとりだったのである。

伝統をあくまで生かすとともに新しい時代の流れに沿うところに東西芸術の融合、新文化の創造が生まれると思います。【18】

《水の変態》や《比良》などで古典的作品の限界にせまり、さらに新しい世界を模索して、さまざまな試みを繰り返し、そして《越天楽変奏曲》などの合奏曲で邦楽の世界をさらに押しひろげて、人々にその可能性を印象づけたのである。近代フランス音楽が機能和声の限界にせまり、シェーンベルクが十二音技法で音の世界をひろげたように。たとえその結果がかならずしも満足のいくものでなかったとしても、日本の音楽界に新たなる地平を切り拓き、ひとつの方向性を示したことだけは厳然たる事実である。現在、洋楽系、邦楽系を問わず、いずれの作曲家も邦楽器あるいは邦楽器と洋楽器による合奏曲などを作曲しているが、これらの先鞭をつけたのはまぎれもなく宮城道雄だったのである。

彼自身、最後まで暗中模索のなかにいたことが、その著作からもうかがえる。自分自身あまり気に入らない作品がかえってもてはやされたり、必要にせまられて大編成の合奏曲を作曲したりと、道雄自身、「音楽世界をひろげる」という時代の要求に押し流されたという面もあった。しかし、その反面、道雄はそうした時代をいち早く切り拓いた人物でもあった。げんに、彼の作曲における基本姿勢は朝鮮に住んでいた中菅時代にすでにできていたのである。当時、道雄の秘書のような存在だった邦楽評論家の藤田斗南《となん》は北斗の筆名で大正三年（一九一四）一一月発行の雑誌『音楽』に、道雄の作曲方針を記している。

将来は形式の美より、歌曲の気分を表わし、一般の聴者にも音色の印象も捉え、そして昔の美しい点を忘れぬという様な傾向になるというのが中菅先生の持論であります。それには我々の感想に最も共鳴する雄大な自由な強い刺激を有する西洋音楽の長を取って拕《うごか》すのが立派な箏曲として誇るべき芸術としての最捷径《さいしょうけい》だというので、中菅検校の作曲は大分に他の人たちとは違っている。【19】

道雄は誰よりも邦楽に洋楽の要素を導入することのむずかしさ、限界を知っていて、理想と現実に悩みつつ自らの進むべき道を模索し続けながら、新旧両方の時代を生き抜き、さまざまなジレンマを感じながらも新しい時代を切り開いていった、まさに近代日本音楽を形成していった作曲家のひとりだったのである。

第17章 ◉ 謎の死

❖ 西洋音楽の本場へ

第二次世界大戦後、道雄の人気は衰えるどころかますます高まっていった。

演奏会は、地方公演を含む多くの地域でおこなわれ、付随音楽も映画音楽、舞踊音楽に加えて、前述のように、戦後は歌舞伎音楽も数多く手がけ、また、NHKラジオ「主婦日記」のテーマ音楽やコマーシャル音楽までも含む委嘱作品の作曲もこなしていた。さらに、ラジオ出演は、戦後の民放各局の開設にともなってますます増え、それもたんなるゲスト出演だけではなく、前述の『源氏物語』（二期、二六回）をはじめとして、とくに、昭和二七、八年（一九五二、五三）ごろには、「三越箏曲の調べ」（ラジオ東京、三五回）、「宮城道雄作曲集」（文化放送、一一回）、「松屋箏の調べ」（文化放送、一一回）などのレギュラー番組も抱えていた。

多忙をきわめるなか、道雄は一時期ヒロポンを使用していたこともあったという。この薬は戦前から疲労の除去と活力増大の強壮剤として一般の薬局で売られ、新聞・雑誌でも広告されていたのである。道雄以外にも使用していた文筆家や芸術家はいた。もちろん違法薬物として取り締まりの対象となってからは、道雄も使用することはなくなった【1】。

こうしたなか、ヨーロッパへの演奏旅行の話が舞いこんだのである。ビアリッツとパンプロナでおこなわれる国際民族音楽協会ＩＦＭＣ（現・国際伝統音楽協会ＩＣＴＭ）主催「第六回会議」に日本代表として参加しないかというものであった。しかし、道雄は当初あまり乗り気ではなかったという。それでも牛山充に背中を押されるかたちで引き受けるのであった。

昭和二八年（一九五三）七月一日、音楽代表の道雄一行は舞踊代表の西崎緑一行とともに羽田空港を発って、サイゴン、カラチ、ベイルート、ローマを経て三日にパリに到着した。その数日後、こんどは汽車で開催地であるフランスの高級リゾート地、ビアリッツに入り、各国代表の顔合わせがおこなわれた。その後二五台のバスに分乗して、牛追い祭で有名なスペインのパンプロナに到着。そして、市庁前の広場まで国旗を先頭にパレードとなったが、後ろのほうでなにかゴソゴソしているので道雄が尋ねてみると、かんじんの国旗を仕舞いこんで見当らないという。やっと探しあてると、こんどは竿《さお》がない。日本組はしばらく旗なしで行進して、かわりに女性陣が袖《そで》を振って進んだが、それがさいわいしたのか、日本の人気はたいへんなもので、「ハポン、ハポン」という歓声が両側ばかりか、空からも降ってくるようだった。それもそのはず、石畳《いしだたみ》の道の両側は見物人で埋め尽くされ、まわりの五、六階もある建物のバルコニーには、鈴なりの人だかりだったのである。さすがの道雄もこの歓迎ぶりには驚き、とにかく右へ左へと顔を向けて会釈《えしやく》した。ようやく宿舎に着いてみると、男性は神学校の寮、女性は修道院と別々とのことだが、眼の不自由な道雄としては喜代子と別れるわけにはいかない。それを説明したくても言葉が通じない。ホテルに移りたくてもすでに満室。そこへ同行していた音楽学者の黒沢隆朝《たかとも》らが現れて交渉した。

「盲人だから女の人が出はいりしても、間違いは絶対にありません」

「いいえ、女性が見るからいけないのです」

「ヨーロッパではそんなに簡単に男と女が関係をもちたがるのかね」

と、すったもんだのすえ、ようやく修道院の玄関脇の小部屋に泊めてもらうのであった。

翌日午後七時から最初の演奏会である「世界民俗音楽舞踊祭」（ビアリッツ観光協会・パンプロナ市主催、国際民族音楽協会協賛）が始まった。会場となった闘牛場は、十数万人もの大観衆で埋め尽くされ、インドネシアから演奏をはじめて日本は一二番目である。道雄は国旗を背に《春の海》をまず演奏し、続いて舞踊と一緒に《さらし乙女》を演奏した。この作品は《瀬音》を舞踊用に編曲し、西崎が「さらし」の所作を取り入れて振り付けたものである。ここでも圧倒的な人気であった。一九カ国二六団体すべてが演奏を終えたあとの会議代表による総評では、道雄ら日本代表を祭典の圧巻として絶賛した【2】。この結果、大観衆の鳴り止まぬ拍手のなか、日本がもういちどステージに上がるはずだったが、道雄がいない。そのため、アンコール演奏のないまま閉会となった。じつはこのとき、道雄はさっさと例の修道院にもどって、食事をしていたのである。

このときの演奏をコメディ誌の記者は、次のように評した。

彼は伝統的な日本音楽を改良して、力強さを加え、その繊細な感度を保持しながらも、もっと直接的に聴衆の心に訴えるようにする術《すべ》を心得ているようだ。

この評は、道雄が西洋という異文化の人でも理解しやすいように日本音楽のアイデンティティを表現することで、日本の伝統音楽の素晴らしさをみごとにアピールした結果のものといえよう。道雄は日本の伝統音楽に西洋音楽の要素を導入することで、黴《かび》臭くもバタ臭くもない世界に通じる音楽を作り上げたのである。

翌日はふたたびビアリッツに戻って、演奏会に出演したり、シンポジウムでデモンストレーション演奏をしたり、記録映画を撮ったり、無事大任を果たして一五日の夜、パリへ戻るのであった。パリではレセプションや放送出演の合間に演奏会に行くつもりだったが、夏のシーズンオフのため、あまり良い演奏会はなかった。それでもバレエ鑑賞に行っては、オペラ座の音響効果に感心し、レストランの楽師が演奏するヴァイオリンとギターなどの音楽を心から楽しんだ。ノートルダム寺院ではパイプ・オルガンの多彩な音に聴き入り、その音色から天井にいろいろな花が咲いているのを想像して、オルガンの音の中に包みこまれていくような、幻想的な感覚にとらわれた。

もうひとつの目的はオネゲルやミヨー、カザルスといった音楽家たちと会うことだったが、当人たちのヴァカンスなどの理由で果たせなかった。せめて、あの《春の海》の共演者シュメーに会いたいと思って探していると、ピアニストの原智恵子をつうじてようやく連絡がとれ、パリを発《た》つ一日前にシュメーの家を訪ねることができた。

...et les Premières Nouveautes
lancées à Biarritz
MAGASINS OUVERTS
le LUNDI 13 JUILLET
LES INSTRUMENTISTES JAPONAIS

ビアリッツ新聞　世界民俗音楽舞踊祭特集号

あれから二一年。道雄は五九歳、シュメーは六五歳となっていた。家の中には当時の写真が飾られ、シュメーは思い出の品々を次から次へと出してはしゃべり続けた。あのときのプログラム、愛娘よし子の写真、道雄にとってもなつかしいものばかりであった。道雄はシュメーに「もういちど日本に来てください」と言い、ふたりは固い握手を交わして別れたのである。

翌日、空港へ向かう列車に乗るためにアンヴァリッド駅へ来てみると、シュメーが日本でもらった日傘をさして見送りにやってきた。そして、道雄の肩を抱くようにして、あの日楽屋でしたのと同じように、頰《ほお》にキスをしたのである。もっとも道雄はあとで、「どうもおばあさんですからあまり感心しませんがね」と照れている。

夕方にはロンドンに入って約二週間、音楽会に行き、BBCから三度ほど放送するなどして、八月一二日未明、羽田に無事帰り着いた。

帰りぎわに立ち寄ったローマで聴いた野外オペラ《アイーダ》のテノールや管弦楽の美しさ、そしてまた、世界民俗音楽舞踊祭で聴いたスイスのヨーデルやアルプホルン、トルコの太鼓やさまざまな国のバッグパイプなど、道雄にとっては刺激的なものばかりだった。「日本の民族的な音楽の将来にとっていろいろと参考になることがありました」と述べている。さらに、ロンドンではBBC管弦楽団の演奏会でチャイコフスキーのピアノ協奏曲が演奏されるのを聴いて、この管弦楽団と共演したいと思った。いっぽう、道雄もヨーロッパの人々に深い感銘を与え、なかには、「秋のシーズンまでいるように」と引き留める者もいた。けれども道雄には仕事が待っている。すると、「それなら、こんどはぜひシーズン中にきて、管弦楽団と一緒にコンチェルトなども演奏してください」と言われ、道雄もそれを希望し、約束して、日本へと帰るのであった【3】。

この一カ月以上にわたるヨーロッパ演奏旅行は道雄にとって生涯忘れることのできない楽しい思い出となった。このときの体験や思い出を「耳で聴いた西洋」や「耳で見た欧州」など多くの随筆に書き残している。大好きな西洋音楽の本場ヨーロッパへ初めて足を踏み入れて、どんなにか感動したことであろう。

❖ 箏独奏曲の輝き

この演奏旅行中に作曲されたのが、箏独奏曲の《ロンドンの夜の雨》[c399]である。日本大使館でのレセプションで即興的に演奏し、さらにBBCからも放送した。現行する即興的作品としては唯一のものといえよう。地方公演などで即興的に演奏することはあっても、それを作品として残すことはなかった。作曲とは推敲を重ねておこなうものとして、即興にもとづく安易な作品を作らなかったのである。それゆえ、この《ロンドンの夜の雨》は例外的な作品である。道雄は次のように記している。

ある夜、一晩中降り続いたことがあって、その音を私は何か印象的に感じた。高い建物から伝って落ちる雫《しずく》の音を銀色の珠《たま》のように想像した。また、濡《ぬ》れた大地を走る車の轍《わだち》の音にも何か情緒を感じた。こういった印象を取り入れて即興的に作曲。【4】

湧き上がる感興に身をゆだねて、幻想の世界を箏一面で鮮やかに描き出した珠玉《しゅぎょく》の名品である。

じつは、道雄は箏の名手でありながら、意外にも現行する箏独奏曲（器楽曲①）は一四曲と少ないうえに、二曲は小品である。そしてなによりも、その作曲が後期に集中している（表1）。昭和五年（一九三〇）に《七月》[c165]が作曲されているが、これも歌が付いていた可能性があるうえに【5】、現行しない。現行曲としては、一三年、道雄が四四歳のときに作曲した《島の朝》[c283]が最初である【6】。

このように数少ない独奏曲だが、それらはさまざまなスタイルによる個性的作品で、そこに宮城曲の多面性をみることができる。

たとえば、《数え唄変奏曲》は西洋音楽の要素を導入した超絶技巧の作品である。旋律を装飾する装飾的変奏によって作曲することで、トレモロやハーモニックスなど道雄が開発したさまざまな箏の新技法を披露し、さらに全曲が二重奏のように聞こえるよう作曲しているため、箏の名手としての腕前を存分に発揮した作品となっている。また、《手事》は前述のように和洋の完璧なまでの融合による傑作である。

いっぽう、《中空砧》[c398]は、光崎検校作曲による箏の高低二部合奏《五段砧》の旋律、音型、奏法などを素材として巧みに取り入れることによって、全体として《五段砧》の雰囲気を強くイメージさせた三段からなる箏独奏曲となっており、道雄の光崎検校へのオマージュといえよう。この作品は内田百閒の遊び心に端を発して作曲されたものではあるが【7】、結果として、演奏者に高度な演奏技術と音楽性を要求する完成度の高い作品となっている。

前述の《三つの遊び》〔c329〕は描写性と遊び心にあふれた作品である。〈まりつき〉〈かくれんぼ〉〈汽車ごっこ〉と、子供の代表的な遊びをイメージした三曲で構成されており、付点リズムで鞠《まり》のはずむ様子、スリ爪や低音のスタッカートで汽車が走り出す様子など、子供たちが楽しく遊ぶ情景を箏一面で音楽化し、〈かくれんぼ〉では、鬼がいっきに走り出す雰囲気をまるで目に浮かぶように表したイメージ描写と童心にあふれた佳品である。

〈風鈴《ふうりん》〉と〈線香花火〉からなる《夏の小曲》〔c309〕も同様の作品で【8】、〈線香花火〉では、時間とともに変化する花火の様子を時間芸術である音楽というキャンバスに、箏で次々と描いているような描写性にあふれた作品である。スリ爪や消し爪などで擬音的効果を出しつつも、全体像を把握して音楽として再現する宮城一流のイメージ描写の世界による遊び心にあふれた作品である。

表１　箏独奏曲（×は現行しない）

作曲年	タイトル
昭和５	七月　C165 ×
昭和13	島の朝　C283
昭和15	数え歌変奏曲　C295
昭和16	夏の小曲　C309 卒業生におくる　C317 × 盆踊の印象　C319 ×
昭和18	虫の歌　C328 三つの遊び　C329
昭和19	朝　C334
昭和22	手事　C342
昭和23	五十鈴川　C348 祭の太鼓　C349 秋の小夜曲　C352 ×
昭和27	即興曲　C385 × 初秋の夕　C388 ×
昭和28	中空砧　C398 ロンドンの夜の雨　C399
昭和29	桃の花によせて　C405 衛兵の交替　C406 雛人形　C413

ところで、本書でとりあげた

独奏曲は、委嘱作でもなければ、放送やレコード録音など演奏機会が設定されたものでもない。道雄本人の想念に導かれて作曲された作品である。綿密に計算して作曲した《手事》でさえ、ベートーヴェンのソナタを聴いたのをきっかけに作曲された。だからこそ、何にもとらわれない生き生きとした作者の息づかいと、本人がいちばん楽しんでいるであろう自由さに満ちている。そこには、新しいものを創り出さなければという気負いも使命感もなく、ただ自らの感性、芸術性の発露による凝縮された音楽世界だけがある。

宮城道雄というと、大規模な（合唱）合奏曲や新様式の歌曲などが業績として取り上げられることが多く、本書でもそれらについて述べてきた。しかし、じつは独奏曲にこそ、道雄の真価をみることができるのではないだろうか。道雄は伝統と革新のはざまで揺れながら、さまざまな試みをし、成功も失敗もあったが、それらを糧《かて》に創りだしたのが、箏独奏曲である。それゆえに、作曲が後期に集中したのであろう。箏独奏曲という演奏形態じたいは近世箏曲成立時から存在するものではあったが、道雄の箏独奏曲には独創性と革新性と時代を超える力が宿っていたのである。

❖ 寝台急行「銀河」

帰国した道雄を待っていたのは、山のように積まれた仕事であった。ことに、《盤渉調箏協奏曲》と交声曲《日蓮》は大曲で、初演日も二カ月半後にせまっていた。《盤渉調箏協奏曲》はNHKの委嘱によるもので、松平頼則と共同で作曲し、一一月三日に放送初演されることになっていた。《日蓮》は福岡の日蓮宗日蓮聖人銅像建設五〇年度慶讃会が委嘱したもので、NHKでの放送の前日、一一月二日に共立講堂で初演し、その後八日の福岡、一〇日の長崎、一二日の熊本と九州各地を巡演することになっていたのである。

その間、もちろん門人の稽古、演奏会、ラジオ、また、この年テレビが開局され、道雄もさっそく出演している。さらに、帰朝直後ということもあって、それにまつわる演奏会やラジオ出演、雑誌取材などさまざまな仕事も入ってきた。一〇月二日には委嘱曲の作曲のために、めずらしく藝大の授業を休講にした。門人の数も日本全国にウナギのぼりに増え、その門人たちに「来てください」と頼まれると、北海道から九州まで、いまとはまったく違う交通事情のなか、どこへでも出かけたのである。東京にいると、こんどは小さなおさらい会や料亭、それに学生主催の演奏会にまでひっぱり出された。そのなかには採算を度外視したものもあり、東大の演奏会では、演奏者の道雄が学生に寄付をしたくらいであった。

家の者が道雄の健康を気づかって、「演奏会は少し控えてください」と言うと、「あっちに行って、こっちに行かないわけにはいかない」とまったく聞く耳をもたなかった。演奏旅行から夜行列車で帰京し、その足で藝大の授業に出ることもしばしばあった。また、急ぎの作曲が入って、ほとんど徹夜を続けるような日もあったという。

昭和三一年（一九五六）六月二日には、大阪産経ホールの楽屋で、関西交響楽団と《越天楽変奏曲》を共演するための最終的な打ち合わせがおこなわれた。六月二五日の大阪をはじめとして神戸、京都と巡演するもので、めったにおこなわれることのない関西でのオーケストラとの大々的な演奏会に、道雄はかなり乗り気だったという。また、事業部長は身体を気づかって飛行機を勧めたが、道雄自身が列車を希望するのであった【9】。

演奏会の前日、二四日の晩となり、道雄は姪の喜代子とともに夜行列車で大阪へ向かうために東京駅に着いた。いつもは数人の見送りがいるのだが、この日は箏屋の鶴川だけで、道雄は「今日はさびしいね」とつぶやいた。

午後八時三〇分発の急行「銀河」はもう入線しており、道雄の寝台は一号寝台車の入り口から二つ目、左側下段の一二号、喜代子は通路を隔てた向かい側の下段一〇号であった。列車が動き出すと、道雄は点字の『リーダーズダイジェスト』を読み出し、その後、いつものように携帯のウィスキー入れに入った日本酒を飲みながら喜代子と話をして、その間、二度ほど手洗いへ連れて行ってもらった。一一時ごろ、喜代子は「またお手洗いにいらっしゃるときは私を起こしてくださいよ」と念を押して、眠りについた【10】。

日付が変わり、翌二五日午前三時四六分、下り貨物列車の機関士が刈谷駅西隣りの大府《おおぶ》駅を通過するさいに、「刈谷駅東ガードの所に轢死体《れきしたい》らしきものを見た」と記した通告票を投下した。大府駅から連絡を受けた刈谷駅の駅員四名はただちにランプを手に現場へ向かった。あたりはまだ暗く、レールだけが不気味に光っていた。午前三時五六分、東へ約五〇〇メートルの下り線柱側三河線ガード下でそれらしきものを発見。このあたりの線路は高低差もポイントもない直線コースのため、時速九〇キロほどのスピードで疾走《しっそう》する列車から転落したことになる。そのうえ、午前二時五三分ごろ転落したと推定されるので、発見までにすでに一時間ほどたっており、誰もが死を疑わなかった【11】。

と、足と思われるあたりが盛り上がるように動いた。四人は驚愕《きょうがく》し、「や、生きている」と叫んでそばへ駆け寄ると、「どこかへ連れて行ってください」と、はっきり話したのである。急いで担架を取りに駅へ駆けもどり、新たに二名の加勢を連れて現場に引き返すと、先ほどは、たしかにガードのそばで仰向けになって倒れていたはずが、こんどは暗渠《あんきょ》に腰を下ろし、線路のほうを向いて膝《ひざ》を抱きかかえるようにして右手で頭を支えた格好に変わっていた。膝を抱えて腰を下ろした格好は、道雄がよくする姿である。六名が手分けして頭、肩、胴、足を注意深く支え、そっと担架に乗せようとすると、驚いたことに、道雄は自分から乗ろうとして、片手は担架の棒を握り足は自分で乗せ、さらには国鉄の寝巻の裾《すそ》を整えたのである。

現場から担架が出発したのは四時一〇分ごろ。ようやく空が白みかけてきた。線路伝いに約二〇〇メートル進んだあたりで、とつぜん担架の上から、「私は汽車から落ちたのだろうか、電車から落ちたのだろうか」と尋ね、駅員のひとりが「汽車から落ちられたのでしょう」と答えると、「ああそうか」と言い、しばらくして、また、「ここはどこですか？」と尋ねた。「刈谷ですよ」と、先ほどの駅員が答えると、「名古屋はすぐですね」と言うのであった。

刈谷駅で担架の担ぎ手が一部交替して、そこからさらに六〇〇メートルほど離れた病院へ向かった。病院に着いたのが午前四時四〇～五〇分なので、約三〇～四〇分担架に揺られていたことになる。この間、数回「痛い」と訴え、そして「病院はまだですか」と尋ねた。

病院に着いて、手術台の上に載せられた道雄は全身が血と泥と砂まみれで、それらを当直の看護師が洗い落として応急処置をしながら「お名前は」と尋ねると、はっきりと、しかも一気に「ミヤギミチオ」と答えた。

「どういう字を書きますか」

「ミヤはお宮の宮、ギはお城の城、ミチは道路の道、オは雄《ゆう》です」

と、きわめて明確に答えたのである。

こんどは道雄のほうから、「ここはどこですか」と聞き、看護師が「刈谷の豊田病院です」と答えると、「刈谷でしたら、名古屋は近いですね」とふたたび言った。そして、看護師が「お所は」と聞くと、「東京都、ウシゴメ……」まではなんとか聞き取れたが、最後の「ゴメ」はもうはっきりとはしなかった。

待機していた駅員と通報を受けて立ち会っていた刈谷署の巡査部長は、「宮城道雄」と「東京……」をつなぎ合わせて、「さてはお箏の……」と直感し、身元についての連絡はただちに刈谷駅へ、名古屋公安室へ、東京へと飛んで、数分後には牛込《うしごめ》中町の留守宅へと通じていた。

五時ごろ、目を覚ました妻の貞子が起き上がろうと思っていると、けたたましく電話が鳴った。

「東海道線の刈谷駅ですが、ご主人はどんな服装でお出かけになりましたか?」

とつぜんの問いに、貞子は思わず息をのみ、

「洋服で出かけましたが……」

「どういう洋服ですか?」

「ねずみ色の……」

電話はそれで切れた。不安に襲われた貞子は、自分で受話器を置いたのにも気がつかなかった。すると、また電話が鳴り、

転落現場

「宮城先生が汽車から落ちて怪我をされたんです。頭と顔を六カ所お縫《ぬ》いになりましたが、命には別状ありません」
命に別状がない。貞子は電話機にいくども頭を下げ、不安にはりつめて裂《さ》けそうだった胸が少し和《やわ》らいだような気がしたが、続いて矢継ぎ早にかかってくる新聞社や放送局からの問い合わせの電話に、ふたたび不安がつのってきた。

六時のＮＨＫラジオは「宮城道雄氏、関西演奏旅行に行く途中、急行列車銀河より転落」のニュースを全国に報じた。

いっぽう、連絡を受けて駆けつけた院長はじめ病院の職員が総がかりで、ただちに処置にかかった。負傷箇所は、頭部裂傷《れっしょう》が八針二カ所、四針二カ所、二針二カ所、いずれも骨露出であった【12】。さらに、レントゲン検査の結果、頭蓋骨底《ずがいこつてい》にひびや骨折が認められ、左の肋骨《ろっこつ》も三本ほど折れていた。もちろん、このほかにも、全身にわたって打撲《だぼく》傷、擦過傷《さっかしょう》があり、転落時の衝撃がいかに激しいものであったかを物語っている。

輸血など、いったん処置を終えて病室に移された道雄は、しばらく静かにしていたが、とつぜん「腰が痛いからさすってください」と言い、看護師が痛くない程度にさすっていると、こんどは「座らせてください」と言った。しかし、これは容態にかかわるので、看護師が二人しかいないことを理由に断わると、また、とぎれとぎれに、「二人でもいいから起こしてください……、看護婦さん……、起こしてください……」と哀願した。二人の看護師は途方に暮れ、胸をかきむしられる思いがしたが、「みんながくるまで辛抱《しんぼう》してください」となだめた。しかし、これを最後に、道雄の呼吸はしだいに静かに浅くなっていった。危険とみた二人は、鼻孔《びこう》に細い糸を下げ、注意を払っていたが刻一刻と呼吸が浅くなり、脈拍も微弱となって危篤《きとく》状態に陥ったため、看護師が院長を呼びに廊下を走り、留守宅へは「危篤です。あと一時間、いえ、一時間はもたないように思います」と電話。貞子は動揺した。

そして、院長が駆けつけたときには、もう脈はほとんどわからないほどだった。午前七時一五分、臨終が告げられ、道雄は誰ひとり知る者もない旅先の病室で、六二年の生涯を閉じるのであった。

貞子のもとへは、危篤の知らせからわずか五、六分後に死亡の電話が入り、NHKはニュースで道雄の悲報を伝えた【13】。この日、六月二五日の夕刊各紙は、道雄の死を写真入りで大きく報じた。そのほとんどは、手洗いのドアとデッキのドアを間違えて、誤って転落したと記している。

朝日新聞（夕刊）

東海道線 刈谷駅で 急行『銀河』から

用便に起きて間違う？

病院に入った時は意識残る

中訳なくて―

どうして落ちたか分らない

肩をさすり泣き伏す 貞子夫人 遺体と悲しい対面

高弟が代演

遺体きょう東京へ

朝日新聞 昭和31年6月25日付夕刊

しかし、午前二時の車内巡視のさいにはデッキのドアの施錠《せじょう》が確認されており【14】、さらに、デッキのドアと手洗いのドアは開閉方式がまったく異なるので、この列車に乗り慣れた道雄が気づかなかったとは信じがたい。あるいは、午前二時以後、列車が遭難現場を通過するまでの約五〇分のあいだに、誰か別の乗客がデッキのドアを開けたままにしていったのであろうか……。

決め手がないまま時がたつにつれて、自

殺や他殺といったさまざまな憶測や噂《うわさ》が乱れ飛んだ。なかには、新聞や雑誌で取り上げられたものもあった。ただ、他殺といっても、それは特定の犯人を想定したものではなく、通り魔的な行きずりの犯行という説である。というのは、道雄が奇禍《きか》にあってから、数日のうちに二人もの男性が立て続けに、刈谷付近で走行中の列車から転落していたからである。また、自殺にしても、晩年の道雄が多忙をきわめていたために、それが肉体的にも精神的にも大きな負担となってのしかかっていたであろうというものや、有名人ゆえに周囲が興味本意に自殺の動機としてあげるようなもので、あとで無理に考えればそう考えられないこともないといった程度のものであった。

道雄の死は依然、謎に包まれたままである。

箏と私

宮城道雄

[y188]

眼が見えなくなってから、私《わたくし》の生きる道は音の世界に限られてしまった。子供の頃は、それがどんなに悲しかったか知れない。しかし箏《こと》を習い始めてから、だんだん心持ちが落着いてきて、眼の見えないことをそう苦にしなくなった。今では、もう悲しいどころか、むしろ幸だったと感謝している。

これは決して負け惜しみでも何でもない。眼が見えなかったからこそ私は箏に親しむようになったので、箏を弾いていさえすれば、この世の生活を有難いと思い、しみじみと楽しむことが出来るのである。

若《も》し、なまじ眼が開いていたら、私は今頃何になっていたか知れない。眼が見えなかったばっかりに私の生きる道を音楽の世界と決め、箏を友として脇目もふらずこの道を進んで来られたのだと思う。

眼の見える人は、職業の選択にも私共よりは自由が与えられている、自由は与えられている
が、それだけに若い中は自分の現在ある地位や職業に不平不満を懐いて迷うことも多いと思う。
その点は私共盲人は倖《しあわ》せであると云い得る。

私達は、唯この道を往くより外はない。迷ったりする余地はない。たゞ驀然《まつしぐら》にこの道を進んで往こう。その一念が私を今日あらしめてくれたとも云えるのである。

これは眼開きの世界にも当てはめられる心理ではないかと思う。自分の生きる道を見定めて、驀然にその道を進む、短い人生を少しでも良く生きようとするには、それより外に道はない。

子供の時から箏を唯一の友として日夜箏と親しんできた私は、箏を単なる楽器として考えることが出来ない。箏には霊が宿っている、ある時は恋人ともなり、又ある時は友人ともなってくれる、時には私にいろいろのことを教えてさえくれる。だから、一日として私は箏を離れて生活することが出来ない。もし、何かの都合で一日中箏を弾くことが出来なかったりすると淋《さび》しくて堪《たま》らない。

修業時代に使った箏は今でも大事にとってある。現在演奏会に弾いている箏も、随分長いこと弾きなれたものである。勿論《もちろん》苦しい時分に買ったものだから、そう立派なものではない。人も、も少しいゝものを需《もと》めたらとすゝめてくれるが、私には、それをどうしても手離すことが出来ない。

永年使いなれた箏は、自分にもその癖がよく分っているばかりでなく、箏も使い手をよく知

っていてくれる。丁度馬が乗り手を知っているように、箏も使い手を知っていて、私の云うことは実によく聞いてくれる。

しかしその箏でさえ時には、天候の工合《ぐあい》などで、どうしても私のいうことを聞いてくれないことがある。けれどもそれも考えて見れば、私自身自分の心をどうすることも出来ないこともあるのだから、一概に箏をせめる訳にもゆかない。

そんな風だから、私の知らない間に、誰か私の箏を弾いたりすれば、直ぐに分る。

又、弟子の弾いている箏の音《ね》を聴いたゞけで、その人がどんなことを考えているかがよく分る。

「あなたは何か心配事でもあるのではないか?」

と訊くと、その弟子が、

「どうしてそれがお分りになりますか?」

と不思議そうに反問する。しかし、それは事実である。心に雑念があると箏の音に雑音が入る。心に落着きのない時には、箏の音が乱れる、箏を弾く人の心を映す鏡のようなものである。人はよし欺《あざむ》き得ても箏を欺くことは出来ないものである。

だから、箏に向うと、私の心は、神前に額《ぬか》ずいた時のように敬虔《けいけん》な気持ちになる。どうして単なる器物として取扱うことが出来ようか。

芸道の修業は凡《すべ》て此《こ》の心境から出発しなければいけないと思う。修業中は馬鹿になっていなければ上達しない。馬鹿という言葉を云いかえれば、ものにこだわらない素直なことである、理屈っぽいのが一番修業のさまたげになる。

その次に戒《いまし》めなければならないのは慢心である。高慢な気持ちが出たら、その人の芸はそこで止ってしまう。勿論、自信は必要である。しかし、それは飽くまで謙遜《けんそん》の中の自信でなければならない。謙遜のブレーキのかゝらない自信はやがて慢心となる。恐れなければならない。慢心の出るのは未だ自分の芸が幼稚な証拠で、芸が進めば進むほど慢心などは出来なくなるものである。

兎《と》に角《かく》、箏は私にとって無くてはならぬものである。外のものは何が無くとも私には辛抱が出来る。けれども箏を奪われては、心を失ったも同じことで、生きる甲斐もない。

現在、私の一番希《こいねが》っていることは、明日《あす》死んでもいゝから、今はの際《きわ》まで変りなく箏を弾いておれたらばということである。本当にそう出来たら私はどんなに幸福だろうと思う。


（『夢の姿』所収）

1953年６月撮影

注

第2章

1 宮城道雄「朝鮮にて」[v323]（『雨の念仏』）。

2 原歌は「やどれると」。

3 原歌は「日かげさす」。

4 道雄は、なにかの曲に「ヒントを得て作曲」という表現をすることがあるが、それはかならずしも具体的な類似性を意味するものではなく、イメージ描写と同様に全体から受ける印象など、「触発されて」といったニュアンスであろう。詳しくは拙稿「宮城道雄の世界」第三回（『宮城会会報』二一一号、箏曲宮城会、二〇一一）。

5 詳しくは拙稿「宮城道雄の著作にみる音楽観」（『東洋音楽研究』第五八号、東洋音楽学会、一九九三）。

6 吉川英史著『この人なり　宮城道雄伝』（邦楽社、一九九〇）八四頁。

7 《水の変態》については、「特集　《水の変態》一〇〇年」（『宮城会会報』第二〇四号、箏曲宮城会、二〇〇九）。

8 宮城道雄「『春の海』のことなど」[y395]（『夢の姿』）。

9 詳しくは拙稿「宮城道雄の著作にみる音楽観」(『東洋音楽研究』第五八号、東洋音楽学会、一九九三)。

10 都山自身が後年、「宮城氏との初対面の印象」(『おとづれ』第一巻三号、おとづれ社、一九三七)で、最初の出会いを翌年としているほど、ごく短い出会いであった。

11 道雄と都山の交友については拙稿「宮城道雄先生と中尾都山氏」「宮城道雄再発見」第二九回(『宮城会会報』一九四号、箏曲宮城会、二〇〇六)。ただし、初対面の日付、一〇月二六日については森田柊山「中尾都山伝(22)」(『楽報』一〇六三号、都山流楽会、二〇一四)。

第3章

1 吉川英史著『この人なり 宮城道雄伝』(邦楽社、一九九〇)二四〇~二四四頁。

2 町田嘉章「宮城道雄氏に代わる人は……」(『音楽の友』第一四巻第九号、音楽之友社、一九五六)一五八頁。

3 大正八年(一九一九)七月号、主筆山本正夫文。

4 伊沢修二著『楽石自伝 教界周遊前記/楽石伊沢修二先生』(伝記叢書二三、大空社、一九八八)。

5 小島美子「滝廉太郎から橋本国彦までの歌曲」(『音楽学』第一〇巻、音楽学会、一九六六)。

6 吉川英史著『この人なり 宮城道雄伝』(邦楽社、一九九〇)二三五頁。

7 芸術係編「演奏会批評 長唄芙蓉会」(『邦楽』第五巻第六号、一九一九)七二頁。

8 風木生「本居長世のきさらぎ社演奏会印象記」(『邦楽』第五巻第六号)五九頁。

9 勝本清一郎「宮城道雄と杵屋佐吉」(『朝日ジャーナル』七巻二〇号、朝日新聞社、一九六五)六〇頁。

10 杵屋佐久吉著『四世杵屋佐吉研究』(糸遊書院、一九八二)五四頁。

11 宮城道雄・吉田晴風・柳沢健鼎談『琴と尺八』[y186](世界の日本社、一九五一)三九頁。

12 宮城道雄・吉田晴風・柳沢健鼎談『琴と尺八』[y186]（世界の日本社、一九五一）三七〜三八頁。
13 浅香淳編『新訂　標準音楽辞典』（音楽之友社、一九九一）。
14 野村光一「『音楽と文学』の仲間」（『音楽芸術』一四巻八号、一九五四年）。『大田黒元雄とその仲間たち雑誌「音楽と文学」』（日本近代音楽館、二〇〇二に再録）。
15 堀内敬三著『音楽五十年史』（鱒書房、一九四二）三五五頁。
16 堀内敬三著『音楽五十年史』（鱒書房、一九四二）三四五頁。
17 権藤敦子「明治大正期の演歌における洋楽受容」（『東洋音楽研究』第五三号、東洋音楽学会、一九八八）、権藤敦子「明治大正期の洋楽系演歌における借用の問題」（『エリザベト音楽大学研究紀要』第二一巻、エリザベト音楽大学、二〇〇一）、森本圭子「明治・大正期の演歌――その時代性再考」（『音楽文化一九八一』大阪音楽大学音楽文化研究室年報第九集、大阪音楽大学、一九八二）など。
18 堀内敬三「大正時代の芸能世界」（『季刊邦楽』第四号、邦楽社、一九七五）四二頁。

第４章

1 慶應義塾大学ワグネル・ソサィエティー65年史編纂委員会編『慶應義塾大学ワグネル・ソサィエティー65年史』（慶應義塾大学ワグネル・ソサィエティー、一九六八）。
2 小野衛著『宮城道雄の音楽』（音楽之友社、一九八七）一二頁。
3 宮城道雄「レコード雑話」[y541]（『雨の念仏』）。
4 宮城道雄の言説の出典にかんしては、拙稿「宮城道雄の著作に見る音楽観」（『東洋音楽研究』第五八号、東洋音楽学会、一九九三）参照のこと。
5 宮城道雄談「箏曲の味」（『宮城道雄大全集』、ビクター音楽産業、一九七四、特典レコード）。

6　鈴木ゆみ子「宮城道雄の手事に関する一考察」（昭和四六年度東京藝術大学大学院修士課程修了論文）。久留智之・千葉潤之介「宮城道雄作曲《手事》再考」（『広島大学大学院教育学研究科音楽文化教育研究紀要』一八号、二〇〇六）。

第5章

1　宮城道雄「『春の海』の思い出」〔y394〕（『古巣の梅』）。ただし、須永自身は「本当に接吻《せっぷん》して了《しま》ったそうである」と記している。「シュメー女史提琴独奏会」（『音楽世界』四巻七号、音楽世界社、一九三二）一一一頁。

2　宮城道雄「『春の海』の思い出」〔y394〕（『古巣の梅』）。

3　発売レコードについては、クリストファ・N・野澤「宮城道雄のレコードについて」「宮城道雄再発見第三九回」（『宮城会会報』二〇四号、箏曲宮城会、二〇〇九）。

4　宮城道雄「『春の海』のことなど」〔y395〕（『夢の姿』）。

5　宮城道雄「秋の調——曲想解説」〔y022〕（『おとづれ』一巻二号、おとづれ社、一九三七）。

6　宮城道雄「『谷間の水車』その他」〔y313〕（『夢の姿』）。

第6章

1　内田百閒「明暗交友録」（『凸凹道』、三笠書房、一九三五）。

2　宮城道雄「内田百閒氏のお稽古」〔y059〕（『雨の念仏』）。

3　未完成の点字原稿も含む。

4　随筆集『雨の念仏』序〔y241〕。

5 昭和一〇年（一九三五）二月一一日。

6 内田百閒「明暗交友録」（『凸凹道』、三笠書房、一九三五）。

7 内田百閒「『垣隣り』に就いて」（『丘の橋』、新潮社、一九三八）。

8 堀内敬三「盲人の精神的な世界」（『騒音』）二九八頁。

9 養女よし子の夫、宮城（のち小野）衛は婚約後、口述筆記を担当し、ほとんどすべてが口述筆記だったと随筆集『春の海』の跋《ばつ》に記している。しかし、宮城道雄自身は『古巣の梅』の「前書き」で、「大部分は私が点字でこつこつ綴《つづ》ったものである」と記しており、じっさい、『春の海』に新規に収載された一五編のうち一〇編の点字原稿が発見されており、さらに、それらを含む一二七点もの点字原稿がすでに発見されている。

10 千葉優子編「この人にきく　第一回　須山知行の巻」（『宮城会会報』一八二号、宮城会、二〇〇二）。

11 宮城道雄「四季の趣」［y221］（『雨の念仏』ほか）。

12 宮城道雄「新年にちなむ作曲雑談」［y272］（『三曲』第七巻第一号、美妙社、一九三七年一月）。

13 宮城道雄「芸談」［y150］（『春の海』）。

14 宮城道雄「私の管弦合奏楽について」［y553］（『三曲』第一三巻第三号、美妙社、一九三三年三月）一五頁。

15 宮城道雄「新しく作家たらんとする人へ」［y037］（『三曲』第九巻第九号、美妙社、一九二九四年一〇月）一九頁。

第7章

1 楽譜の断片あるいは演奏記録しか残っていない作品を含む。

2 各曲種に含まれる作品については、千葉優子・千葉潤之介編著『宮城道雄音楽作品目録』（宮城道雄記念

館、一九九九）所収「曲種別年表」（一九三〜一九九頁）参照。

3 東京音楽学校で西洋音楽の専門教育を受けた本居長世もカノンとしている。「驚異の新音楽」（『音楽界』大正一〇年一二月号）。

4 千葉優子編「座談会　宮城道雄と尺八」「宮城道雄再発見」第三回（『宮城会会報』一六八号、宮城会、一九九七）五八頁。

5 上参郷祐康「宮城道雄の作品に見られる伝統的要素」（『宮城会会報』一一九号、宮城会、一九八一）五八〜五九頁。

6 宮城道雄「自信ある作品」[y224]（『宮城道雄作品集』、芸術レコード社、一九二二）。

7 藤原道山「一枚のレコードから」「宮城道雄再発見」第三三回（『宮城会会報』一九七号、宮城会、二〇〇七）八一〜八四頁。

8 宮城道雄「作曲断片」（『三曲』第七巻第二号、美妙社、一九二七年六月）一三頁。

9 宮城道雄「作曲断片」（『三曲』第七巻第二号、美妙社、一九二七年六月）一三頁。

10 宮城道雄「作曲者のことば　比良」[y409]（『おとづれ』創刊号、おとづれ発行所、一九三四）一〇〜一一頁。

11 楯城護「三曲楽に対する客観的感想及び希望」（『三曲』第二巻第二号、美妙社、一九二二年二月）二三頁。

12 宮城道雄「永井郁子さんの芸術について」[y351]（『週刊朝日』一一巻一〇号、朝日新聞社、一九二七年二月）六頁。

13 宮城道雄「私の童曲及歌謡曲に就て」[y565]（『三曲』第八巻第一号、美妙社、一九二八年一月）。

14 千葉優子編「この人にきく　第六回　宮澤雅男の巻」（『宮城会会報』一八七号、宮城会、二〇〇三）八一頁ほか。

第8章

1 緒言［y252］（『箏曲童謡』第一集、大日本家庭音楽会、一九三一）。
2 大日本家庭音楽会発行の童曲の楽譜集は『箏曲童謡』と題されている。
3 北原白秋『新興童謡と児童自由詩』六頁。
4 小島美子「童謡運動の歴史的意義（八）」（『音楽教育研究』、音楽之友社、一九六八）二二一～二二三頁。
5 昭和一二年（一九三七）六月五日。
6 葛原しげる「童曲漫語」（『おとづれ』創刊号、おとづれ発行所、一九三四）四頁。

第9章

1 鷲尾ちぬ子「東京音楽学校箏曲生田科の一年間を回想して」（『三曲』第一一巻第三号、美妙社、一九三一年三月）三二頁。
2 宮城道雄著『箏曲』［y291］（家庭科学大系刊行会、一九三〇）五二頁。
3 中島雅楽之都著『はとの日々』（正派邦楽会、一九七五）四八～四九頁。
4 吉川英史著『この人なり　宮城道雄伝』（邦楽社、一九九〇）五二四頁。
5 宮城道雄「弓か機関銃か挑戦する」［y526］。
6 宮城道雄「東京音楽学校の箏曲科を担当するに当って」［y377］（『三曲』第一〇巻第三号、美妙社、一九三〇年三月）。
7 千葉優子編「この人にきく　第一一回　菊地悌子さんの巻」（『宮城会会報』一九二号、宮城会、二〇〇五）七〇頁。

8 『朝日新聞』一二月一九日。

9 吉川英史著『三味線の美学と芸大邦楽科誕生秘話』（出版芸術社、一九九七）三五九頁。

10 加藤成之「宮城道雄氏の死を悼む」（『毎日新聞』昭和三一年六月二六日）。

11 高野喜長編著『音楽教育百年史』（東京教育大学教育学部雑司ヶ谷分校内音楽教育百年史刊行委員会、一九七六）七一頁。

12 『箏曲楽譜　宮城道雄小曲集』第一集にある「練習」は、昭和七年（一九三二）のラジオ・テキストの「練習」を充実させた九年四月のラジオ・テキストの「練習」をさらに充実させたもの。また、第一集および第二集の歌のある小曲も童曲を主体にラジオ・テキストの教習曲順をベースとして構成されたものだが、さらに、《春霞《はるがすみ》》《岩間とぢし》《かざしの菊》など十数曲を小曲集のために九年に作曲して、より充実させて第一集として出版したのである。詳しくは千葉優子「やさしい箏曲の歴史（第二八回）道雄先生の教授法」（『宮城会会報』一七一号、宮城会、一九九八）。

13 千葉優子編「この人にきく　第一〇回　矢崎明子さんの巻」（『宮城会会報』一九一号、宮城会、二〇〇五）八九頁。

14 千葉優子編「この人にきく　第一回　須山知行さんの巻」（『宮城会会報』一八二号、宮城会、二〇〇二）。

第10章

1 清水脩「宮城道雄氏を悼む」（『音楽事典　月報』七、平凡社）。

2 宮城道雄・菅原明朗対談「新日本音楽の限界」[y269]（『音楽世界』第一三巻第六号、音楽世界発行所、一九四一年六月）。

3 中能島欣一「演奏家としての宮城道雄氏」（『音楽事典　月報』七、平凡社）。

4　宮城道雄「斯の道にも温故知新」[y200]（『三曲』第七巻第二号、美妙社、一九二七年二月）。

5　宮城道雄「秋の調——曲想解説」[y022]（『おとづれ』一巻二号、おとづれ社、一九三七）。

6　宮城道雄「芸談」[y150]（『春の海』）。

7　宮城道雄「箏の調子の変化と働き方」[y189]（『三曲』第一八巻第七号、美妙社、一九三八年七月）。

8　千葉優子編「この人にきく　第一〇回　矢崎明子さんの巻」（『宮城会会報』一九一号、宮城会、二〇〇五）八九頁。

9　宮城道雄「『春の海』のことなど」[y395]（『夢の姿』）。

10　宮城道雄・吉田晴風・柳沢健鼎談『琴と尺八』[y186]（世界の日本社、一九五一）一五九頁。

11　「座談会　お箏の話あれこれ」第二回『宮城会会報』七五号（宮城会、一九六六）。

12　「座談会　お箏の話あれこれ」第一回『宮城会会報』七四号（宮城会、一九六六）。

13　平野健次・上参郷祐康・蒲生郷昭監修『日本音楽大辞典』（平凡社、一九八九）二七八頁。吉川英史監修『邦楽百科辞典』（音楽之友社、一九八四）三九六頁。

14　従来、阿部「孝次」とされてきたが「文二郎」であったことや、彼が韓国に来た理由などは、千葉優子編著「宮城道雄再発見　第二四回」（『宮城会会報』一八九号、宮城会、二〇〇四）参照のこと。

15　千葉優子編「楽器の工房をたずねて」第五回（『宮城会会報』一九九号、宮城会、二〇〇七）八二頁。

16　千葉優子編「この人にきく　第七回　多田君子さんの巻」（『宮城会会報』一八八号、宮城会、二〇〇三）九一〜九二頁。

17　宮城道雄「弓か機関銃か挑戦する」[y526]。

18　宮城道雄・中村吉衛門対談「吉衛門氏とのよもやま対談会」[y130]（『夢の姿』）。

第11章

1 本書では、楽器名の漢字遣いは発表当時のものを踏襲した。

2 十七絃の開発製造については、田辺尚雄「宮城道雄による楽器改良」(『季刊邦楽』創刊号、邦楽社、一九七四)参照のこと。

3 これまで大正八年(一九一九)とされてきたが、米川自身が長箏を初めてもちいた《収穫の野》の発表を一二年と記している。米川親敏「私の作曲態度」(『三曲』第三巻第一号、美妙社、一九二三年一月)。

4 宮城道雄「十七絃琴の解説」[y234](『三曲』第二巻第四号、美妙社、一九二二年四月)。

5 たとえば、昭和三年(一九二八)一月二九日の演奏会では大小十七絃が使われているが、それより前の大正一四年(一九二五)一月二五日の演奏会では箏三部と十七絃で演奏されている。

6 従来《さくらさくら》とされてきたが誤り。《さくらさくら》[c393]は箏とヴァイオリンによる別曲。

7 新楽器の開発や宮城道雄の楽器などにかんしては、「お箏の話　あれこれ」『宮城会会報』七四号、七五号(宮城会、一九六六)が参考になる。

8 宮城道雄「創作琴八十絃に就いて」[y301](『三曲』第九巻第一一号、美妙社、一九二九年一一月)。

9 伊庭孝「日本音楽側面観」(『三曲』第一〇巻第七号、美妙社、一九三〇年七月)一二～一三頁。

10 宮城道雄「道具立は末葉」[y339]。

11 吉川英史著『この人なり　宮城道雄伝』(邦楽社、一九九〇)六七八頁。

12 [c302]『都山流楽報』二四八号(一九三〇年一月)。

13 二十五絃箏の開発については、野坂恵子・福野明子編『二十五絃箏によせて』(野坂オフィス、一九九九)に詳しい。

14 宮城道雄「箏の調子の変化と働き方」[y189](『三曲』第一八巻第七号、美妙社、一九三八年七月)。

15 宮城道雄「時代の要求に応じた短琴を作りました」[y229]（『三曲』第一六巻第一号、美妙社、一九三六日年一月）一九頁。
16 山井基清「雅楽の管絃楽化」（『音楽世界』第七巻一二号、音楽世界発行所、一九三五）一九～二〇頁。
17 本居長世「日本音楽断片」（『三曲』第五巻第八号、美妙社、一九二五年八月）四～六頁。
18 宮城道雄・菅原明朗対談「新日本音楽の限界」[y269]（『音楽世界』第一三巻六号、音楽世界発行所、一九四一）三四頁。
19 日本人の音色の嗜好《しこう》にかんしては拙著『日本音楽がわかる本』（音楽之友社、二〇〇五）参照のこと。

第12章

1 宮城道雄「純粋の声」[y238]（『雨の念仏』）。
2 丹羽正明「現代音楽の動きと現代邦楽」（『邦楽育成会の歩み』、ＮＨＫ邦楽技能者育成会編、一九八五）。
3 この経緯は『琴と尺八』[y186]（世界の日本社、一九五一）四九頁で道雄自身が語っている。
4 宮城道雄談「盲天才の作曲に甦へる箏のしらべ」[y572]『東京日日新聞』一八六三六号。
5 『琴と尺八』[y186]（世界の日本社、一九五一）七五頁。
6 拙稿「レコード《春の海》の海外発売の謎を解く」「宮城道雄再発見」第三九回（『宮城会会報』二〇四号、箏曲宮城会、二〇〇九）七二頁。
7 従来は昭和一〇年（一九三五）ころ編曲とされてきたが、小野衛の五線総譜に記載された編曲年と経緯から、一九年とした。

第13章

1 坪内士行「『和歌の浦』上演まで」（『演芸画報』大正一〇年六月号、演芸画報社、一九二一）一二六頁。

2 小林一三「歌舞伎劇に洋楽を取入れたる失敗――新曲「和歌の浦」について」（『日本歌劇概論』、『小林一三全集』第六巻）一三〇頁。

3 勝本清一郎著「新舞踊『虫』に就て」、町田嘉章著「新舞踊『虫』に関する考察」（『演芸画報』大正一一年一月号、演芸画報社、一九二二）一〇六～一一五頁。

4 東京新聞 昭和一八年（一九四三）六月三日 江口博の評。

5 「光輪会の言葉」（『舞踊詩劇 静物語』プログラム）。

6 《静物語》については、千葉優子編著「宮城道雄再発見」第五〇回（『宮城会会報』第二一五号、箏曲宮城会、二〇一三）に詳しい。

7 そのほか『宮城会会報』四二号（宮城会、一九五七）所収の作曲年表には昭和二九年（一九五四）の項に《大和物語《やまと》》と記され、点字楽譜も残されているがその実体は不明。

8 『正派創始八十周年記念演奏会』（正派邦楽会、一九九三）には、昭和四年（一九二九）となっているが、永山武臣監修金森和子編集『歌舞伎座百年史 資料篇』（松竹・歌舞伎座、一九九五）では二年。ただし、同資料篇は「常磐津連中、長唄連中」のみで、中島雅楽之都らの記載はない。

9 初演時は筋書に「手付」とはなく、箏曲の演奏者として中島雅楽之都、尺八奏者として片山雄山が記されている。

10 山口正道「点字随筆原稿『狐と笛吹き』」（『宮城会会報』一二四号、宮城会、一九八二）五九頁。

11 『演劇百科大事典』第二巻（平凡社、一九六〇）四〇九頁。

12 岸井良衛「〝平家蟹〟について」（『七月興行大歌舞伎』筋書、一九五四）四～五頁。

第14章

1　蒲生郷昭「俗曲改良と『箏曲集』」（『音楽教育成立への奇跡』、音楽之友社、一九七六）一六七頁。

2　東儀鉄笛「将来の国民楽器」（『音楽界』明治四三年九月号、楽界社、一九一〇）四五頁。

3　山脇房子「家庭と音楽」（『音楽界』明治四四年一二月号、楽界社、一九一〇）一一頁。

第15章

1　吉川英史著『この人なり　宮城道雄伝』（邦楽社、一九九〇）二二六頁。

2　萩原正吟・吉川英史対談「宮城道雄の思い出」（『宮城会会報』一三六号、宮城会、一九八六）六一頁。

3　宮城道雄・吉田晴風・柳沢健鼎談『琴と尺八』［y186］（世界の日本社、一九五一）二七頁。

4　宮城道雄「邦楽は理解される」［y431］（『三曲』第一九巻第七号、美妙社、一九三九年七月）一三頁。

5　《水の玉》も宮城道雄の箏手付とする説があるが、こうした道雄の考え方、その他資料・音楽的様式などから総合的に判断して道雄の箏手付ではないと考える。詳しくは、拙稿「宮原検校作曲《水の玉》の手付について」「宮城道雄再発見」第五七回（『宮城会会報』二二二号、箏曲宮城会、二〇一五）七六～八七頁。

6　宮城道雄「時代は明るいものを要求しています」［y229］（『三曲』第一六巻第一号、美妙社、一九三六年一月）一六頁。

7　宮城道雄「箏曲として進むべき道」［y296］（『三曲』第四巻第九号、美妙社、一九二四年九月）一二頁。

8　野村光一・中島健蔵・三善清達著『日本洋楽外史』（ラジオ技術社、一九七八）。

9　小島美子「現代邦楽に至るまで」（『邦楽大系別巻　現代邦楽』、筑摩書房、一九七二）四頁。

10　宮城道雄「作曲談片」［y212］（『三曲』第七巻第六号、美妙社、一九二七年六月）一三頁。

11　須永克己「シュメー女史提琴独奏会」（『音楽世界』四巻七号、音楽世界社、一九三二年七月）一一一頁。

12 町田嘉章「宮城道雄氏に代わる人は……」（『音楽の友』第一四巻第九号、音楽之友社、一九五六年九月）一五七頁。
13 『潮音　宮城道雄歌曲集』（ビクター音楽産業、一九七六）のレコード解説。
14 小島美子著『日本の音楽を考える』（音楽之友社、一九七六）七〇頁。
15 詳しくは、拙稿「やさしい箏曲の歴史」第五一回（『宮城会会報』一九四号、宮城会、二〇〇六）一四四〜一四五頁。
16 岸辺成雄「箏曲と現代」（『邦楽体系3　箏曲と尺八Ｉ』、筑摩書房、一九七〇）六頁。

第16章

1 宮城道雄「箏曲叢談」［y293・294］（『三曲』第七巻一一・一二号、美妙社、一九二七年一一・一二月）。
2 宮城道雄著『箏曲』［y291］（家庭科学大系刊行会、一九三〇）三頁。
3 宮城道雄著『箏曲』［y291］（家庭科学大系刊行会、一九三〇）七頁。
4 宮城道雄「『春の海』のことなど」［y395］（『夢の姿』）。
5 吉田鈴珂「ヴモント夜話（宮城道雄氏に献ず）」（『三曲』第一一巻第四号、美妙社、一九三一年四月）。
6 宮城道雄著『箏曲』［y291］（家庭科学大系刊行会、一九三〇）三〜四頁。
7 宮城道雄「箏曲として進むべき途」［y296］（『三曲』第四巻第九号、美妙社、一九二四年九月）一〇、一二頁。
8 宮城道雄「新しく作家たらんとする人へ」［y037］（『三曲』第九巻第九号、美妙社、一九二九年九月）。
9 宮城道雄「朝鮮にて」［y323］（『雨の念仏』）。
10 宮城道雄「合奏のよろこび」［y114］（『宮城会会報』追悼号、宮城会、一九五六）。

11 宮城道雄・菅原明朗対談「新日本音楽の限界」[y269]（『音楽世界』第一三巻六号、音楽世界社、一九四一）。
12 宮城道雄「牛山充氏の来訪」[y057]（『騒音』）。
13 小松耕輔著『我が思い出の楽壇』（音楽之友社、一九六一）五九頁。
14 湯浅永年「新響第百十五回公演批評」（『音楽世界』第四巻一二号、音楽世界社、一九三二）。
15 須永克巳「宮城道雄の新作」（『音楽世界』第六巻一号、音楽世界社、一九三四）。
16 伊庭孝「新日本音楽の前途を憂える」（『三曲』第一四巻第一号、美妙社、一九三四年一月）。
17 宮城道雄「作曲談片」[y212]（『三曲』第七巻第六号、美妙社、一九二七年六月）。
18 宮城道雄「芸道つれづれぐさ」[y151]（『古巣の梅』）。
19 藤田斗南（北斗）「新しき箏曲」（『音楽』五の一一号、東京音楽学校学友会、一九一四）。

第17章

1 吉川英史著『この人なり　宮城道雄伝』（邦楽社、一九九〇）七一五～七一六頁。
2 これまで同舞踊祭の主催や名称などがさまざまに表記されてきたが、これらを含めた舞踊祭の全容については拙著編「宮城道雄再発見」第五八回『宮城会会報』二二三号（箏曲宮城会、二〇一五）を参照。
3 宮城道雄「たびよりかえりて」[y315]（『宮城会会報』二二号、宮城会、一九五三）一頁。
4 宮城道雄「ロンドンの雨　作曲者の言葉」[y548]（ビクターレコード、ライナーノート、ビクターレコードNH-2061、一九五三）。
5 『雨の念仏』所収作曲年表の「箏独奏」に従ったが、当年表では、歌のある《水の変態》も「箏独奏曲」としているので、歌がないとは断言できない。ただし、「作歌者」欄が空欄なので、独奏曲だった可能性もある。

6 《数え唄変奏曲》の作曲年を昭和九年とする説もあるが、初演年やレコード録音などから、少なくとも箏独奏曲としての作曲は昭和一五年。吉川英史・上参郷祐康『宮城道雄作品解説全書』一七七〜一七八頁および『宮城道雄音楽作品目録』一一七頁を参照。

7 「この曲を作った動機は、友人の内田百閒先生がゴドフスキーのピアノ演奏で、シューベルトのミリタリイマーチを、もと連弾のものを、タウジッヒの編曲によってひとりで弾いた、つまり独奏したと云うことから、光崎検校のこの五段砧も平調子と雲井調子とを合わせて二人で弾くようになっているが、それを一人で弾くように出来ないかと云うので、こんど思いついて試みたものである」。昭和二九年（一九五四）五月二八日に日比谷公会堂で開催された「宮城道雄音楽生活50年記念演奏会」プログラム曲目解説［y138］。

8 ほかに〈金魚〉の草稿と解説が点字であるが、公刊楽譜化、またレコード化においても除外しており、道雄自身が淘汰したものと思われる。

9 吉川英史著『この人なり　宮城道雄伝』（邦楽社、一九九〇）七三四頁。

10 宮城喜代子著『箏ひとすじに』（文園社、一九九〇）一九三〜一九四頁。

11 森島英夫談、千葉優子編「東海道刈谷駅　あの時と今」（『宮城会会報』二二一号、箏曲宮城会、二〇一五）。

12 刈谷駅の事故記録による。ただし、日本国有鉄道の分割民営化のさいに破棄されて現存しない。

13 高瀬忠三著『悲しき記録』、宮城貞子「薤《かい》の葉の露消えて」（『主婦と生活』第一一巻八号、主婦と生活社、一九五六年八月）。

14 吉川英史著『この人なり　宮城道雄伝』（邦楽社、一九九〇）七三七頁。

宮城道雄年譜

明治二七年（一八九四）
四月七日　神戸、三宮居留地五八番館茶倉にて、菅国治郎・アサの長男として誕生。
▼八月　日清戦争開始。
一一月頃　生後二百日で、眼疾。
明治三五年（一九〇二）　八歳失明の宣告を受ける。
六月一日　二代目中島検校に入門。

明治三七年（一九〇四）一〇歳
二月四日　表組免許、裏組免許、中許。
▼二月　日露戦争開始。
五月一二日　三代目中島検校に入門。

明治三八年（一九〇五）一一歳
九月一日　免許皆伝。芸名中菅道雄。師匠の代稽古となる。

明治四〇年（一九〇七）一三歳
九月　朝鮮（現韓国）に渡る。仁川（現インチョン）で箏・尺八を教授。

明治四二年（一九〇九）一五歳
二月頃　処女作《水の変態》作曲（満一四歳）。

明治四三年（一九一〇）一六歳
仁川から京城（現ソウル）に転居。

明治四四年（一九一一）一七歳
▼八月　日韓併合。
七月　兵庫の中島検校のもとで未習の曲を習得。
明治四五年／大正元年（一九一二）一八歳
検校となる。
大正二年（一九一三）一九歳
喜多仲子と結婚。
一二月二八日〜翌年三月八日　内地修業。
大正三年（一九一四）二〇歳
六月　吉田竹堂（晴風）と初対面。
大正四年（一九一五）二一歳
▼七月　第一次世界大戦開始。
五月九日　初めて宮城姓で温習会を開催（京城ホテル）。
一〇月二六日　中尾都山と初対面。
一二月末より　熊本の長谷検校のもとで三味線修業。
大正五年（一九一六）二二歳
六月一一日　大検校昇格披露演奏会（京城ホテル）。
九月　川瀬順輔、里子夫妻と初対面。
一二月二六日より　熊本の長谷検校のもとで三味線修業。
大正六年（一九一七）二三歳
二月　京城発。
四月二八日　東京駅着。吉田晴風と再会。
春　初の童曲《春の雨》作曲。
一二月二七日　妻仲子病死。
大正七年（一九一八）二四歳
五月一六日　川瀬夫妻の仲人で吉村貞子と再婚。
▼七月一〇日　雑誌『赤い鳥』創刊。

大正八年（一九一九）二五歳　一二月　牧瀬清子（宮城喜代子）入門。

大正九年（一九二〇）二六歳　初のレコード録音。

五月一六日　「宮城道雄自作箏曲第一回演奏会」（本郷・中央会堂）。

一〇月三日　「宮城道雄作曲第二回演奏会」（東京音楽学校奏楽堂）。一一月二七日　「新日本音楽大演奏会」（有楽座）。「新日本音楽」の名称誕生。

大正一〇年（一九二一）二七歳　八月　牧瀬数江（宮城数江）入門。

一〇月三〇日　「第三回宮城道雄作曲発表演奏会」（東京音楽学校奏楽堂）で、新楽器「十七絃」を発表。

大正一二年（一九二三）二九歳　▼九月一日　関東大震災。

大正一三年（一九二四）三〇歳　五月一一日　「第四回宮城道雄作曲演奏会」（報知講堂）で新楽器「小十七絃」を発表。

大正一四年（一九二五）三一歳　三月一日　ラジオ試験放送第一日に出演。

三月二二日　ラジオ仮放送第一日に出演。

大正一五年／昭和元年（一九二六）三二歳
一一月七日　「永井郁子独唱会」（帝国劇場）でソプラノ歌手と初共演。一一月二七日　「宮城道雄作曲演奏会」（報知講堂）で四弦の宮城胡弓を発表。

昭和二年（一九二七）三三歳　吉田晴風とともにビクター専属芸術家となる。

昭和三年（一九二八）三四歳　一一月三日　「御大典奉祝大音楽会」（日比谷公園新音楽堂）で、《越天楽変奏曲》を新交響楽団と初演。

昭和四年（一九二九）三五歳　一一月二六日　「宮城道雄作曲発表会」（日本青年館）で新楽器「八十絃」発

昭和五年（一九三〇）三六歳

表。

一二月《春の海》作曲。

二月八日　東京音楽学校講師に就任。

七月　東京市牛込区（現・東京都新宿区）中町三五番地（宮城道雄記念館所在地）に転居。

八月二五日～　ラジオで初めての箏曲講習。

昭和六年（一九三一）三七歳三月　東京盲学校講師に就任。

三月二三日　牧瀬よし子、宮城家養女として入籍。

昭和七年（一九三二）三八歳一月頃「短琴」発表。

五月二〇日　初の教則本『箏曲楽譜　宮城道雄小曲集　第二集』出版。

五月三一日「ルネ・シュメー女史告別提琴演奏会」（日比谷公会堂）で《春の海》を共演。

昭和八年（一九三三）三九歳

四月　宮城社中箏曲階級・職格規定を制定。

昭和一〇年（一九三五）四一歳

二月　最初の随筆集『雨の念仏』（三笠書房）出版。

昭和一二年（一九三七）四三歳

五月二五日　東京音楽学校教授に就任。

▼七月　日中戦争開始。

昭和一六年（一九四一）四七歳

▼一二月　太平洋戦争開始。

昭和一八年（一九四三）四九歳

九月二九日　よし子死去。

昭和一九年（一九四四）五〇歳

一二月一日　空襲を避けて葉山の別荘へ。

昭和二〇年（一九四五）五一歳

三月二九日　栃木県へ疎開。

昭和二一年（一九四六）五二歳

五月二五日　宮城邸、空襲で全焼。

▼八月一五日　終戦。

九月六日　疎開地より引き揚げ、葉山の別荘に仮住まい。

四月　東京音楽学校で授業再開

昭和二三年（一九四八）五四歳

五月三〇日　中町に新宅完成。

八月一八日　日本芸術院会員。

昭和二五年（一九五〇）五六歳

三月二五日　第一回放送文化賞受賞。

四月一日　東京芸術大学音楽学部邦楽科講師に就任。

昭和二八年（一九五三）五九歳

▼二月一日　ＮＨＫテレビ開局。

二月三日　ＮＨＫテレビに初出演

昭和三一年（一九五六）六二歳

七月一日～八月一二日　国際民族音楽協会（現国際伝統音楽協会）主催第六回会議に日本代表として渡欧。世界民俗音楽舞踊祭で実質的第一位となる。

六月二五日　関西演奏旅行への途次、寝台急行「銀河」より転落、午前七時一五分、刈谷の豊田病院にて死去。

六月二九日　本葬儀及び告別式（芝増上寺）。戒名、感奏院暢誉最勝道雄居士。

勲四等旭日小綬章が追贈授与され、正四位に叙せられる。

引用文献等

秋山龍英編『日本の洋楽百年史』(第一法規出版、一九六六)
朝日新聞社編『明治大正史』第五巻芸術篇(朝日新聞社、一九三一)
伊沢修二『楽石自伝　教界周遊前記／楽石伊沢修二先生』(伝記叢書二三一、大空社、一九八八)
伊庭孝「日本音楽側面観」(『三曲』第一〇巻第七号、美妙社、一九三〇年七月)
伊庭孝「新日本音楽の前途を憂える」(『三曲』第一四巻第一号、美妙社、一九三四年一月)
内田百閒「明暗交友録」(『凸凹道』、三笠書房、一九三五)
内田百閒「『垣隣り』に就いて」(『丘の橋』、新潮社、一九三八)
『演芸画報』演芸画報社(一九〇七〜四三)
『おとづれ』(おとづれ社〔ほか〕、一九三四〜三九)
小野(宮城)衛「跋」(宮城道雄『春の海』、ダヴィッド社、一九五六)
小野衛『宮城道雄の音楽』(音楽之友社、一九八七)
『音楽界』(楽界社〔ほか〕、一九〇八〜一九二三／大空社、一九九七)
『音楽グラフ』(培風館、一九二三〜二七)
『音楽世界』(音楽世界社〔ほか〕、一九二九〜四一)
『音楽と文学』(音楽と文学社、一九一六〜一九)

『音楽年鑑』（竹中書店・音楽世界社、一九二〇～四二）／『近代日本音楽年鑑』（大空社、一九九七）
『音楽知識』（日本音楽雑誌、一九四三～四五）
『音楽の友』（音楽之友社、一九四六～）
風木生「本居長世のきさらぎ社演奏会印象記」（『邦楽』第五巻第六号、一九一九）
勝本清一郎「新舞踊『虫』に就て」（『演芸画報』大正一一年一月号、演芸画報社、一九二二）
勝本清一郎「宮城道雄と杵屋佐吉」（『朝日ジャーナル』七巻二〇号、朝日新聞社、一九六五）
加藤成之「宮城道雄氏の死を悼む」（『毎日新聞』昭和三一年六月二六日）
金子敦子『大正琴の世界』（大正琴協会、一九九五）
上参郷祐康「宮城道雄の作品に見られる伝統的要素」（『宮城会会報』一一九号、宮城会、一九八一）
蒲生郷昭「俗曲改良と『箏曲集』」（『音楽教育成立への奇跡』、音楽之友社、一九七六）
『季刊邦楽』（邦楽社、一九七四～九三）
岸井良衛「〝平家蟹〟について」（『七月興行大歌舞伎』筋書、一九五四）
岸辺成雄「箏曲と現代」（『邦楽大系3　箏曲と尺八』、筑摩書房、一九七〇）
吉川英史「現代邦楽の父宮城道雄に及ぼした洋楽の影響」（『武蔵野音楽大学研究紀要』Ⅵ、一九七二）
吉川英史『日本音楽の歴史』（創元社、一九七九）
吉川英史監修『邦楽百科辞典』（音楽之友社、一九八四）
吉川英史『この人なり　宮城道雄伝』（邦楽社、再改訂三版、一九九〇）
吉川英史『三味線の美学と芸大邦楽科誕生秘話』（出版芸術社、一九九七）
吉川英史・宮城喜代子・鶴川喜兵衛・新谷喜恵子「座談会　お箏の話あれこれ」第一～二回（『宮城会会報』七四～七五号、宮城会、一九六六）

吉川英史・上参郷祐康『宮城道雄作品解説全書』（邦楽社、一九七九）
芸術係編「演奏会批評　長唄芙蓉会」（『邦楽』第五巻第六号、一九一九）
杵屋佐久吉『四世杵屋佐吉研究』（糸遊書院、一九八二）
金田一春彦『十五夜お月さん』（三省堂、一九八二）
葛原しげる「童曲漫語」（『おとづれ』創刊号、おとづれ発行所、一九三四）
葛原しげる作歌・宮城道雄作曲『箏曲童謡』第一集（大日本家庭音楽会、一九三一）
慶應義塾大学ワグネル・ソサィエティー65年史編纂委員会編『慶應義塾大学ワグネル・ソサィエティー65年史』（慶應義塾大学ワグネル・ソサィエティー、一九六八）
小島美子「滝廉太郎から橋本国彦までの歌曲」（『音楽学』第一〇巻、音楽学会、一九六六）
小島美子「童謡運動の歴史的意義（八）」（『音楽教育研究』、音楽之友社、一九六八）
小島美子「現代邦楽に至るまで」（『邦楽大系別巻　現代邦楽』、筑摩書房、一九七二）
小島美子『日本の音楽を考える』（音楽之友社、一九七六）
小島美子「宮城道雄の歌曲について」（『潮音　宮城道雄歌曲集』、ビクター音楽産業、一九七六）
小島美子『日本童謡音楽史』（第一書房、二〇〇四）
小林一三「歌舞伎劇に洋楽を取入れたる失敗――新曲「「和歌の浦」」について」（『日本歌劇概論』、『小林一三全集』第六巻、ダイヤモンド社、一九六二）
小松耕輔『我が思い出の楽壇』（音楽之友社、一九六一）
権藤敦子「明治大正期の演歌における洋楽受容」（『東洋音楽研究』第五三号、東洋音楽学会、一九八八）
権藤敦子「明治大正期の洋楽系演歌における借用の問題」（『エリザベト音楽大学研究紀要』第二一巻、エリザベト音楽大学、二〇〇一）

『三曲』（美妙社、一九二一～四四／日本音楽社、一九七八）
清水脩「宮城道雄氏を悼む」（『音楽事典　月報』七、平凡社）
シルバアン、ジャン「華麗なり世界民俗舞踊祭　パリ特別通信」（サンケイ新聞、一九五三年七月二四日夕刊）
鈴木ゆみ子「宮城道雄の手事に関する一考察」（昭和四六年度東京藝術大学大学院修士課程修了論文）
須永克己「シュメー女史提琴独奏会」（『音楽世界』第四巻七号、音楽世界社、一九三二）
須永克巳「宮城道雄の新作」（『音楽世界』第六巻一号、音楽世界社、一九三四）
『正派創始八十周年記念演奏会』（正派邦楽会、一九九三）
高瀬忠三『悲しき記録』（私家版）
高野喜長編『音楽教育百年史』（東京教育大学教育学部雑司ヶ谷分校内音楽教育百年史刊行委員会、一九七六）
楯城護「三曲楽に対する客観的感想及び希望」（『三曲』第二巻第二号、美妙社、一九二三年二月）
田辺尚雄「宮城道雄による楽器改良」（『季刊邦楽』創刊号、邦楽社、一九七四）
田辺尚雄『続田辺尚雄自叙伝』（邦楽社、一九八二）
玉川裕子「モダン日本の音楽事情（5）」（『音楽文化の創造』二九号、音楽文化創造、二〇〇三）
坪内士行「『和歌の浦』上演まで」（『演芸画報』大正一〇年六月号、演芸画報社、一九二一）
千葉優子「やさしい箏曲の歴史」（『宮城会会報』一四四～一九五号、宮城会、一九八九～二〇〇六）
千葉優子「宮城道雄の著作に見る音楽観」（『東洋音楽研究』第五八号、東洋音楽学会、一九九三）
千葉優子編著「宮城道雄再発見」（『宮城会会報』一六六号～、宮城会（ほか）、一九九六～）
千葉優子『箏曲の歴史入門』（音楽之友社、一九九九）
千葉優子文責「この人にきく」（『宮城会会報』一八二～一九三号、宮城会、二〇〇二～〇五）
千葉優子「宮城道雄八十絃の謎」（『宮城道雄記念館館報』二九号、宮城道雄記念館、二〇〇四）

千葉優子『日本音楽がわかる本』（音楽之友社、二〇〇五）
千葉優子編「楽器の工房をたずねて」（『宮城会会報』一九五～二〇八号、宮城会〔ほか〕、二〇〇六～一〇）
千葉優子『ドレミを選んだ日本人』（音楽之友社、二〇〇七）
千葉優子「宮城道雄の世界」『宮城会会報』二〇九号～、宮城会〔ほか〕、二〇一一～）
千葉優子編著、森島英夫談「東海道刈谷駅　あの時と今」（『宮城会会報』二二一号、箏曲宮城会、二〇一五）
千葉優子・千葉潤之介『音に生きる　宮城道雄伝』（講談社、一九九二）
千葉優子・千葉潤之介執筆『宮城社史　宮城会史』（同編集委員会編、宮城会、一九九五）
千葉優子・千葉潤之介編著『宮城道雄音楽作品目録』（宮城道雄記念館、一九九九）
東儀鉄笛「将来の国民楽器」（『音楽界』明治四三年九月号、音楽社、一九一〇）
東京芸術大学音楽取調掛研究班編『音楽教育成立への奇跡』（音楽之友社、一九七六）
東京芸術大学百年史編集委員会編『東京芸術大学百年史』（音楽之友社、一九八七、九〇、九三、二〇〇三、〇四）
『都山流楽報』（都山流尺八楽会、一九一四～）
都山流史編纂委員会編『都山流百年史』（都山流尺八楽会、一九九八）
中尾都山「宮城氏との初対面の印象」（『おとづれ』第一巻三号、おとづれ社、一九三七）
中島雅楽之都『はとの日々』（正派邦楽会、一九七五）
中能島欣一「演奏家としての宮城道雄氏」（『音楽事典　月報』七、平凡社）
永山武臣監修・金森和子編集『歌舞伎座百年史　資料篇』（松竹・歌舞伎座、一九九五）
丹羽正明「現代音楽の動きと現代邦楽」（『邦楽育成会の歩み』、ＮＨＫ邦楽技能者育成会、一九八五）
野坂恵子・福野明子編『二十五絃箏によせて』（野坂オフィス、一九九九）

野澤、クリストファ・N「宮城道雄のレコードについて」(「宮城道雄再発見」第三九回、『宮城会会報』二〇四号、箏曲宮城会、二〇〇九)
野村光一・中島健蔵・三善清達『日本洋楽外史』、ラジオ技術社、一九七八)
野村光一「『音楽と文学』の仲間」(『音楽芸術』一四巻八号、一九五四)/『大田黒元雄とその仲間たち 雑誌「音楽と文学」』(日本近代音楽館、二〇〇二)
萩原正吟・吉川英史対談「宮城道雄の思い出」(『宮城会会報』一三六号、宮城会、一九八六)
久留智之・千葉潤之介「宮城道雄作曲《手事》再考」(『広島大学大学院教育学研究科音楽文化教育研究紀要』一八号、二〇〇六)
平野健次・上参郷祐康・蒲生郷昭監修『日本音楽大辞典』(平凡社、一九八九)
藤田斗南(北斗)「新しき箏曲」(『音楽』五の一一号、東京音楽学校学友会、一九一四)
藤原道山「一枚のレコードから」(「宮城道雄再発見」第三二回、『宮城会会報』一九七号、宮城会、二〇〇七)
『邦楽公論』(邦楽公論社、一九一八~二〇)/『覆刻邦楽公論』(正派邦楽会、一九九二)
『邦楽ジャーナル』(邦楽ジャーナル、一九八七~)
堀内敬三「盲人の精神的な世界」(『騒音』、三笠書房、一九三六)
堀内敬三『音楽五十年史』(鱒書房、一九四二)
堀内敬三「大正時代の芸能世界」(『季刊邦楽』第四号、邦楽社、一九七五)
町田嘉章「新舞踊『虫』に関する考察」(『演芸画報』大正一一年一月号、演芸画報社、一九二二)
町田嘉章「宮城道雄氏に代わるひとは……」(『音楽之友』第一四巻第九号、音楽之友社、一九五六)
『宮城会会報』(宮城会〔ほか〕、一九五一~)
宮城喜代子『箏ひとすじに』(文園社、一九九〇)

宮城貞子「薤の葉の露消えて」（『主婦と生活』第一一巻八号、主婦と生活社、一九五六八月）
宮城道雄著、千葉優子責任編集、宮城道雄記念館編『宮城道雄著作全集』（全五巻、大空社、二〇一五〜）
『宮城道雄記念館館報』（宮城道雄記念館、一九八〇〜）
本居長世「驚異の新音楽」（『音楽界』大正一〇年一二月号、音楽社、一九二一）
本居長世「日本音楽断片」（『三曲』第五巻第八号、一九二五年八月）
森田柊山「中尾都山伝（22）」（『楽報』一〇六三号、都山流楽会、二〇一四）
森本圭子「明治・大正期の演歌――その時代性再考」（『音楽文化一九八一』、大阪音楽大学音楽文化研究室年報第九集、大阪音楽大学、一九八二）
山井基清「雅楽の管絃楽化」（『音楽世界』第七巻一二号、音楽世界発行所、一九三五）
山口正道「点字随筆原稿『狐と笛吹き』」（『宮城会会報』一二四号、宮城会、一九八二）
山本正夫「本年上半期の楽界」（『音楽界』大正八年七月号、音楽社、一九一九）
山脇房子「家庭と音楽」（『音楽界』明治四四年一二月号、音楽社、一九一一）
湯浅永年「新響第百十五回公演批評」（『音楽世界』第四巻一二号、音楽世界社、一九三二）
吉田熈生・倫子『中島雅楽之都先生略伝』（正派邦楽会、一九八五〜二〇〇七）
吉田晴風「米国に於ける日本音楽評」（『三曲』昭和七年一二月号、美妙社、一九三二）
吉田鈴珂（正一）「ヴモント夜話（宮城道雄氏に献ず）」（『三曲』昭和六年四月号、美妙社、一九三一）
米川親敏「私の作曲態度」（『三曲』第三巻第一号、美妙社、一九二三年一月）
鷲尾ちぬ子「東京音楽学校箏曲生田科の一年間を回想して」（『三曲』第一一巻第三号、美妙社、一九三一年三月）
早稲田大学坪内博士記念演劇博物館編著『演劇百科事典』（平凡社、一九八三）

あとがき

昭和五四年（一九七九）に大学院を修了し、さてこの後どうしたものかと思っていたところに、当時財団法人宮城道雄記念館の企画委員でいらした上参郷祐康先生からお電話をいただいた。記念館に資料室を開設するので来るようにとのこと。たったひとりで記念館にうかがうと、先生はニコニコしながら積みあげられた大量の段ボール箱をさし、資料の中核となるのは当時館長だった吉川英史先生の三曲楽にかんする資料で、とりあえず分類表は作ったけれど、ほかはなにも決まっていないので、あとはよろしくという感じで図書館学関係の参考書を渡された。まだカードを使って整理していた時代だったが、そこからそれなりに勉強し、のちに司書の資格も取り、もちろん上参郷先生のアドヴァイスも受けながらシステムを構築していった。そして、人を集めて整理にあたることになったのが、宮城道雄とのご縁の始まりで、きっかけを作ってくださった上参郷先生には深く感謝している。

吉川先生によるあまりに詳細な伝記研究があったため、いまさら何を研究するのだという風潮があったが、それにどこか違和感を覚え、もういちど見つめ直してみたところ、音楽にかんする研究がほとんど進んでいないこと、さらには、いわゆる現代邦楽全盛期だった当時の価値観によって宮城の音楽が不当に過小評価されていることに気づき、私なりの研究をめざしたのである。それゆえ私のテーマは「宮城道雄とその時代」となり、明治以後の日本音楽研究も大きなテーマとなった。その成果として二〇〇七年に上梓したのが、『ドレミを選んだ日本人』（音楽之友社）である。

宮城にかんしては、彼の著作を集めることからスタートし、個人的に図書館めぐりをした。宮城の自宅は空襲で全焼し、また彼が視覚障害者だったこともあって、戦後も原稿の整理や自著掲載本の収集がまったくおこなわれていなかったため、随筆集『騒音』や『春秋帖』も資料室開室後に収集したほどだったからである。こうして著作を集めてみると、宮城道雄の音楽観や作曲法が手に取るように見えてきて、その成果を『東洋音楽研究』第五八号（一九九三）で発表した。この論文に対して、宮城研究の第一人者である吉川先生から身にあまるお褒《ほ》めの言葉をいただいたことが、大きな自信となって研究を続けることができた。吉川先生には感謝するばかりである。

また、平成六年（一九九四）の宮城道雄生誕一〇〇年での六夜にわたる文化庁芸術祭主催公演に企画当初から参加させていただいたのをはじめ、『宮城社史 宮城会史』の執筆、平成一九年にはＮＨＫラジオ第二放送「カルチャーアワー」の講師として「宮城道雄の世界」（全二六回）を担当し、近年では宮城道雄生誕一二〇年記念の「講演と演奏の会」（全四回）でも企画段階から参加し、講師を務めるなど多くの機会が与えられた。このようなかたちで、研究せざるをえない状況に追い込んでくださった関係各位にも心より感謝するものである。

さらには、『宮城会会報』で多くの連載をまかせていただいたことも大きな力となった。とりわけ、宮城道雄に直接教えを受けた方々へのインタヴューや、列車からの転落現場となった刈谷駅関係者から直接お話をうかがうことができたのも、会報編集長のおかげと感謝している。

『宮城道雄音楽作品目録』や『宮城道雄著作全集』作成の過程では、これまでほとんど手つかずだった点字楽譜や点字原稿も整理し、それによって新たな発見もあった。

このように長年にわたって宮城道雄研究に携わってきた者の義務として、そろそろひとつの区切りをつけるべきと考えるようになった。その成果のひとつが、今年三月にようやく第一巻を刊行した『宮城道雄著作全集』全五巻（大空社）であり、もうひとつが本書の刊行である。

本書では、当初の目的であった「宮城道雄とその時代」という研究テーマを、私なりに達成できたと自負している。吉川先生の研究があったからこそ、自分が研究を進めることができたように、本書もまた後に続く方々の研究に寄与することができればさいわいである。そして本書の出版がささやかながら、未熟な筆者を育て支えてくださったすべての方々へのご恩返しになればという思いでいっぱいである。

最後になってしまったが、貴重な写真をこころよくご提供くださった(公財)都山流尺八楽会、宗家竹友社三世川瀬順輔氏、(公財)岡山県郷土文化財団、葛原眞氏、二世宮下秀洌氏、(公財)正派邦楽会の各位に心より感謝申し上げる。そして、いつもながら筆者を叱咤激励し、本書刊行に最後までご尽力くださった株式会社アルテスパブリッシング代表の木村元氏に厚くお礼申し上げる次第である。

二〇一五年九月一七日

千葉（齋藤）優子

千葉優子（ちば・ゆうこ）
武蔵野音楽大学大学院修士課程修了（音楽学専攻）。現在、（一財）宮城道雄記念館資料室室長。慶應義塾大学、青山学院大学、フェリス女学院大学各講師。二〇〇七年、『ドレミを選んだ日本人』（音楽之友社）で第二三回ロゲンドルフ賞を受賞。『箏曲の歴史入門』『日本音楽がわかる本』（以上、音楽之友社）ほか著書論文多数。「宮城道雄の世界」（NHKラジオ第二にて二六回放送）など放送講演活動もおこなう。

（一財）宮城道雄記念館　所蔵資料
カバー、表紙、扉、しおり、本文013、018、031、033、049、103、157、163、194、205、211、233、249、299、309、317頁

●協力
株式会社ホリプロ

ARTES
artespublishing.com

箏《こと》を友《とも》として
評伝《ひょうでん》 宮城《みやぎ》道雄《みちお》〈人《ひと》・音楽《おんがく》・時代《じだい》〉

二〇一五年十一月二十五日　初版第一刷発行

著者……千葉優子

発行者……鈴木　茂・木村　元
発行所……株式会社アルテスパブリッシング
〒一五五-〇〇三二
東京都世田谷区代沢五-一六-二三-三〇三
TEL　〇三-六八〇五-二八八六
FAX　〇三-三四一一-七九二七
info@artespublishing.com

印刷・製本……太陽印刷工業株式会社
装丁……折田　烈（餅屋デザイン）
ISBN978-4-86559-131-6　C1073　Printed in Japan

索　引

人　名

◉ア行

◉カ行

◉サ行

◉タ行

◉ナ行

◉ハ行

◉マ行

◉ヤ行

◉ラ行

◉ワ行

作品名

◉ア行

◉カ行

◉サ行

◉タ行

◉ナ行

◉ハ行

◉マ行

◉ヤ行

◉ラ行

◉ワ行